수업민주주의,
러닝퍼실리테이션 수업 어떻게 할까요?

경남토론교육연구회

김종갑 김형태 문지영 배종용 신영옥 안현정 윤은영
윤해순 정지영 최가령 최영점 한민경 허명호

더크리P&B(주)
THE CREE Printing & Books

수업민주주의,
러닝퍼실리테이션 수업 어떻게 할까요?

머리글

교육의 목적은 민주시민을 키우는 것, 수업에서 민주주의를 실현하고자 했습니다. 그래서 10년간 같은 뜻을 가진 선생님들과 함께 연구하고 실천했습니다.

이 책에서 내세우는 '수업민주주의 러닝퍼실리테이션 수업'이란 경남토론교육연구회에서 지난 10년간 수업 연구 결과로 '수업에서 퍼실리테이션의 기법과 도구를 활용하여 학습자의 자기 결정성, 자기 주도성, 집단지성을 강화하는 과정으로 민주주의 원리를 최대한 실현하여 개인과 수업공동체의 성장을 이끌어내는 수업'입니다.

경남토론교육연구회는 2014년 교원 자생 연구회인 '좋은토론교육연구회'로 첫 출발하여 2015년 경남 전역 초, 중, 고 교사를 모집하여 '경남토론교육연구회'가 되고 2016년부터 경남교육청 정책지원형 연구회로 지금까지 운영되어 왔습니다. 토론 교육 현장 정책 보고서(경상남도 교육정보원), 맞춤형 직무연수(경상남도 교육연수원), 찾아가는 중학생 토론 캠프, 경남 중,고생 토론 어울림 한마당, 1~9회(2024년) 경남수업나눔한마당 참여, 경남 지역 교사 대상 수업 나눔과 수업 설계 워크숍(연간 4~6회)를 진행하여 왔으며 팬데믹 상황인 2020년 8월 말부터 2024년 11월 현재까지 주 1회 원격 워크숍을 진행하여 왔습니다.

2014년 첫 출발할 때에는 교과 적용 토의·토론 수업을 연구하였고 2018년부터는 토의·토론 적용 교과 융합프로젝트 수업을 연구하였습니다. 그리고 2019년에는 기존의 연구 활동과 더불어 2018년 퍼실리테이션 연수를 받은 연구회 회원들이 러닝퍼실리테이션 수업탐구 교사공동체를 꾸려 러닝퍼실리테이션 수업을 설계하고 제4회 경남수업나눔축제에 '러닝퍼실리테이션 이해와 실제 수업 실습'이라는 워크숍을 진행하였습니다. 2019년 평가에서 토의·토론, 프로젝트기반학습(PBL), 퍼실리테이션(러닝퍼실리테이션) 세 가지를 어떻게 연구회 운영에 담을 것인지 논의한 결과, 2020년에는 다음과 같이 정리하였습니다.

2020. 정책지원형 수업연구회 경남토론교육연구회 운영 계획
1. 활동 주제: 토의 토론을 적용한 창의융합 수업 및 민주적 학교 문화 형성
2. 개발 및 적용 : 수업, 교직원 회의, 학생 자치에 적용할 수 있는 토의 토론 자료 개발
3. 운영 목적
   - 토의·토론 적용 창의융합프로젝트 수업에 적용할 단원을 추출하여 교과의 특성에 맞는 수업을 구안하고 과정 중심 평가 방안과 평가 도구를 개발하여 적용한다.
   - 민주적 교직원 회의, 학생 자치 활동에 적용할 수 있는 다양한 토의·토론 기법을 개발하고 구안하여 퍼실리테이션으로 적용한다.
   - 토의·토론 적용 장의 융합 수업 프로그램, 민수석인 교식원 회의, 학생 사치 퍼실리테이션(러닝퍼실리테이션)을 일반화하기 위한 포켓북을 제작하여 연구회 워크숍, 상시 수업 나눔, 연수 강의, 수업 나눔 축제 등에 참여한다.

이렇게 결정한 이유는 기존에 연구해 오던 토의·토론 적용 교과 융합 프로젝트 수업의 목적과 지향을 퍼실리테이션이라는 그릇에 담을 수 있고 더 나아가 수업, 학생 자치, 교직원 민주 문화 활성화라는 영역으로 확대 발전할 수 있다고 판단하였기 때문입니다. 2020~2021년에는 주 1회 원격 워크숍으로 퍼실리테이션/러닝퍼실리테이션 이론 학습과 실습, 러닝

퍼실리테이션 수업 나눔 워크숍이 활발하게 진행되었습니다. 학생 자치와 교직원 민주 문화 활성화를 위한 퍼실리테이션 설계도 진행되어 일반 학교의 신청을 받아 교직원 민주적 회의, 학생 자치 역량 강화 퍼실리테이션 워크숍을 진행하였습니다.

2021년에는 팬데믹 상황에서 2020년의 원격 워크숍 진행 역량 강화에 힘입어 경남 지역 교사를 대상으로 한 교직원 민주 문화 활성화, 학생 자치 지도 역량 강화를 위한 퍼실리테이션 원격 워크숍을 진행하였습니다. 이러한 역량 강화에 힘입어 2022년 1월에는 경남 초, 중, 고 교원 대상으로 민주적 교직원 회의, 전문적 학습 공동체, 새학년맞이 워크숍 세 가지 주제로 3회에 걸쳐 교직원 민주 문화 활성화를 위한 원격 퍼실리테이션을 진행하였습니다.

이러한 활동을 평가하면서 수업에서 민주주의 원리가 적용되는 수업 공동체를 만드는 것이 학교 민주주의의 완성임을 깨닫게 되었고 이를 실현할 수 있는 수업으로 러닝퍼실리테이션 수업이 될 수 있겠다는 가능성을 논의하게 되었습니다. 학생 자치와 교직원 민주 문화가 만나는 지점이 수업이고, 퍼실리테이션으로 학생 자치와 교직원 민주 문화가 활성화될 수 있듯이 러닝퍼실리테이션에는 수업민주주의의 실현에 부합되는 요소들이 많았기 때문입니다. 이러한 논의 결과 2021년 제6회 경남 수업나눔 한마당에서 경남토론교육연구회 수업 사례를 소개하는 내용에는 학습자의 자기 주도성, 학생 자치와 수업 공동체, 학습 전이를 위한 활동을 강조하고 있습니다.

다음은 2022년 연구회 운영 계획입니다.

2022. 정책지원형 수업연구회 경남토론교육연구회 운영 계획
1. 운영 주제: 퍼실리테이션을 적용한 교사 학생 배움중심수업 역량 강화 및 교수-학습 공동체 형성
2. 개발 및 적용 방안
   1) 토의 토론 적용 교과 융합 프로젝트 수업 개발
   2) 자기 주도적 러닝퍼실리테이션 수업 개발
   3) 교직원 민주 문화와 학생 자치 활성화를 통한 교수-학습 공동체 형성

    2022년 상반기에는 기존에 연구해 온 연구회 회원들의 토의·토론 적용 교과 융합 프로젝트 수업이 어떻게 러닝퍼실리테이션 수업으로 이어질 수 있는지 워크숍을 통해 설계하고 러닝퍼실리테이션 수업의 구성 요소를 다듬는 노력을 하였습니다. 도서 '가르치지 말고 배우게 하라(정강욱/플랜비디자인)', '가르치지 말고 경험하게 하라(김지영/플랜비디자인)'를 다시 검토하면서 수업민주주의 러닝퍼실리테이션 수입이란 무엇인지 정립해나 갔습니다. 이 시기에 머리말 처음에서 밝힌 수업민주주의 러닝퍼실리테이션 수업이란 '수업에서 퍼실리테이션의 기법과 도구를 활용하여 학습자의 자기 결정성, 자기 주도성, 집단 지성을 강화하는 과정으로 민주주의 원리를 최대한 실현하려는 수업'이라고 정리하여 대면 워크숍 참가 모집 안내 공문에 적었습니다.
    연구회 자체 러닝퍼실리테이션 수업 나눔은 15명이 하였고 2022년 제7회 경남 수업나눔한마당에서 러닝퍼실리테이션 수업 나눔을 한 교사는 13명이었습니다. 아래 표는 2022년 처음으로 실시한 경남의 초, 중, 고 교사 대상으로 러닝퍼실리테이션 수업 설계 대면 워크숍의 진행 과정입니다.

2022년 수업 설계 워크숍 과정
담당 교과에 적용하는 러닝퍼실리테이션 수업 설계
[1] 퍼실리테이터의 비계 제공, 어떻게 할까요?
[2] 학습 자료 시각화(인포그래픽) 방법 정하기
[3] 학습자가 정하는 학습 목표
[4] 과제와 학습 경험 정하기
[5] 활동 후 결과 공유하기
[6] 성찰 활동

　이후 2022년 11월부터 2023년 12월까지 경남의 초, 중, 고 교사 대상으로 총 8회의 러닝퍼실리테이션 수업 설계 대면 워크숍(참가 인원 평균 20명)을 진행하였습니다. 이 워크숍은 총 6시간으로 전반부 3시간은 초등, 중등 러닝퍼실리테이션 수업 나눔을 하고 후반부 3시간은 주제를 정해 수업을 설계하는 과정으로 진행되었습니다. 이 책에서 제시하고 있는 러닝퍼실리테이션 수업 철학과 구성 요소, 수업 흐름은 연구회 내의 수업 나눔 워크숍과 초, 중, 고 교사 설계 워크숍 결과를 평가하고 다시 다음 워크숍을 계획하는 과정에서 논의된 내용을 정리한 것입니다.

　'러닝퍼실리테이션 수업이 무엇인가? 왜 우리는 러닝퍼실리테이션 수업을 해야 하는가?'에 대한 연구 결과를 정리했습니다.

　처음 퍼실리테이션, 그 다음 러닝퍼실리테이션을 연수와 책으로 만났을 때 생소한 것이 아니라 익숙해서 '굳이 이런 걸 (러닝)퍼실리테이션이라고 이름을 붙여서 하나?'라는 생각을 한 연구회 회원이 많았습니다. 촉진, 참여자 중심, 기법과 도구들은 이미 알고 있는 것들이 많았고 이미 연구회에서 연구하고 있던 토의·토론 적용 교과 융합 프로젝트 수업과 공통점이 많았기 때문입니다.

러닝퍼실리테이션 수업을 논의하면서 연구회 회원들은 두 가지 질문, '러닝퍼실리테이션 수업은 무엇이 다른가?'라는 질문에 대해서 많은 논란을 겪었고, '왜 러닝퍼실리테이션 수업을 하려고 하는가?'라는 질문에 대해 깊이 사유하려고 했습니다. 먼저 논란이 많았던 '러닝퍼실리테이션 수업은 무엇이 다른가?'라는 질문에 대해 논란 끝에 합의한 답은 '논의를 정리하여 내세울 수 없다.'였습니다. 그래서 이 책을 처음 집필할 때 있었던 1부 3장의 '러닝퍼실리테이션 수업은 다른 수업과 어떻게 다른가요?'라는 질문을 '3-4 러닝퍼실리테이션 수업, 교사는 왜 해야하는가요?, 3-8 러닝퍼실리테이션 수업에 담겨야 할 것은 무엇인가요?'라고 바꾸었습니다. 이렇게 바꾼 이유는 다음과 같습니다. '수업민주주의'라는 말은 처음이지만 수업에서 민주주의를 특별히 강조하지 않아도 상호 존중과 배려, 상호작용, 학습자 중심이라는 용어의 저변에 민주주의가 깔려 있습니다. '학습자의 결정권' 또한 학습자의 적극적인 참여를 위하여 여러 수업에서 제안하고 있습니다. '학습자의 주도성'은 이미 대부분의 학습에서 실현되어야 할 목표가 되었습니다. '경험의 재구성, 삶의 학습 전이, 성찰'은 이미 경험학습 이론에서부터 여러 학습 이론과 수업에서 강조되고 있습니다. '학습자에 대한 믿음'은 교육의 전제가 학습자에 대해 믿음이며 학습의 촉진이라는 말은 학습자에 대한 믿음에서 출발합니다. '교사의 중립성'도 학습자의 사고가 깊어지고 폭넓어지게 하는 방편으로 활용할 수 있습니다. '학습자 스스로 학습 목표 정하기와 합의하기'는 일반적인 수업에서는 하지 않으나 모둠 활동이나 프로젝트 수업에서 과제를 수행하기 위해 활용할 수 있습니다. '발언의 안전성, 지식 창조' 또한 그러합니다. 이렇듯 러닝퍼실리테이션 수업의 구성 요소는 이미 여러 수업에서 많이 강조하거나, 조금씩 하고 있는 것들입니다.

그래서 러닝퍼실리테이션 수업은 다른 수업과 차이점이 있는 것이 아니라 다른 수업에서도 하고 있는 것 중에서 수업민주주의를 중심에 놓고 필요한 것들을 강조하려고 합니다. 강조하는 방식은 구슬 꿰기입니다. 구슬이 서 말이라도 꿰어야 보배라는 말은 러닝퍼실리테이션 수업에 딱 들어맞는 말입니다. 러닝퍼실리테이션 수업에서는 수업 모형이라는 용어를 쓰지 않고 수업 흐름이라는 용어를 씁니다. 가장 좋은 한 가지의 정해진 틀이 있는 것이 아니라 학습 주체의 상호 작용에 따라 다양한 수업 흐름이 생길 수 밖에 없고 좋은 수업은 그 맥락에 따라 다르다고 보기 때문입니다. '가르치지 말고 배우게 하는 것'이 대부분의 경우 좋은 수업의 흐름이지만 경우에 따라서는 교사가 전적으로 강의를 해야 하는 경우도 있기 때문이며, 학습에서 대개의 경우 무조건 암기하기보다 의미 맥락 파악이 우선이지만 그렇지 않은 경우도 있기 때문입니다. 러닝퍼실리테이션 수업에서는, 수업에서 민주주의 원리를 실현하는 교사의 수업 설계력이 좋은 수업의 바탕이 된다고 봅니다. 퍼실리테이션이 퍼실리테이터의 워크숍 설계력에 좌우되듯이 러닝퍼실리테이션 수업에서는 퍼실리테이션의 다양한 도구와 기법을 활용하는 교사의 설계력이 그러합니다.

초,중,고 선생님들이 함께 공동 연구한 러닝퍼실리테이션 수업의 다양한 모습을 담았습니다.

이 책에서 제시하고 있는 러닝퍼실리테이션 수업 흐름은 약 5년 동안 여러 번의 수업 나눔과 수업 설계 워크숍을 통해 다듬어진 것이기는 하나 러닝퍼실리테이션 수업은 이렇게 해야 한다고 제시하는 것은 아닙니다. 러닝퍼실리테이션 수업 관점에서는 '교사가 하는 모든 수업은 최선의 수업이다.'라고 봅니다. 즉 보편적이고 일반적인 몇 가지 잣대를 하나 하나의 개별적이고 특수한 수업에 들이대는 것은 바람직하지 않다고 봅니다. 이는 '모든 사람은 최선을 다한다.'라고 보는 퍼실리테이션 철학, 사람에 대한 믿음과 그 맥락을 같이 합니다. 수업 주체인 교사와 학생은 수업이 진행되고 있는 상황에서 모두 최선을 다하고 있다고 봅니다. 그러므로 수업 주체들이 민주적 원리에 따라 역동적 상호 작용으로 어떻게 하면 배움에 따른 성장이 다 잘 되게 할까에 초점이 맞춰져야 하며, 하나 하나의 수업 맥락에 따라 아주 다양한 수업 흐름이 생길 수 밖에 없다고 봅니다.

지금의 경남토론교육연구회에서 정리한 러닝퍼실리테이션 수업 흐름은 학교 수업에 적합한 수업 설계를 논의하는 과정에서 만들어진 것입니다. 연구회 회원들이 러닝퍼실리테이션 수업을 논의하면서 도서 '가르치지 말고 배우게 하라(정강욱/플랜비디자인)', '가르치지 말고 경험하게 하라(김지영/플랜비디자인)'를 검토하고 일부 회원들은 퍼실리테이션 심화 과정인 쿠퍼실리테이션그룹(대표 구기욱)의 워크숍 설계, 질문의 기술, 러닝퍼실리테이션 워크숍 과정을 이수하기도 하였습니다. 수업 설계 논의를 하면서 학교의 러닝퍼실리테이션 수업에는 기존의 러닝퍼실리테이션 이론과 워크숍 설계에 더 해야 하는 게 있다고 판단하였습니다. 기존의 러닝퍼실리테이션은 주로 기업의 조직 개발이나 연수에 적용하기 적합한 워크숍 설계였습니다. 기업에서 조직 개발이나 연수는 기업 활동의 일부입니다. 학교에서 수업은 학교의 존재 가치를 담보하는 활동입니다. 기업에 빗대면 생산 활동이라 할 수 있을 겁니다. 논의 결과 기존의 러닝퍼실리테이션에 더해야 하는 게 수업민주주의라고 판단하였습니다. 수업에서 민주주의 원리가 적용되는 수업 공동체를 만드는 것이 학교 민주주의의 완성임을 깨닫게 되었기 때문입니다. 교육기본법 2조 교육이념에서 교육의 목적을 민주 시민으로서 자질을 갖추게 함이라고 명시하였듯이 학교의 모든 수업에 민주주의 원리가 적용되는 것이 수업의 기본이라고 보았기 때문입니다. 이것이 러닝퍼실리테이션을 수업 설계 방안으로 선택한 이유이기도 합니다. 굳이 따진다면 수업민주주의 러닝퍼실리테이션 수업 흐름은 기존의 러닝퍼실리테이션과 퍼실리테이션의 사이에 있다고 봅니다. 수업 참여자의 의사 결정이나 합의, 능동적 참여를 통한 수업 공동체를 좀 더 강조하기 때문입니다.

러닝퍼실리테이션 수업을 논의하면서 연구회 회원들은 '왜 러닝퍼실리테이션 수업을 하려고 하는가?'에 대해 깊이 사유하려고 하였습니다. 수업을 하려는 이유를 엄밀하게 따진다면 교사마다 다를 수 있으나, 거칠게 뭉뚱그리면 러닝퍼실리테이션 수업의 필요성은 러닝퍼실리테이션 수업 흐름이 정리되는 과정의 설명에서 언급되었듯이 자기 결정성, 자기 주도성, 집단 지성으로 수업 공동체를 만드는 수업민주주의에 있다고 봅니다. 학습자가 학습을 주도할 때 깊이 있는 학습, 질 높은 학습을 할 가능성이 커집니다.

미래 교육의 방향이 담긴 수업, 바로 러닝퍼실리테이션 수업입니다.

4차 산업 혁명을 특징으로 하는 21세기는 불확실하고, 복잡하고, 모호하며 예측하기 어려운 시대라고 합니다. 이런 시대에서는 학습자의 주도성에 의한 협력적 소통으로 집단 지성을 발휘하여 새로운 지식을 만들어 가는 창의성이 무엇보다도 중요하다는 것은 2022 개정 교육과정 논의, OECD 학습 나침반 등의 미래 교육 논의에서 누누이 강조되었습니다. 러닝퍼실리테이션 수업은 이러한 시대의 흐름에 따라 학습자가 자신의 삶을 주도적으로 이끌어가는 '삶의 학습 전이'를 추구합니다.

러닝퍼실리테이션 수업 논의 중에서 중요하게 짚어야 할 것 중 하나가 '도구와 기법의 활용'에 관한 것입니다. 토의·토론 수업을 처음 하려고 할 때, 퍼실리테이션을 처음 설계하려고 할 때, 러닝퍼실리테이션 수업을 처음 설계하려고 할 때 가장 먼저 부딪치는 문제가 기법과 도구입니다. 이런 질문이 가능합니다. 참여자들이 기법과 도구를 활용하면 목적이 이루어진 것인가? 퍼실리테이션 기법과 도구를 활용하여 수업을 하면 러닝퍼실리테이션 수업이 되는가? 러닝퍼실리테이션 수업의 범주를 선 긋듯이 명확히 하는 것은 대단히 어렵지만 기법과 도구 사용이 범주의 기준이 될 수 없다는 것입니다. 퍼실리테이션에서도 마찬가지이지만 교사가 학습자를 믿지 않고 학습자의 자기 결정성을 무시한 채 기법과 도구를 일방적으로 진행한다면 러닝퍼실리테이션 수업이라고 보기 힘듭니다. 기법과 도구를 교사가 정하더라도 진행에 있어 학습자의 결정권을 존중하고 학습자 주도성이 발휘되도록 진행한다면 러닝퍼실리테이션 수업이라고 할 수 있습니다. 러닝퍼실리테이션 수업의 범주는 기법과 도구에 있지 않고 학습자의 자기 결정성, 자기 주도성, 집단 지성으로 수업 공동체를 실현하려는 수업민주주의 지향에 있다고 할 수 있습니다. 이를 위해 교사의 민주적 의식, 학습자에 대한 믿음, 교사의 중립성, 학습자의 결정권, 학습자의 학습 목표(학습 과제) 정하기, 삶의 전이와 성찰 등이 필요합니다.

이 책은 러닝퍼실리테이션 수업의 의미, 미래 교육과 러닝퍼실리테이션 수업의 관계, 러닝퍼실리테이션 수업의 흐름, 러닝퍼실리테이션 수업의 흐름에 대한 연구 내용, 수업사례를 담았습니다.

이 책은 크게 세 부분으로 이루어져 있습니다. 1부는 경남토론교육연구회에서 제안하는 러닝퍼실리테이션 수업이 무엇인지 알 수 있도록 구성하였습니다. 1장에서는 러닝퍼실리테이션 수업의 관점에서 바라본 학생, 교사는 어떤 존재인지, 수업 열기 활동으로 학생들이 수업에 대해 질문하기, 학생들이 원하는 수업, 교사가 원하는 수업, 학생과 교사가 원하는 수업을 어떻게 할 것인지에 대해 서술하였습니다. 2장은 미래 교육과 러닝퍼실리테이션 수업의 관계에 대해 논의합니다. OECD 미래 역량, 2022 개정 교육과정, 러닝퍼실리테이션 수업의 미래 핵심 역량과 미래 교육에 대해 논의합니다. 3장은 러닝퍼실리테이션 수업에 대한 이해를 돕습니다. 러닝퍼실리테이션의 개념, 필요성, 철학, 수업민주주의, 수업 흐름, 특징, 학생들에게 안내할 점, 초등 저학년 수업, 수업의 구성 요소, 수업 처음 시도 방안, 수업의 성과에 대해 서술하였습니다. 4장은 러닝퍼실리테이션 수업 설계에 대한 질문으로 구성되었습니다. 교사의 역할, 수업 주제 정하기, 성취기준, 질문의 역할, 비계 제공 이유, 지식의 시각화, 심화 탐구 과정의 구성, 학습 목표 정하기, 성찰, 수업 설계 시 유의할 점, 수업 약속으로 수업 설계에 필요한 활동과 구성 요소를 안내하고 있습니다.

   2부에는 실제 초, 중, 고 교사 대상 러닝퍼실리테이션 수업 설계 워크숍 과정과 초, 중, 고 워크숍 결과물에 대한 설명을 실었습니다. 수업 나눔과 설계 준비, 러닝퍼실리테이션 수업 흐름에 따라 주제 정하기, 비계 제공하기, 시각화, 심화 탐구, 과제 해결, 성찰하기 과정을 설명합니다.

   3부에는 러닝퍼실리테이션 수업 사례를 실었습니다. 지금까지 연구회 회원들이 해온 수업입니다. 이 수업들은 이 책에서 제시하는 러닝퍼실리테이션 수업 흐름의 반영 정도가 각기 다릅니다. 여건에 따라, 수업을 한 시기에 따라 다릅니다. 토의·토론 적용 교과융합프로젝트 수업이라 할 수 있는 수업도 있습니다. 여기의 수업들에서 현재 러닝퍼실리테이션 수업에 대한 흐름이 만들어지는 과정과 다양한 형태의 수업을 알 수 있습니다.

   이 책의 목적은 수업민주주의 러닝퍼실리테이션 수업에 대한 제안하기입니다. 이 책에 실린 내용은 완결성을 갖춘 연구 결과물이 아닙니다. 내용 중에는 연구회 역량으로는 다루기 벅찬 것들도 많습니다. 특히 수업민주주의에 대한 논의는 앞으로 여러 분야의 많은 사람들이 깊이 있게 다루어야 하는 주제입니다. 이 책은 그러한 논의를 제안하고 함께 하고자 하는 뜻으로 만들었습니다.

　이 책은 13명의 집필진뿐만 아니라 연구회 초기의 토의·토론 수업부터 교과융합프로젝트수업(PBL)을 거쳐 러닝퍼실리테이션 수업에 이르기까지 수업에 대한 열정으로 논의와 워크숍에 참여한 선생님들의 집단 지성의 결과물입니다. 지금까지 연구회 회원으로는 약 250명, 수업 나눔과 워크숍 참여 인원은 약 800명이 됩니다. 많은 분들이 연구회 활동에 힘을 보탰습니다. 감사드립니다.

　특히 경남교육청 중등교육과의 전문적 학습 공동체 지원은 연구회 운영에 큰 힘이 되었습니다. 연구회 결성 초기에 기틀을 잡을 수 있도록 운영 지원을 해주신 중등교육과 장학사님들께 감사드립니다.

• 목차 •

1부 러닝퍼실리테이션 수업

1장 수업을 여는 질문

1-1	학생은 누구인가요?	24
1-2	교사는 누구인가요?	27
1-3	수업은 왜 하는 건가요?	28
1-3-1	학생이 원하는 수업, 어떻게 할까요?	31
1-3-2	교사가 원하는 수업은 무엇일까요?	32
1-4	학생과 교사가 원하는 수업, 어떻게 할까요?	34

2장 미래 역량과 러닝퍼실리테이션 수업

2-1	OECD 미래 역량을 실현하는 러닝퍼실리테이션 수업	36
2-2	2022 개정 교육과정을 담은 러닝퍼실리테이션 수업	37
2-3	미래 핵심역량 중심의 러닝퍼실리테이션 수업	39
2-4	미래 교육을 위한 러닝퍼실리테이션 수업	42

3장 똑똑! 러닝퍼실리테이션 수업으로 입장

3-1	러닝퍼실리테이션 수업이란 무엇인가요?	45
3-2	러닝퍼실리테이션 수업 철학은 무엇인가요?	47
3-3	러닝퍼실리테이션 수업의 필요성은 무엇인가요?	51

수업민주주의, 러닝퍼실리테이션 수업 어떻게 할까요?

3-4	러닝퍼실리테이션 수업, 교사는 왜 해야하는가요?	53
3-5	수업민주주의는 무엇이며, 왜 필요할까요?	54
3-6	러닝퍼실리테이션 수업에서 교사의 중립성이란 무엇인가요?	57
3-7	러닝퍼실리테이션 수업의 흐름은 어떠한가요?	58
3-8	러닝퍼실리테이션 수업에 담겨야 할 것은 무엇인가요?	63
3-9	러닝퍼실리테이션 수업은 전 교과에 적용 가능한가요?	65
3-10	러닝퍼실리테이션 수업이 초등 저학년에도 적용가능한가요?	66
3-11	러닝퍼실리테이션 수업은 무엇을 강조하나요?	68
3-12	러닝퍼실리테이션 수업을 처음 시도하는 교사는 무엇부터 시작해야 하나요?	70
3-13	처음 러닝퍼실리테이션 수업을 시작할 때 학생들에게 어떤 안내가 필요할까요?	71
3-14	러닝퍼실리테이션 수업을 했을 때 기대할 수 있는 성과는 무엇인가요?	72

4장 러닝퍼실리테이션 수업 설계에 대한 질문

4-1	러닝퍼실리테이션 수업에서 교사의 역할은 무엇인가요?	76
4-2	러닝퍼실리테이션 수업에서는 학습 주제를 누가 언제 어떻게 정하나요?	79
4-3	러닝퍼실리테이션 수업의 성취기준은 어떻게 하나요?	80
4-4	러닝퍼실리테이션 수업에서 질문은 어떤 역할을 하나요?	81
4-5	비계란 무엇이며 비계 제공을 왜 할까요?	83
4-6	지식의 시각화를 왜 할까요?	85
4-7	러닝퍼실리테이션 수업에서 심화탐구는 어떻게 구성하나요?	87
4-8	러닝퍼실리테이션 수업에서 학습목표를 어떻게 정하나요?	88
4-9	러닝퍼실리테이션 수업의 성찰은 어떻게 하나요?	91
4-10	러닝퍼실리테이션 수업 설계시 유의해야 할 점은 무엇인가요?	92
4-11	러닝퍼실리테이션 수업에서 수업 약속은 무엇인가요?	93

• 목차 •

 러닝퍼실리테이션 수업 설계의 실제

01	러닝퍼실리테이션 수업 설계워크숍	96
02	**초등** 우리가 꿈꾸는 통일한국	116
03	**초등** 근대사 인물의 삶을 통한 공정과 공평의 가치 탐구하기	123
04	**중등** 인공 지능 시대의 인간관계	128
05	**고등** 성 불평등 현상	134
06	**고등** 나의 삶 설계	138

 러닝퍼실리테이션 수업 나눔

1장 초등 수업 나눔

과학
- 우리가 함께 설계하고 운영하는 민주적 과학 수업 (3학년)   144
- 러닝퍼실리테이션으로 학습 경험을 디자인하는 과학 수업 (4학년)   154
- 과학적 탐구심을 기르기 위한 협력적 과학 수업 (5학년)   174

수업민주주의, 러닝퍼실리테이션 수업 어떻게 할까요?

도덕
▶ 그림책으로 시작하는 갈등 해결 프로젝트 수업 (5학년) ······ 187

교과융합
▶ 그림책과 회의로 풀어가는 토의·토론 수업 (4학년) ······ 215
▶ 그림책과 질문으로 만들어가는 전교생 토의·토론 수업 (1-6학년) ······ 228
▶ 질문 만들기로 꾸려가는 토의·토론 도덕 사회 수업 (6학년) ······ 241

2장 중등 수업 나눔

국어
▶ 질문만들기로 함께하는 국어수업 (1학년) ······ 250

도덕
▶ 삶의 소중함을 깨닫기 위한 실천적 도덕 수업 (3학년) ······ 252

범교과
▶ 학생이 주도하는 질문 연속체 프로젝트 러닝퍼실리테이션 수업 (1학년) ······ 260

3장 고등 수업 나눔

국어
▶ 질문 만들기로 꾸려가는 토의·토론 국어 수업 (2학년) ······ 288

통합사회
▶ 지속가능한 발전을 위한 지역문제 탐구 프로젝트 수업 (1학년) ······ 291

• 목차 •

사회문화
▶ 일상 생활 속 불평등 탐구 프로젝트 (2학년)   316

한국사
▶ 평화하는 사람(Peace Builder)를 세우는 한국사 수업 (1학년)   320
▶ 기억하고 행동하는 3.15 의거 (1학년)   331
▶ 나에게 민주주의란 무엇인가? (1학년)   348

1부

러닝퍼실리테이션 수업

1장
수업을 여는 질문

1-1 학생은 누구인가요?

학생은 가르침을 받아야 하고, 사회화를 위해 끊임없이 성장을 독려 받아야 하는 존재라고 생각해 왔습니다. 러닝퍼실리테이션 수업에서는 학생은 가르치지 않아도 스스로 배울 수 있으며, 소통과 합의를 통해 공존과 성장을 추구할 수 있는 존재이기에 그들을 수업의 주체로 여깁니다.

그렇다면 학생이란 누구인가? 러닝퍼실리테이션 수업에서는 학생 스스로에게 생각을 물어야 합니다. 그리고 반영해야 합니다. 그것이 학생들을 수업의 주체로 인정하는 것입니다. 그래서 러닝퍼실리테이션 수업에서는 학생은 누구인지에 대한 질문을 수업의 주체인, 학생에게 물어봅니다. 그들이 제시한 생각을 이야기하고 정리하면서 학생들 스스로 '학생의 의미'와 '성장의 방향성'을 찾을 수 있습니다.

초등학교 5학년 학생들에게 물어 봤습니다. 학생이란 누구인가? 좋은 학생이란 누구인가?

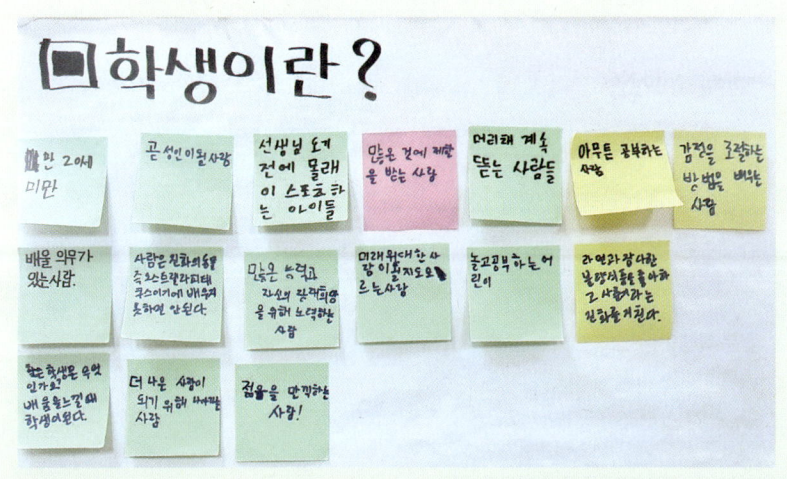

* 학생이란?
- 더 나은 사람이 되기 위해 나아가는 사람
- 자신의 장래 희망을 위해 노력하는 사람
- 미래에 위대한 사람이 될지도 모르는 사람
- 진화하는 사람
- 감정을 조질하는 빙법을 배우는 사람
- 공부하는 사람
- 머리채를 뜯는 사람
- 많은 것에 제한을 받는 사람
- 선생님 몰래 노는 사람
- 젊음을 만끽하는 사람

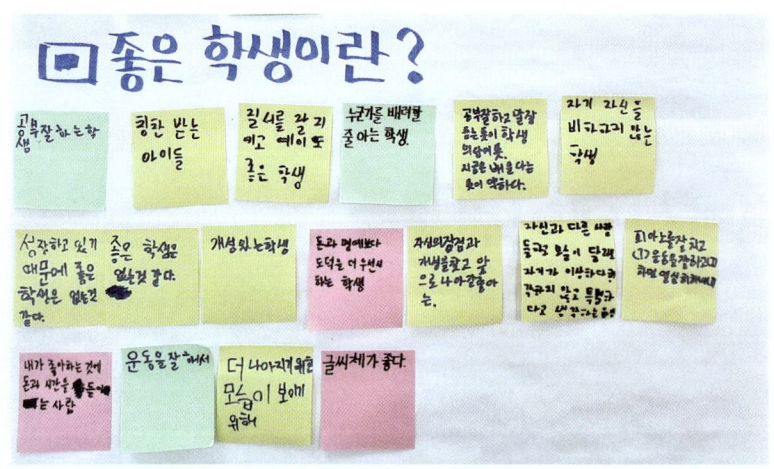

* 좋은 학생이란?
- 공부 잘하는 사람
- 칭찬받는 사람
- 질서를 잘 지키고 예의있는 사람
- 성장하는 중이기에 좋은 학생은 없음
- 자신의 장점과 가능성을 찾고 나아갈 수 있는 사람
- 자기 자신을 비하하지 않고 스스로를 특별히(귀히) 여길 수 있는 사람
- 내가 좋아하는 것에 돈과 시간을 들일 줄 아는 사람
- 운동을 잘하는 사람
- 개성있는 사람

2023년 구봉초 5학년

위의 내용을 보면 학생들의 욕구를 들여다 볼 수 있습니다. 더 나은 사람이 되고 싶고 장래 희망을 실현하고 싶으며 위대한 사람이 되고 싶어 하기도 합니다. 그 욕구는 학생 스스로의 성장을 의미합니다. 반면 성장하기 위해 감내해야 하는 성장통도 그들 스스로 알고 있습니다. 머리채를 뜯는 사람, 감정을 조절하는 방법을 배우는 사람 등으로 표현하고 있습니다. 우리는 질문을 통해 학생의 의미를 더욱 다양한 관점으로 살필

수 있습니다. 우리는 이 관점을 함께 정리하고 의미화 하는 과정을 통해 학생이란 무엇인가를 함께 정의합니다.

러닝퍼실리테이션 수업에는 철학이 있지 답이 있는 것은 아닙니다. 그 말은 학생은 누구인가?에 대한 답을 정의내릴 수 없다는 것입니다. 현장에서 학생들에게 직접 질문해 보는 건 어떨까요? 어떤 답이 나올지 몰라 당혹스러워할 나자신에게 필요한 건 용기 한스푼 입니다. 용기낸 선생님이 학생들에게 이 질문을 던지는 순간 학생들은 수업의 주체로 출발선에 서게 될 겁니다. 학생들 또한 스스로에게 답하는 과정에서 학생의 의미를 깨닫게 됩니다.

1-2. 교사는 누구인가요?

교사는 학생을 가르치는 사람입니다. 교사가 학생을 가르친다는 것은 학생들이 스스로 수행하는 능동적인 학습을 교사가 안내하고 촉진한다는 의미로 이해되어야 합니다. 학습 촉진자(facilitator)란 지식을 일방적으로 전달하는 것이 아니라 학생들이 스스로 학습할 수 있는 여건과 상황을 마련하는 것입니다. 학습이 잘 이루어지지 않을 때 학습에 도움을 주고, 학습이 잘 이루어지면 칭찬과 격려를 통해 지속적인 학습 동기를 유발합니다.

객관주의 관점에 의하면 지식은 개인의 정신과 독립적으로 존재하는 어떤 객체로서 내부로 전달되는 것이며, 학습은 교사에 의해 이미 존재하는 지식이 전달되는 것으로 모든 학습자들은 획일적인 방법으로 지식을 받아들이게 됩니다.

이에 반해 구성주의는 학습자 자신들에게 의미있고 실제의 생활 사태를 반영하는 실제적 문제의 수업적 활용을 강조하며, 인지적 조력자로서 교사의 역할을 중시합니다. 따라서 교사는 학생들이 스스로 학습 내용을 구성하고 발전시켜 나갈 수 있도록 학생들의 개인적인 관심사나 성향을 고려하여 맞춤형 교육을 제공해야 하며, 학생들의 생각과 의견을 존중하고 수용하는 자세가 필요합니다. 교사가 학생들이 해답을 찾아가려고 할 때 안내자로서의 역할을 수행하고 학생이 세운 학습 목표에 도달할 수 있도록 격려하고 점검하고 피드백합니다. 학습 촉진자(facilitator)로서 교사는 학생들의 배움이 극대화될 수 있도록 전략적으로 행동하고, 학생을 적극적이고 능동적인 존재로 인식합니다. 따라서 교사는 학생이 스스로 원리를 발견할 수 있도록 유도하거나 격려하는 학생 주도 수업을 해야 합니다.

학생 주도 수업에서 가장 중요한 것은 학생이 직접 고민하고 토론함으로써 학습에 몰입할 수 있는 참여와 토론이 진행될 수 있도록 학습자의 입장에서 최적의 학습이 되도록 학습 경험을 디자인하고 온전한 배움이 일어날 수 있는 질문을 설계할 수 있어야 합니다. 혼자만의 고민과 결정을 바탕으로 하는 설계가 아닌 존중과 배려를 기본으로 '티칭이 아닌 러닝', '강의 콘텐츠보다는 학습 경험의 설계'의 비전을 공유하는 교사의 집단 지성에 의한 전문적 학습 공동체가 일상화되어야 합니다.

1-3. 수업은 왜 하는 건가요?

새학년 첫 수업에서 학생들에게 학교에 오는 이유가 뭔지 묻습니다. 참 여러 가지 답을 합니다. 그중에 수업을 하러 온다는 대답은 극히 드뭅니다. 다시 묻습니다. '학교에 와서 하는 일 중에 가장 중요한 게 무엇일까요?'

그럼 수업이라는 말이 나옵니다. 그 말을 이어받아 수업은 누가 하는 것인가? 라고 묻습니다. 학생들 대부분 교사라고 대답합니다. '수업은 교사와 학생이 하는데 이 둘 중에 누가 진짜로 수업을 해야 할까요?', '이 둘 중에 수업의 주인은 누구일까요?'라고 묻습니다. 그제서야 몇몇 학생들은 질문의 맥락을 파악하고는 학생이 수업의 주인이고 수업은 학생들이 하는 것이라고 말합니다.

첫 수업 시간, 먼저 학생들로 하여금 수업에 대한 질문을 만들어 보게 합니다. 노벨물리학상 수상자 리차드 파이먼은 '모든 학습은 질문하는 것에서 시작된다.'고 하였습니다. 질문은 대상에 대한 사유의 방향과 목적을 설정하므로 수업에 대해 질문 만들기 활동은 수업을 시작할 때 빠뜨릴 수 없는 활동이라고 할 수 있을 겁니다. 학생들은 수업에 대한 질문 만들기 활동을 통해서 수업의 주인으로서 역할을 이해하고 수업에 주도적으로 참여할 준비를 할 수 있습니다.

아래의 그림은 학생들이 수업에 대해 질문을 만들고, 스스로 만든 질문에 대해 답한 것을 유목화한 결과입니다. 중학생들에게도 수업에 대한 질문을 만들어 보게 하였는데 고등학생들이 만든 질문과 크게 다르지는 않았습니다. 수업을 왜 하는가? 어떤 수업이 좋은 수업인가? 좋은 수업을 어떻게 할 수 있을까? 이 질문에 대한 답은 다르겠지만 이 질문들은 수업을 하는 사람 입장에서 하는 질문입니다.

수업이 학생과 교사, 학생과 학생, 학생과 학습 과제의 상호작용 과정이라면 수업에 대한 질문은 한 번의 활동으로 그칠 것이 아니라 질 높은 수업을 하기 위해 지속적으로 이루어져야합니다. 이는 수업에 대한 성찰 과정에 담을 수 있을 것입니다.

수업을 왜 하는가?

어떤 수업이 좋은 수업인가?

어떻게 하면 좋은 수업이 될까?

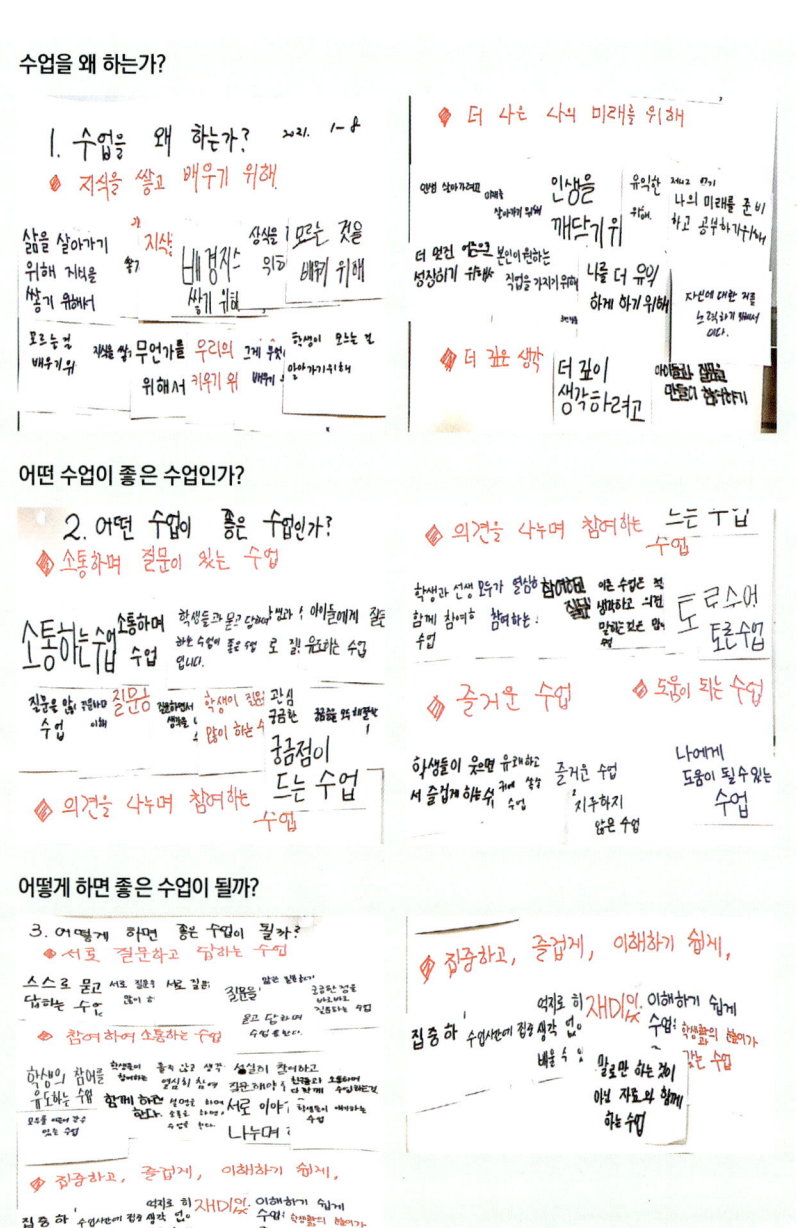

2021년 김해여고 1학년

1-3-1. 학생이 원하는 수업, 어떻게 할까요?

학생이 원하고, 하고 싶어하는 수업이 무엇인지 알 수 있으려면 학생들에게 수업에서 학습 목표가 무엇인지 물어야 하고 학생들이 학습 목표를 정해야 합니다. 학습 목표를 정하면 수업에서 무엇을 원하는지 명확해집니다. 수업의 주체는 교사와 학생이지만 둘 중에 누가 더 주도적이어야 하는지 따진다면 학생이어야 합니다. 당연하게도 학생들을 위해 수업을 하는 것이므로 학생들이 스스로 원하는 것이 무엇인지 알아보고 이를 학습 목표로 정한다면 좋은 수업이 될 가능성이 커집니다. 하지만 현재 학생들은 스스로 학습 목표를 세우지 못합니다. 왜냐하면 수업에서 학습 목표를 세워 본 적이 거의 없기 때문입니다. 이제까지 대부분의 수업에서는 교사가 학생들에게 학습 목표를 제시하였습니다. 그러면 학생들은 이에 대해 이의를 제기하지 않고 정해진 학습 목표를 따르는 것을 당연하게 여겼습니다. 현재 학생들이 교사의 도움 없이 스스로 수업에서 학습 목표를 세우기는 힘듭니다. 교사는 수업 설계를 통해 학생들이 학습 목표를 정할 수 있도록 도와야 합니다. 다음 표와 같이 '알고 싶은 지식은 무엇인가요?, 익히고 싶은 기능은 무엇인가요?, 하고 싶은 과제*(가치, 태도)는 무엇인가요?'라는 질문을 제시할 수도 있습니다.

---

* 과제: 사전의 뜻풀이는 '처리하거나 해결해야 할 문제'로 러닝퍼실리테이션 수업에서는 '학생 스스로 학습에서 배우고 싶은 지식과 기능을 활용하여 실행하고 싶은 일'이라고 할 수 있습니다. 러닝퍼실리테이션 수업에서는 시각화 과정이나 심화 탐구 과정 이후에 학습 목표 정하기를 할 수 있습니다. 과제에서 질 높은 삶의 학습 전이가 이루어지려면 심화 탐구 과정 이후에 학습 목표 정하기를 하며 과제를 설정하는 것이 바람직합니다. 예를 든다면 기후 위기를 배우며 환경 캠페인을 한다든가 청소년 생활을 배우며 학교 급식 제안하기 등을 들 수 있습니다.

알고 싶은 지식은 무엇인가요?	익히고 싶은 기능은 무엇인가요?	하고 싶은 과제는 무엇인가요? (가치 태도)
	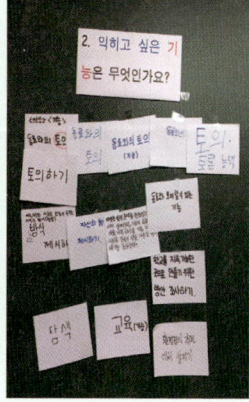	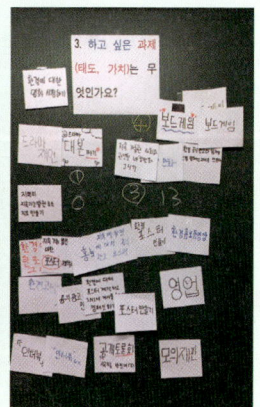

1-3-2. 교사가 원하는 수업은 무엇일까요?

시간이 갈수록 학교에서 교사가 해야만 하는 일들이 많아지고 있습니다. 많은 교사들이 학교 생활 속에서 지쳐가고 있습니다. 수업, 생활지도, 행정업무 중에서 가장 우선 순위가 밀리는 것이 수업입니다. 교사라면 누구나 수업을 잘하고 싶어 합니다. 새내기 교사부터 고경력 교사에 이르기까지 다양한 선생님들이 원하는 수업 이야기를 바라보면서 '교사가 원하는 수업은 어떤 것일까요?' 질문에 대한 해답을 정리하고자 합니다.

* 아래 표의 서술 중 선생님이 원하는 수업은 어떤 것인가요?

순	선생님이 원하는 수업	해당 유무(O,X)
1	재미있는 수업	
2	학생들이 원하는 수업, 학생 스타일에 교사가 맞추어가도록 노력하는 수업	
3	교사와 학생이 주고받는 의미 있는 대화로 이루어진 수업, 학생들과 소통하는 수업- 말하는 이와 듣는 이의 관계, 그리고 대화가 이루어지는 환경의 유기적인 관계 속에서 진행되는 수업	
4	질 높은 교수-학습이 이루어지도록 교육과정, 수업, 평가가 모두 유기적으로 연계되는 수업	
5	수업 내용과 활동이 성취기준 학습에 유용하고 연관성이 있는 수업	
6	배움과 성장을 위한 수업과 평가인지, 학생들이 할 수 있는 것을 증명할 기회를 제공하는 수행과제인지를 끊임없이 성찰하는 협력과 참여중심수업	
7	과정중심평가가 수업 속에서 교육과정-수업-평가-피드백 선순환 구조를 만드는 수업	
8	아이들이 좋아하는 매력적인 도구와 꼭 필요한 도구들을 섭렵해서 자유롭게 사용하는 수업	
9	학생들과 교사가 같은 목적을 공유하는 수업	
10	수업방해학생, 소외되는 학생 없이 모든 학생이 참여하는 수업	
11	교사가 주도하는 강의식 수업에서 벗어나 학생 주도성과 자발성을 주는 수업	
12	학생들이 자립하고 공손하며 연대할 수 있는 삶을 살도록 지원하는 수업 - 삶에 필요한 수업, 학생들이 창의력과 사고력, 문제 해결력을 기르고 토론하며 자신의 생각을 반성적으로 성찰할 수 있는 수업(지식전이)	
13	학생과 교사가 함께 성장하는 수업	
14	가르치지 않고 학습자들이 스스로 배우는 수업	

이처럼 모든 교사들은 학생들이 배우고 싶은 것을 선택하고 협력학습을 통해 성취감과 배우는 즐거움을 느끼도록 하는 학생중심수업을 선호하고 있음을 알 수 있습니다. 여기서 질문 두 가지를 던져봅니다.

첫째, 내가 가르친다고 학습자들이 배우는 것일까요? (학습여부)

둘째, 학습자들이 배운 것을 현장에서 실천할 수 있을까요? (전이여부)

이러한 고민들을 담아서 잘 배우게 하고 또 배운 것을 실천하게 돕는 교수법인 러닝퍼실리테이션 수업으로 그 실마리를 풀고자 합니다.

여기서 러닝퍼실리테이션 수업의 세 가지 축은 학습의 주체로서 학습자 중심, 학습의 방법으로써 동료상호작용 중심, 학습의 목적으로써 문제해결 중심입니다. 이런 점에서 러닝퍼실리테이션 수업은 학습자들이 함께 문제를 해결하고 살아있는 지식과 축적된 경험을 서로 나누면서 학습자의 변화를 돕고 학습을 촉진하는 교수법이라고 할 수 있습니다.

1-4. 학생과 교사가 원하는 수업, 어떻게 할까요?

교사주도수업은 교사가 주체가 되어 지식을 학생들에게 가르치고 일방적으로 전달하는 것으로 학생들은 수업에 수동적으로 참여합니다. 이에 반해 학생주도수업은 배움의 주체자로서 지식을 삶과 연계한 학습 경험으로 디자인할 수 있도록 동료 학생들과 협력하여 학습 목적, 내용, 방법, 평가 등을 협의하여 결정하고 자신의 학습 능력, 속도 등에 맞추어 주도적으로 학습하고 성찰하며 함께 성장해 나가는 수업을 말합니다. 미래사회에서 요구하는 창의적 문제해결력을 포함한 변혁적 역량을 기르기 위해서는 교사주도수업이 아닌 학생주도수업이 필요합니다.

또한, 학교 교육과정의 자율화, 교사 교육과정이 확대됨에 따라 교사주도수업에서 학생주도수업으로 변화되어 가고 있습니다. 이에 맞추어 수업도 학생들의 흥미, 상황에 따라 유의미한 학습 내용으로 구성해야 합니다.

교사는 수업을 할 때 학생이 배움을 스스로 설계할 수 있도록 촉진하는 역할을 해야 합니다.

첫째, 교사는 학생이 학습의 주체가 될 수 있도록 다양한 학습방법을 제공해야 합니다. 학생에게 배움을 촉진하는 질문, 도구, 사례, 실습, 실험 등 다양한 학습 경험 활동을 제공하여 이를 통해 기본 지식을 심화하고 탐색하여 문제를 해결할 수 있는 학습이 되어야 합니다.

둘째, 교사는 학습을 촉진하고 적절한 학습 환경을 조성하며 학생이 학습과정을 스스로 설계하도록 도와주어야 합니다. 교사는 학생이 학습에 관한 흥미와 호기심을 갖도록 학습경험 관련 질문을 하고 스스로 답을 찾을 수 있도록 해야 합니다. 또한 친구들과 토론, 대화 등 상호작용을 통해 서로 의견을 공유할 수 있는 협력적 학습 환경을 조성하여 학생들이 폭넓고 새로운 지식을 학습할 수 있도록 해야 합니다.

셋째, 교사는 학생이 기초 기본 개념을 익히는 다양한 학습자료를 제공하고, 학습 방법과 학습 목표를 세우도록 수업을 설계해야 합니다.

2장
미래 역량과
러닝퍼실리테이션 수업

2-1. OECD 미래 역량을 실현하는 러닝퍼실리테이션 수업

　미래 교육 역량을 논의할 때 일반적이면서 가장 비중있게 다루는 게 OECD 학습나침반 2030입니다. OECD는 불확실하게 급변하는 세계에서 미래 교육을 위한 새로운 패러다임을 제시하기 위해 2015년 'EDUCATION 2030' 프로젝트를 진행하였습니다. 1주기 사업 '무엇을 가르칠 것인가'의 결과물로서 OECD 학습나침반 2030은 2019년 5월에 발표되었습니다. 이 학습나침반이 지향하는 최종 목표는 개인과 사회의 웰빙이며 이를 위해 자신의 삶에 책임감을 가지고 자신과 사회의 성장에 기여하는 학생의 모습을 '학생 행위 주체성(Student Agency)'라는 개념을 제시하고 있습니다. 이 학생 행위 주체성(Student Agency)에 기초한 학습이 학생주도수업입니다. 학생주도수업이란 학생이 학습의 주체자로서 성취 기준 도달을 위해 자신의 원하는 학습, 목적, 내용, 방법,

평가 등을 교사 및 동료 학습자와 협의하여 결정하고 자신의 학습 능력과 진도에 맞추어 주도적으로 학습하고 성찰하며, 상호 협력으로 성장해 나가는 수업입니다.

러닝퍼실리테이션 수업은 퍼실리테이션의 철학을 바탕으로 기법과 도구를 활용하여 자기 결정성, 자기 주도성, 상호 협력을 통한 집단 지성으로 학생주도수업을 추구합니다.

2-2. 2022 개정 교육과정을 담은 러닝퍼실리테이션 수업

2022 개정 교육과정은 우리 교육이 지향해 온 홍익인간의 교육 이념과 교육 목적을 바탕으로 하여 2022 개정 교육과정이 지향하는 핵심 가치인 '자기 주도성', '창의와 혁신', '포용성과 시민성'을 중심으로 인간상을 제시하였습니다.

2022 개정 교육과정에서 추구하는 인간상은 자기주도적인 사람, 창의적인 사람, 교양있는 사람, 더불어 사는 사람입니다. 자기주도적인 사람은 전인적 성장을 바탕으로 자아정체성을 확립하고 자신의 진로와 삶을 스스로 개척하는 사람을 말합니다. 학습자 주도성을 강조하여 2015 개정 교육과정의 '자주적인 사람'을 '자기주도적인 사람'으로 개선하였습니다. 학습자 주도성은 자신의 삶과 학습을 주도적으로 설계하고 구성하는 능력으로, 미래 사회에 변화의 주체가 될 수 있도록 하는 것을 강조하고 있습니다.

학습자 주도성에 기초하여 미래 역량을 교육하는 것은 교사가 주도해 일방적으로 가르치는 것이 아니라 학생이 주체적이고 능동적으로 생각하고 배울 때 가능합니다. 미래 사회는 교사 주도의 가르침과 학생의 수동적

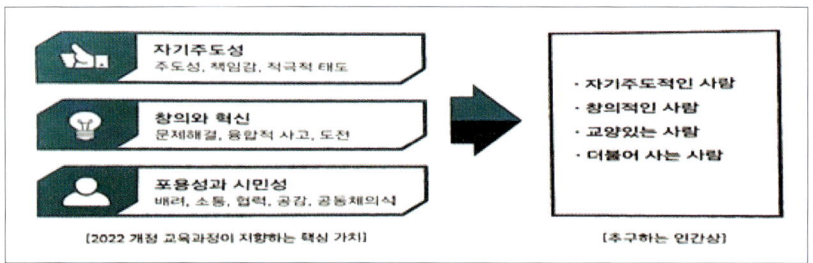

[출처: 미리 준비하는 2022 개정 교육과정(경상남도교육청)]

학습 패러다임을 학생 주도의 배움과 학생의 능동적 사고로 이루어지는 교육 패러다임으로 전환할 것을 요구하고 있습니다.

단순히 최근 유행하는 교수·학습 방법으로 바꾸는 것이 아니라 교사 주도의 가르침(teaching)에서 학생 주도의 생각(thinking)으로 수업 패러다임을 바꾸어야 합니다.

수업단계	학습자 주도성의 실현 방안
수업 설계	• 교사·학생의 공동 수업 설계 : 수업 주체로서 학생과 교사가 수업 방법, 평가 방식을 협의해 공동으로 결정
교수·학습 방법	• 학생 주도 능동적 학습 : 토론, 탐구, 프로젝트 기반 학습, 협력 학습 등 • 교수·학습 방법의 다양화
교수·학습 과정	• 수업의 주체로서 학생의 주체적·능동적 학습 활동 • 또래 교사로서 서로 가르치고 배우기 • 퍼실리테이터로서 교사의 역할 전환
평가	• 교사·학생이 협의하여 평가 방식과 기준의 공동 결정 • 평가 방식의 다양화

[출처: 박상준(2022). 메타버스 수업, 미래 교육의 방향을 찾다. 교육과학사, p.202.]

2-3. 미래 핵심역량 중심의 러닝퍼실리테이션 수업

미래의 주인공인 학생들에게 필요한 핵심역량은 무엇인가요?

2022 개정 교육과정 총론에서 제시하는 6가지의 핵심역량은 자기관리 역량, 지식정보처리 역량, 창의적 사고 역량, 심미적 감성 역량, 협력적 소통 역량, 공동체 역량입니다. 그중에서 복잡화, 다양화되는 사회를 살아가기 위해 상호협력성 및 공동체성 강조를 위해 2015 개정교육과정의 '의사소통 역량'을 '협력적 소통 역량'으로 개선한 것은 미래 교육을 책임지고 있는 교사의 수업방향에 많은 시사점을 줍니다.

러닝퍼실리테이션을 통해 기를 수 있는 역량은 무엇인가요?

러닝퍼실리테이션을 통해 길러질 수 있는 역량과 2022 개정교육과정에서 제시하는 6가지 핵심역량을 관련지어 살펴보면 다음과 같습니다.

첫째, 자기관리 역량을 기를 수 있습니다. 학습자가 학습의 주체가 되어 주도적으로 학습목표를 설정하고 유의미한 학습 경험을 배움과 연결하여 활동하고 성찰함으로써 자신의 삶과 진로에 필요한 자질을 갖추는 자기주도적인 학습이 될 수 있습니다.

둘째, 지식정보처리 역량을 기를 수 있습니다. 미래사회에는 다양하고 많은 정보가 범람하고 그 가운데 우리가 필요한 정보를 찾기 위해서는 학습자들이 상호작용하고 다양한 학습방법으로 여러 정보를 수집하고 탐색하여 새로운 지식을 연결하며 재구조화 하는 과정을 실시함으로써 문제를 해결해 나갈 수 있습니다.

셋째, 창의적 사고 역량을 기를 수 있습니다. 기존 지식을 그대로 배우기보다는 학습자의 경험을 배움과 연결을 통해 새로운 지식을 만들고, 여러 분야의 지식과 경험을 융합하여 활용할 수 있습니다.

넷째, 심미적 감성 역량을 기를 수 있습니다. 학습자의 다양한 학습과제를 설정하고 하고 싶은 과제를 함께 경험하며 성찰하는 과정속에서 자신과 다른 사람의 의견을 존중하고 공감하며 삶의 의미와 가치를 발견합니다.

다섯째, 협력적 의사 소통을 기를 수 있습니다. 학습자들은 러닝퍼실리테이션 단계인 주제 정하기에서 성찰까지 끊임없이 동료와 상호작용하며 소통하고 협력하여 문제를 해결해 나갑니다.

여섯째, 공동체 역량을 기를 수 있습니다. 학생들은 소통하고 협력하는 과정에서 합의에 의한 의사결정이 이루어지고 이는 집단 지성을 발휘합니다.

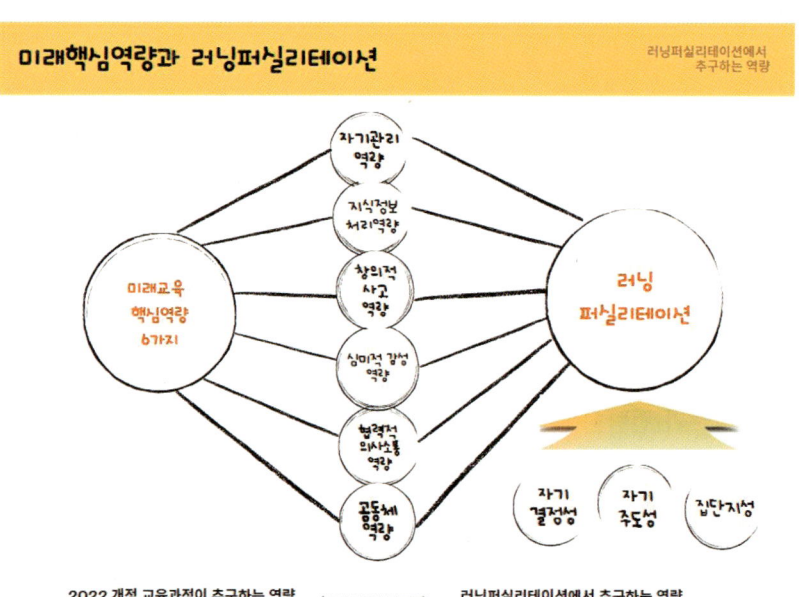

의사소통은 '둘 이상의 사람 사이에 의미를 창출하고 공유하는 상호교류 과정'이라는 뜻입니다.[2] 기존의 의사소통 역량은 대체로 말하기 능력, 말하기 중에서도 개인의 일방향적 표현능력 측정에 중점을 두고 있습니다. 상호작용인 경우에도 토의, 토론처럼 '특정 담화 유형'의 수행 능력을 평가하고 있습니다. 이러한 의사소통 평가는 실제적인 의사소통 능력을 평가하는 데에는 여러 제약이 있음을 알 수 있습니다. 즉 집단 활동을 하기 위한 능력이 필요한데, 여기에는 조정하기, 의사소통하기, 갈등 해결하기, 의사결정하기, 문제해결하기, 협상하기 등이 포함되는 것으로 비교적 특정한 상황에 한정된 의사소통 기능을 다룬다는 점에서 한계가 있습니다. 반면, 협력적 소통이란 '공동의 숙고 과정을 거쳐 합리적으로 의견을 공유 및 검증함으로써 문제를 해결하는 집단 의사결정'을 의미합니다. '문제해결을 위한 협력' 뿐만 아니라, 그 문제 해결을 위해 필요한 '의사소통적 협력'과 문제를 해결하기 위해 그들의 지식, 기술, 노력을 끌어내고 이해와 노력을 공유하는 과정에 효과적으로 참여하는 한 개인의 능력 또한 포함되는 개념입니다.

우리는 21C 리더가 갖추어야 할 능력으로 사람 사이의 소통을 설계하고 집단 지성과 협력을 촉진하는 협력적 소통 역량이 가장 중요하다고 여깁니다.

미래의 주인공인 학생들에게 필요한 핵심 역량인 협력적 의사소통은

첫째, 의사소통의 목적이 정보전달, 설득, 친교 및 정서 표현뿐 아니라 문제해결에 중점을 두고 있습니다.

둘째, 의사소통 참여자들이 의견표명을 통하여 상호영향을 주고 받는 과정 즉 '개인이 아닌 공동의 숙고 과정'이 필수적인 요소입니다.

셋째, 사고와 소통 내용이 합리적이어야 합니다. 이성적, 타당, 신뢰로운 정보나 의견을 제시하고 내용이 소통되는 과정이 합리적이어야 합니다.

넷째, 공동의 이해에 도달하고, 논의의 질을 높이기 위해 공유되는 정보나 의견 낱낱의 질을 검토하고 검증하는 과정이 반드시 필요합니다.

다섯째, 참여자 모두가 동의하는 하나의 대안에 도달하는 것이 수준 높은 협력적 의사소통이 되도록 합니다. 의사소통의 '집단'에서 판단하는 최선의 대안을 도출하는 것(집단 의사결정)을 바람직한 것으로 봅니다. 이런 협력적 의사소통역량을 함양하는데 도움을 주는 것이 퍼실리테이션입니다.

---

2) 미래 교육: 협력적 의사소통이 무엇인지 알아보자(박재현 외, 2019)

퍼실리테이션은 '모든 의견은 동등하게 소중하다.'는 원칙을 바탕으로 교사는 학생의 상호작용을 관찰하고 그들의 대화를 경청하여 서로 협력하고 능동적으로 최선의 해결책을 찾도록 격려하고 돕습니다.

학교에서 미래의 주인공인 학생이 협력적 의사소통역량을 함양할 수 있도록 퍼실리테이션을 통한 민주적 학교문화를 조성해야 합니다. 더 나아가 민주적인 수업 공동체를 만들 수 있도록 해야 합니다.

2-4. 미래 교육을 위한 러닝퍼실리테이션 수업

21세기를 위한 21가지 제언에서 유발 하라리는 '변화만이 유일한 상수다.'라고 합니다. 이제 변화하는 세상이 있다는 것만이 진리일 뿐 이외에 변하지 않는 것은 없다는 것입니다. 지금 공언 받은 지식이 추후에도 적용될 수 있는 지식이 될 수 없습니다. 그러하기에 변화에 대응하기 위해 지식을 구성하는 주체가 학생이 되어야 합니다. '변동성 불확실성 복잡성'으로 가득 찬 미래 사회를 살아갈 존재가 지금의 학생이기 때문입니다.

미래 교육에서 다음과 같은 질문이 필요합니다. 교수 학습 환경 지원 및 조성은 어떻게 할까요? 학생 참여형 수업 설계 및 운영은 어떻게 할까요? 학생 맞춤형 수업 활성화는 어떻게 할까요? 핵심역량 함양을 위한 깊이 있는 학습은 어떻게 할까요?

이 4가지 물음으로 '미래 교육, 왜 러닝퍼실리테이션 수업인가?'에 대해 알아보겠습니다.

교수 학습 환경 지원 및 조성

미래 교육은 과학·기술적 교수 학습 환경 조성보다 집단 지성을 실현할 수 있는 교수 학습 환경을 조성하는 것이 더욱 중요합니다. 관계적 소통 및 공동체 속에서 지식을 구성해 나가는 과정을 경험하게 하는 기회를 수업 속에서 학습자가 가질 수 있게 합니다.

수업에서는 퍼실리테이션 철학을 바탕으로 한 경청과 존중의 문화가 필요합니다. 지금의 오답이 앞으로의 오답일 수 없으며, 그들의 발언 하나에도 호기심을 갖고 경청해 주는 것, 다양한 관점을 받아들이는 중립적인 태도, 학생들에 대한 무한 신뢰를 바탕으로 한 러닝퍼실리테이션 수업의 교수 학습 환경은 미래의 주인공인 학생들에게 잠재력을 일깨우고, 학생의 미래역량을 키울 수 있습니다. 미래 교육은 학습자의 생각의 힘과 관계의 힘을 일깨우는 것이 가장 중요합니다.

학생 참여형 수업 설계 및 운영

러닝퍼실리테이션에서 수업의 주인은 학생이어야 합니다. 수업의 주제, 학습목표, 탐구방법, 과제설정, 평가의 주인도 학생입니다. 이때 교사는 학생들에게 힘이 될 돋움판이 되는 자료를 제공합니다. 우리는 그것을 '비계'라고 합니다. 그리고 다양한 자료와 사고 탐색 방법을 그들에게 제시해 줄 수 있는 우물이 되어야 합니다. 러닝퍼실리테이션 수업은 학생 참여형 수업에서 더 나아간 학생 주도형 수업입니다.

핵심역량 함양을 위한 깊이 있는 학습

러닝퍼실리테이션 수업은 학생에게 '결정성', 학습의 전이를 위한 '자발성', 지식을 창조하는 '창의성', '삶과 연계'를 경험하게 함으로써 그들의 성장을 촉진합니다. 그리고 그 안의 무수한 상호작용과 존중의 철학을 삶의 태도로 연결 지을 수 있습니다. 러닝퍼실리테이션 수업은 수업의 과정에서 이러한 모든 요소를 포함하고 있습니다.

학생 맞춤형 수업 활성화

학생은 저마다의 앎, 학생 저마다의 삶이 다릅니다. 서로 아이디어를 나누고 합의하는 과정에서 우리가 '덕분에' 알게 되는 앎이 생겨납니다. 나만의 경험이 아닌 '우리 경험의 재구성', '함께 고찰'로 메타인지를 발휘하게 됩니다. 그들 스스로 구성한 앎이 집단 속에서 재구성되며 삶과 연결되는 기적을 체험할 때, 그들은 자기 곁에 있는 관계의 소중함을 깨달을 수 있습니다. 그리고 학생들 각자의 삶에 전이될 수 있는 스스로가 목표한 지식, 기능, 가치와 태도를 얻게 됩니다.

미래 교육의 지향하는 바가 그대로 담긴 수업! 바로 러닝퍼실리테이션 수업입니다.

TIP

Q 학생들의 주도성과 자율성을 어디까지 허용할 것인가?

A 학생의 주도성과 자율성은 발휘해야 할 것이지 제어해야 할 대상이 아닙니다. 학생을 '신뢰'한다면 학생의 진정한 주도성과 자율성을 발현하도록 지원하는 교사가 되어 계실 겁니다.

3장
똑똑!
러닝퍼실리테이션 수업으로 입장

3-1. 러닝퍼실리테이션이란 무엇인가요?

 구성주의에 기반을 둔 러닝퍼실리테이션(Learning facilitation)은 러닝(Learning, 학습)과 퍼실리테이션(Facilitation, 촉진)의 합성어로 직역하면 '학습 촉진'이라 할 수 있습니다. 러닝퍼실리테이션은 학습자의 인지 변화를 중심으로 하는 인지 구성주의를 포함하고, 비계를 제시하는 교사와의 상호 작용과 학습자 간의 상호 작용을 중시하는 사회 구성주의 학습법을 모두 포함하고 있습니다.
 가르치기 위한 기법이라는 면에서 러닝러실리테이션은 교수법으로, 가르치는 다양한 방법 중 하나입니다. 교사가 주도하는 교사중심의 교수법과 학습자의 참여를 중시하는 학습자중심의 교수법 중에서, 러닝퍼실리테이션은 학습자중심의 교수법에 가깝습니다. 학습자의 주도적인 참여를 통해 학습이 촉진됩니다. 퍼실리테이션의 절차와 기법, 도구를 학습 촉진의 목적으로 사용한다는 점에서 퍼실리테이션의 한 종류로 볼 수 있습니다.

러닝퍼실리테이션은 '학습자'들이 '학습자간 상호작용'을 통해 '문제해결'을 하는 과정에서 학습이 일어나는 교수법입니다. 학습의 주체로서 학습자 중심, 학습의 방법으로서 상호작용 중심, 학습의 목적으로 문제해결 중심이 러닝퍼실리테이션의 세 가지 축입니다. 교사 혼자 가르치지 않고 학습자가 함께 배우는 교수법으로 볼 수 있습니다.[3]

러닝퍼실리테이션 수업은 구성주의, 경험주의에 이론적 기반을 두고 있습니다.

구성주의는 인지적 구성주의(대표인물: 피아제), 사회적 구성주의(대표인물: 비고츠키)가 있습니다. 구성주의는 '개인의 인지구조 형성이 어떻게 이루어지는가?'에 대한 연구입니다. 인지적 구성주의는 학습자가 자신의 경험과 지식을 바탕으로 형성된 도식(Shema)를 기반으로 끊임없는 동화(Assimilation)와 조절(Accomodation)을 통해 새로운 지식을 구성한다고 생각합니다. 러닝퍼실리테이션도 인지적 구성주의 관점에 따라 학생 개인의 인지구조 형성은 끊임없는 도식화와 조절을 통해 새로운 지식을 구성한다고 여깁니다.

사회적 구성주의는 학습이 이루어지기 위해서는 주관적 인식과 객관적 인식을 공유하고 사회적 합의의 과정을 통해 인지가 이루어진다고 봅니다. 러닝퍼실리테이션에서도 학습이 이루어지기 위해서는 학습자들이 자신의 생각을 표현하고, 다른 사람들의 의견을 들으며, 서로 협력하여 문제를 해결하는 과정을 통해 인지를 한다고 여깁니다.

---

3) 정강욱(2019), 「러닝퍼실리테이션 가르치지 말고 배우게하라」, 플랜비디자인.

경험주의는 학습자가 직접 경험을 통해 지식을 습득하는 것을 강조합니다. 따라서 러닝 퍼실리테이션은 학습자가 직접 경험을 통해 지식을 습득할 수 있도록 다양한 학습 도구와 방법을 활용합니다. 예를 들어 실습이나 프로젝트, 토론 등을 통해 학습자들이 직접 경험을 쌓도록 지원합니다.

러닝퍼실리테이션은 학습자 중심의 학습 환경을 조성하여 학습자의 학습 잠재력과 욕구를 끌어내고, 학습자 스스로 가진 경험을 바탕으로 지식을 구성하는 데 중점을 둡니다. 학습은 학습자 자신의 개념과 사고로 현재 자신이 경험한 것을 주체적으로 구성하여 지식이 성립하는 것으로 보며, 사회적 상호작용이 인식에 미치는 영향을 중요시 합니다.

3-2 러닝퍼실리테이션 수업 철학은 무엇인가요?

러닝퍼실리테이션 수업 철학은 퍼실리테이터의 철학을 바탕으로 학습을 촉진하는 것입니다. 퍼실리테이터의 철학은 다음과 같습니다.

〈퍼실리테이터의 철학〉

- 사람은 기본적으로 현명하고, 올바른 일을 할 수 있으며, 또 그렇게 하고 싶어한다.
- 사람들은 자신이 참여한 아이디어나 계획에 대해서는 더욱 헌신적으로 임한다.
- 사람들은 자신의 결정에 대해 책임이 부여되면 진정으로 책임감 있게 행동한다.
- 모든 사람의 의견은 지위, 계급 여하를 막론하고 똑같이 중요하다.
- 도구와 훈련이 주어진다면, 팀은 갈등을 스스로 해결하고 성숙한 행동을 하며 좋은 관계를 유지해 나갈 수 있다.
- 퍼실리테이션의 프로세스가 잘 설계되고, 계획대로 적용된다면 바라는 결과를 얻을 수 있을 것이다.

(출처: 한국퍼실리테이션협회 https://kofa.modoo.at)

이러한 철학적 관점을 학습에 적용해 본다면 '학습자는 스스로 학습을 하고 싶어 하며, 자신의 결정에 대해 책임지고 스스로 해결하려고 한다.'는 것입니다. 퍼실리테이션에서는 퍼실리테이터의 설계를 통한 도구와 훈련이 제공되는 것이라면, 러닝퍼실리테이션 수업에서는 교사의 교육과정(수업) 설계를 통한 도구와 훈련이 제공되는 것이라 할 수 있습니다.

러닝퍼실리테이션 수업에서는 이러한 철학적 관점을 학습자의 자기 결정성, 자기 주도성, 집단 지성이라는 세 가지 원리로 정리하였습니다.

첫째, 러닝퍼실리테이션 수업에서 말하는 학습자의 자기 결정성이란 학습에 관련된 대상이나 과정을 학습자가 결정하는 것으로 진정한 학습이 이루어지려면 학습자가 결정할 수 있도록 교육과정이나 수업이 설계되는 것이 바람직합니다. 학습자가 학습의 모든 것을 결정할 수 있는 것은 아니나 자기 결정성이 강화되는 것이 교육의 목적을 달성하는데 도움이 됩니다. 러닝퍼실리테이션 수업에서 자기 결정성이 뚜렷하게 실현되는 활동은 학습자의 학습 목표 정하기입니다. 자기 결정과 관련하여 흔히 일컫는 예시가 '공부해라.'입니다. 공부를 하라고 하면 하기 싫듯이 교사가 학습 목표를 제시하기보다는 학습자가 학습 목표를 세울 때 진정한 학습이 이루어질 가능성이 커집니다.

둘째, 러닝퍼실리테이션 수업에서 말하는 학습자의 자기 주도성이란 학습자가 학습의 주체로서 개인이나 공동체의 목적을 달성하기 위해 학습 과정에 능동적으로 참여하여 이끌어가는 것입니다. 교사는 학습자의 역량 강화를 위하여 교육 과정이나 수업을 설계할 때 학습자의 주도성이 실현될 수 있도록 해야 합니다. 수업 과정에서 교사가 제공한 비계를 학습자가 다양한 방법 중에 선택하여 시각화하거나 성찰 질문을 선택하여 학습을 성찰하는 활동은 학습자의 주도성 실현을 통한 역량 강화 학습 활동이라 할 수 있습니다.

셋째, 러닝퍼실리테이션 수업에서 말하는 학습자의 집단 지성이란 수업 구성원들이 협력 또는 협업을 통한 집단적 능력입니다. 수업에서 집단 지성이 실현될 때 비로소 수업 공동체가 형성되며 학교는 좋은 교육공동체가 될 것입니다. 교육과정이나 수업을 설계할 때 소통과 민주적 의사결정 과정의 원칙이라 할 수 있는 다양성 존중, 자발적 참여, 결정권 부여, 민주적 합의가 최대한 실현될 수 있도록 하는 것은 좋은 수업 공동체를 형성할 수 있는 토대를 마련합니다. 학교는 민주주의 기초를 배워가는 곳이고 학습자는 민주시민 자질을 함양해야 합니다. 구성원이 합의하여 이뤄지지 않는 다수결을 통한 결정 의사결정은 소수에 대한 다수의 강요입니다. 많은 학생들은 다수결을 통한 결정이 민주주의라고 여기고 있으며 최선의 방법이라고 생각합니다. 공동체에서 다수결 결정은 구성원들을 소외시키고 갈등과 분열을 일으킬 가능성이 큽니다. 소수자 또는 소수의 의견도 존중하고 이들의 의사가 반영되는 합의적 수준의 의사결정이 수업에서 이뤄지는 것이 수업민주주의를 실현하는 것입니다.

📗 현재 러닝퍼실리테이션 수업 흐름이 되기까지

2019년 경남토론교육연구회 회원 중에서 러닝퍼실리테이션에 관심이 있는 이들이 모여 러닝퍼실리테이션 수업탐구 교사공동체를 구성하여 운영하였습니다. 관련 도서를 선정하여 토론하며 수업 설계를 하여 제4회 경남 수업나눔축제에 '러닝퍼실리테이션 이해와 실제 수업 실습'이라는 제목으로 러닝퍼실리테이션 소개, 수업 나눔과 수업 설계에 따른 실습을 해보는 기회를 처음 공식적으로 진행하였습니다. 이때 수업은 질문 만들기 토의·토론 수업이었습니다. 수업 흐름은 개인/모둠 질문 만들기 – 핵심 질문 만들기 – 질문 풀어 공유하기 – 심화 질문 만들기/풀어 공유하기로 진행되었습니다. 학생들이 스스로 질문을 만들어 모둠 활동으로 풀어서 발표 공유하는 과정이 중심 활동입니다.

2020년 팬데믹이 시작되면서 격월간 진행되던 대면 워크숍이 중단되었다가 8월 말부터 연구회 회원 대상으로 주 1회 원격 워크숍(매주 월요일 19:00~)이 진행되었습니다. 비록 원격이지만 팬데믹 이전보다 훨씬 자주 워크숍을 진행할 수 있어서 퍼실리테이션과 러닝퍼실리테이션의 이론적 검토와 실습, 다양한 형태의 수업 나눔을 통한 러닝퍼실리테이션 수업과 비교 검토 및 수업 설계를 모색할 수 있었습니다. 또한 러닝퍼실리테이션 수업에 대한 회원 간의 이해 격차를 줄일 수 있었습니다. 주 1회 원격 워크숍은 2024년 12월 현재까지도 진행되면서 러닝퍼실리테이션 수업 도서 출판을 준비할 수 있는 환경과 토대가 조성되었습니다.

아래 표의 내용은 2020년 제5회 경남 수업나눔한마당에서 러닝퍼실리테이션 수업을 소개한 내용입니다.

■ 2020년 사회과 러닝퍼실리테이션 수업 사례 나눔
학생 스스로 교과서를 읽고 질문을 만들고 이를 기초-핵심-심화로 이어지는 질문 연속체로 정교화시켜 퍼실리테이션의 도구와 기법을 활용해 집단 지성이 발현되는 과정으로 학습과정을 설계하였다. 이러한 과정에서 학생들의 질문생성능력을 향상시키고 미래핵심역량은 향상될 수 있으며 이로써 역사에서 학습자의 자율적 결정권을 보장하도록 설계하였다.

■ 2020년 질문 중심 러닝퍼실리테이션 수업 사례 나눔
1. 가르치지 말고 배우게 하라. 학습자의 자율적 결정권을 최대한 보장하고 장려하는 수업 설계로 학습자가 수업의 주인으로 수업 목표에 해당하는 질문을 만들고 이를 해결하는 수업 2. 기초-핵심-심화-성찰 질문을 학습자가 만드는 질문 연속체 적용 수업. 3. 퍼실리테이션의 도구, 기법, 절차를 적용하여 학습을 촉진하는 수업.

소개 내용에서 이전의 수업 사례 소개와 비교하여 눈에 띄는 점은 학습자의 자율적 결정권 보장, 집단 지성 발현, 성찰이라 할 수 있습니다.

2021년에는 팬데믹 상황에서 2020년의 원격 워크숍 진행 역량 강화에 힘입어 경남 지역 교사를 대상으로 한 교직원 민주 문화 활성화, 학생 자치 지도 역량 강화를 위한 퍼실리테이션 원격 워크숍을 진행하면서 수업에서도 민주주의 원리가 적용되는 수업 공동체를 만드는 것이 학교 민주주의 활성화 토대가 될 수 있음을 알게 되었습니다. 학생 자치와 교직원 민주 문화가 만나는 지점이 수업이기 때문입니다. 학교 민주주의의 완성은 수업에서 이루어질 수 있습니다.

아래의 표는 2021년 제6회 경남 수업나눔한마당에서 경남토론교육연구회 수업 사례를 소개하는 내용과 러닝퍼실리테이션 수업 설계 워크숍 과정입니다.

■ 2021년 수업 사례 소개
학습자의 자기 주도성을 실현하는 수업
1. 토의·토론 적용 교과 융합 프로젝트 수업
2. 러닝퍼실리테이션 수업 설계와 자기주도적 학습력 강화
3. 학생 자치와 수업 공동체

■ 2021년 수업 설계 워크숍 과정
담당 교과에 적용하는 러닝퍼실리테이션 수업 설계
[1] 학습 자료 어떻게 준비할까?
[2] 학습 자료 파악하기
[3] 핵심 내용에 적합한 활동
[4] 순서 정하기
[5] 학습 전이를 위한 활동 정하기
[6] 성찰 활동

　2022년 11월부터 2024년 10월까지 경남의 초, 중, 고 교사 대상으로 총 11회의 러닝퍼실리테이션 수업 설계 대면 워크숍(참가 인원 평균 20명)을 진행하면서 수업 흐름을 논의하여 현재에 이르게 되었습니다.

　수업 설계 워크숍을 시작할 때 참가한 교사에게 밝혔듯이 현재의 러닝퍼실리테이션 수업 흐름은 고정된 것이 아닙니다. 퍼실리테이션 형태가 퍼실리테이터의 설계에 따라 다양하게 구성되듯이 러닝퍼실리테이션 수업 역시 교사의 수업 설계에 따라 다양하게 이루어질 수 밖에 없습니다. 정해진 러닝퍼실리테이션 수업의 모형이 있는 것이 아니라 수업의 주체인 교사와 학생의 역동적인 상호작용으로 수업민주주의가 실현되는 수업 공동체를 만드려는 교육의 활동이 러닝퍼실리테이션 수업이라고 할 수 있습니다.

3-3. 러닝퍼실리테이션 수업의 필요성은 무엇인가요?

　러닝퍼실리테이션이 필요한 이유를 살펴보면 크게 세 가지로 정리할 수 있습니다.

1) 학생 주도적인 수업의 실천

모든 학생은 배움에 대한 열망을 가지고 있습니다. 교사가 일방적인 수업을 진행하던 수업에서 탈피하여 러닝퍼실리테이션을 통해 학생이 수업 주제와 관련하여 궁금해하고 배우고 싶어하는 것을 배울 수 있는 학습 경험의 기회를 제공하여 학습자의 자발적이고 주도적인 수업참여를 가능하게 합니다.

2) 교사의 자율적인 교육과정 운영

러닝퍼실리테이션을 통해 교사는 교육과정을 운영하는 주체로서 교사의 교육철학이 반영되지 않은 상태로 국가 수준의 교육과정에 따른 교과서대로 수업을 하는 것이 아니라, 학생들의 학습 흥미와 호기심, 학습 수준 등의 실태를 반영합니다. 이를 어떻게 배움으로 연결할 것인가에 대한 교사의 수업 고민을 중심으로 학습자들의 배움이 일어나는 학습 경험을 스스로 선택하고 주도적으로 설계하는 교육과정 자율성을 실천할 수 있습니다.

3) 수업 민주주의의

러닝퍼실리테이션에서는 교사의 일방적인 수업 설계와 진행에서 벗어나 학습자들이 궁금해하고 배우고 싶어하는 것이 무엇인지 묻고, 학습자들의 질문과 학습 이해를 적극 반영합니다. 학습이 일어나도록 하는 학습 경험을 학습자들이 직접 선정하고 그에 따른 수업 설계와 진행을 통해 학습자들이 수업의 공동 주인으로 존중되는 교실 속 민주주의, 수업 속 민주주의를 실현할 수 있습니다.

3-4. 러닝퍼실리테이션 수업, 교사는 왜 해야하는가요?

학생들의 학교생활에서 가장 많은 시간을 차지하고 있으며, 가장 많은 교육활동들이 일어나는 것이 수업입니다. 강의식 수업에서는 학생들이 수동적 입장일 수 밖에 없습니다. 학생들의 자기표현이나 다양한 의견에 대한 열린 생각, 경청하는 태도, 집단 지성을 통한 경험 등이 수업에서 민주적인 방식으로 진행되어야 합니다. 수업의 주체인 학생이 수업을 듣는 것이 아니라 참여하는 것을 원해야 '배움'이 일어날 수 있습니다. 러닝퍼실리테이션 수업은 기존 강의방식이 제공하지 못한 새로운 가치를 제공할 수 있습니다. 그 가치는 역동적인 배움의 경험을 통해 학습자들을 창작자로 만들어 주는 것입니다. 특히 몰입, 성찰, 이해, 공유, 통찰, 관계와 같은 경험이 가치롭기 때문입니다. 이에 따라 수업에서 교사의 주도성은 최소화 되고, 학생들은 창의력을 발휘해 문제를 해결하고 새로운 것을 만들거나 발견을 촉진하게 되는 것을 경험할 수 있습니다.

1) 퍼실리테이션은 민주적이면서도 창조적인 의사결정 과정을 지지합니다. 따라서 학습자들이 협력을 통해 '집단 지성'을 잘 활용할 수 있도록 도와서 우리사회가 필요로 하는 협업과 네트워킹, 학습 공동체를 강조하게 합니다.

2) 가르치지 않아도 학습자들이 배우게 합니다. 학습자들에게 필요한 것은 콘텐츠 그 자체보다 그것을 통한 경험, 깨달음이며 성찰이 될 수 있습니다.

3) 러닝퍼실리테이션 수업에서는 집단 지성을 높여주는 것에 관심이 많기 때문에 학습자들이 다른 학습자들과 함께 하면서 얻어가는 배움이 있기 때문입니다.

4) 학습자들이 스스로 지식을 만들어 가는 것을 진정한 배움이라고 하면 러닝퍼실리테이션 수업에서는 학습자들에게 경험의 기회를 가능한 많이 제공합니다. 따라서 배우고 익히고 경험하는 과정에서 진정한 배움이 시작된다고 할 수 있습니다.

러닝퍼실리테이션 수업에서 중요한 덕목은 바로 '학습자'에 대한 믿음입니다.
수업이라는 시간 속에서 학생과 교사가 소통하는 것, 학생들이 경청하는 것, 합의를 도출해가는 과정에서 학생들의 '성장과 배움'이 일어나고 수업의 민주성이 더해지는 것을 교사는 러닝퍼실리테이션 수업에서 경험할 수 있습니다.

3-5. 수업민주주의는 무엇이며, 왜 필요할까요?

수업민주주의란 러닝퍼실리테이션 수업에서 퍼실리테이션의 기법과 도구를 활용하여 학습자의 자기 결정성, 자기 주도성, 집단 지성을 강화하는 과정으로 민주주의 원리를 최대한 실현하려는 것입니다. 수업에서 실현되는 민주주의 원리란 수업 구성원들의 인간 존엄성과 가치, 자유와 평등을 존중하며 소통과 민주적 의사결정을 통한 합의와 실천입니다. 이러한 원리를 통해 개인의 성장과 좋은 공동체를 형성하려고 하는 것이 수업민주주의라고 할 수 있습니다. 러닝퍼실리테이션수업을 밑받침하는 필수적 요소 두 가지는 교사의 민주주의 의식과 학습자에 대한 믿음이라고 할 수 있습니다. 이 두 가지는 학습자가 학습에 능동적으로 참여할 수 있도록 학습의 결정권을 학습자에게 이양하는 수업 설계를 가능하게 합니다. 이것이 수업민주주의의 출발점이라고 볼 수 있습니다. 이를 바탕으로 교사는 중립을 확보할 수 있고 집단 지성이 발현될 수 있는 토대를 만듭니다. 이를 통해 발언의 안전, 학습자의 학습 목표 세우기, 삶의 학습 전이와 성찰, 지식 창조 등이 가능한 수업민주주의를 실현할 수 있습니다.

민주주의 원리를 바탕으로 설계되는 수업에 참여하는 학생들은 교사가 설계한 대로 따라가는 수동적 역할이 아니라 능동적으로 참여하여 교사를 포함한 수업에 참여한 구성원들과 함께 수업을 만들어 가는 주체입니다. 다양한 의견이 수렴되고 민주적이며 집단적 의사 결정 과정으로 수업이 진행됩니다. 그러므로 학생들의 민주적 역량은 수업의 질을 좌우하는 중요한 요인입니다. 모든 수업에 수업민주주의가 바탕이 되어야 마땅하며 이를 통해 교육기본법 제2조의 교육이념(목적)이 실현될 수 있습니다.

[교육기본법]
제2조(교육이념) 교육은 홍익인간의 이념 아래 모든 국민으로 하여금 인격을 도야하고, 자주적 생활 능력과 민주 시민으로서 필요한 자질을 갖추게 함으로써 인간다운 삶을 영위하게 하고, 민주 국가의 발전과 인류 공영의 이상을 실현하는 데에 이바지하게 함을 목적으로 하고 있다.

사회과와 같은 특정 교과에서 민주주의를 주제로 다루는 것 뿐만 아니라 모든 교과의 수업에서 민주주의 원리에 따른 활동을 한다면 우리나라 교육의 목적인 '자주적 생활 능력과 민주 시민으로서 필요한 자질을 갖추게 함'이 더욱더 잘 이루어질 수 있습니다.

학생들이 수업에서 민주주의를 익히는 것은 학생자치를 포함한 학교 민주주의와도 긴밀한 연관이 있습니다. 경남교육청에서 제시하고 있는 '경남

학교 민주주의의 이해'를 찾아보면 다음과 같이 안내하고 있습니다.

◆ 학교 민주주의란?

모든 학교 공동체가 학교의 공동 주인으로서 주체성을 가지고 학교의 기본적인 운영과 현안을 함께 논의하며 해결·실천하는 과정을 통해 자율·존중·참여의 시민적 가치를 실현함으로써 함께 성장하는 학교 체제입니다.

◆ 학교 민주주의 왜 필요한가요?

학교는 학생들이 민주주의를 경험하고 실천하는 작은 사회입니다. 민주주의는 삶의 양식으로 사회, 가정, 학교 등 삶의 모든 영역에서 실천되지만, 특별히 학교에서는 교사들의 자율적·능동적인 교육 활동을 돕고, 학생 자치활동으로 자율성을 높이며 학부모들의 학교 교육 활동에 대한 참여를 활성화할 수 있기 때문입니다.

학교 운영의 주체인 학생, 교직원, 학부모 중에서 교사와 학생은 수업에서 만납니다. 수업은 학교의 존재 가치를 결정하는 핵심 교육 활동입니다. 수업민주주의가 중요한 이유는 수업에서 학교 교육의 목적인 민주 시민으로서 자질을 갖추게 하는 것이 무엇보다도 중요하고 우선되어야 하기 때문입니다.

3-6. 러닝퍼실리테이션 수업에서 교사의 중립성이란 무엇인가요?

교사의 중립성은 학습자 스스로 해결할 수 있다는 교사의 강한 믿음에서 중립성은 출발합니다. 퍼실리테이터의 중립성이란 특정 의견이나 사람에게 치우침 없이 균형 있는 의견 교환이 되도록 도와주는 역할을 하는 것이라고 정의할 수 있습니다.

교사가 퍼실리테이터로서 중립성을 가지기 위해서 내용에 개입하지 않는 것, 참여자의 의견을 평가하지 않는 것, 나의 의견을 넣지 않는 것, 편들지 않는 것이 필요합니다. 물론 비언어적 중립성도 중요합니다. 몸의 움직임과 자세, 얼굴 표정, 눈맞춤, 손짓, 목소리 톤과 같은 비언어적 행동으로 교사가 답을 의도하지 않는 것도 포함합니다. 중립을 지키는 것은 자신의 의견을 내지 않는 소극적 활동이어서 쉬워야 할 것 같은 데 막상 시도하다 보면 중립을 지키는 것이 매우 어렵다는 것을 알게 됩니다.

러닝퍼실리테이션 수업은 '학습자 입장에서 최적의 학습이 될 수 있도록 학습 경험을 디자인하고 학습 과정을 촉진하는 수업'입니다. 이러한 관점에서 철저하게 학습을 하는 주체에 초점을 맞춘다면 러닝퍼실리테이션을 하고 있다고 할 수 있습니다. 그래서 무엇보다 교사의 역할은 매우 중요하다고 할 수 있습니다. 교사는 학생 스스로 자신을 이해할 수 있도록 지원하는 역할을 하는 퍼실리테이터가 되는 것입니다. 이는 초점을 교사와 강의에 맞추는 것에서 벗어나 학생과 학생들의 학습에 맞추는 것으로 말(설득)하기 보다는 교사는 묻기 시작해야 하고 스스로 수업을 설계하는 질문 만들기를 적극 촉진해야 합니다. 학생 스스로 학습 내용을 이해하도록 돕는 것이며 답이 참여자에게 있고 그로부터 스스로 찾도록 돕는 것이기 때문입니다. 이러한 과정에서 퍼실리테이터로서 교사의 중립은 학생들의 부정적인 마음을 제거하고 서로 적극적으로 자신의 의견에 따라 문제를 해결하도록 돕는 것입니다. 교사의 중립으로 학생들의 모든 의견이 존중되기 때문에 즐거운 마음으로 대화하고 원하는 방향으로 수업을 하게 됩니다.

러닝퍼실리테이션 수업에서 교사가 알고 있는 것을 내려놓고 학생들의 지혜에 진정한 질문을 던질 때 그들은 생각보다 훨씬 더 창의적이고, 열정적이며, 협력적인 것을 경험하게 됩니다.

따라서 다른 학생들에게 질문을 던져 사고를 확장하고 또는 결론에 다다르도록 도왔다면 교사는 중립을 지켜 러닝퍼실리테이션 수업을 한 것이며 그 과정에서 '학습전이'가 일어나서 더 깊은 학습이 이루어진 것이라고 할 수 있습니다.

3-7. 러닝퍼실리테이션 수업의 흐름은 어떠한가요?

러닝퍼실리테이션 수업은 퍼실리테이티브한 철학이 필요합니다. 어떤 수업의 방법이나 도구를 활용하더라도 이 철학을 바탕으로 학습자들이 동료상호작용을 통해 문제를 해결하도록 설계하고 퍼실리테이터로서 교사의 역할이 이루어진다면 그것은 러닝퍼실리테이션 수업이라고 할 수 있습니다.

그럼에도 불구하고 러닝퍼실리테이션에서 바탕이 되는 단계를 안내하는 것은 러닝퍼실리테이션 수업을 좀 더 구체화하는데 도움이 되기 바라는 마음에서입니다.

러닝퍼실리테이션수업은 **주제정하기→비계제시→시각화→심화탐구→**

과제해결→**성찰**로 이루어집니다. 이 단계를 질문과 같이 제시하면 다음과 같이 나타낼 수 있습니다.

러닝퍼실리테이션 수업은 어떻게?
주제 정하기: 무엇을 배우고 싶은가?
비계 제시: 경험 및 자료제공 어떻게 할 것인가?
시각화: 제공된 경험, 자료를 어떻게 정리할 것인가?
심화 탐구: 지식 심화탐구는 어떻게 할 것인가?
과제해결: 학습목표 정하기 및 과제 해결 어떻게 할 것인가?
성찰: 배움에 대한 효과적인 생활은 어떻게 할 것인가?

1) 주제 정하기: 무엇을 배우고 싶은가?

주제 정하기는 배움에 대한 전체 주제를 정하는 단계입니다. 주제 정하기는 학습자가 정하는 것이 좋으나, 차선으로 좋은 선택이라면 교사가 정하는 것도 가능합니다.

2) 비계 제시: 경험 및 자료 제공을 어떻게 할 것인가?

비계는 주어진 과제를 잘 수행할 수 있도록 도움을 제공하는 지원을 뜻합니다. 비계 제시는 배움에 대한 내용파악 및 동기 제공의 바탕이 되는 단계로 학습자에게 제공하는 에너지원이라고 할 수 있습니다. 주제(과제)의 목표설명, 주제를 어떻게 해결하는지에 대한 시범, 학생이 가장 어려운 부분을 실행할 수 있도록 돕는 것을 포함합니다.

비계 제시에 도움되는 도구는 교사의 스토리텔링(교사 개인 생각이 담기는 것은 지양), 텍스트 및 서적(그림책, 위인전, 전문도서 등), 미디어자료(다큐멘터리, 영화, 애니메이션, 동영상 등) 다양합니다.

비계 제시는 학습에 대한 흥미를 유발함과 동시에 참여도 및 몰입도를 결정하고, 학습할 내용에 대한 기초적인 이해에 도움을 줍니다. 즉, 굳게 닫힌 문을 두드림으로써 뇌를 깨우고 문제의식을 불러일으키는 역할을 하는 것입니다.

3) 시각화: 제공된 경험, 자료를 어떻게 정리할 것인가?

시각화는 비계에서 제공된 자료를 정리해서 학생이 비계에서 제시된 자료를 정리해서 이해한 내용을 표현하는 단계입니다. 주제에 관련된 이슈와 아이디어를 최대한 내어놓고 개방형질문과 확산형질문으로 주제의 맥락을 살피도록 하며 퍼실리테이터의 표출화 기술에 해당됩니다.

사용되는 도구는 리치픽쳐, 일화 말하기, 브레인스토밍, 브레인라이팅, 마인드맵, 스캠퍼, 랜덤워드, 월드카페, 원더링플립차트, 만다라트 등 학습자들이 원하는 방법으로 시각화할 수 있습니다. 교사는 사용하는 도구와 방법에 대해 학습자에게 안내해 줄 필요가 있으며, 가르쳐 줄 내용과 학습자 스스로 배울 내용을 구별하는 것이 필요합니다.

시각화한 내용을 공유하는 것 또한 중요합니다. 시각화를 통해 학습자들은 비계 제시를 통해 알게 된 것을 정리하고 목표지점을 명확히 눈으로 확인할 수 있고, 무엇을 알고 뭘 모르는지 알 수 있으며, 서로 배움을 나눌 수 있습니다.

4) 심화 탐구: 지식 심화 탐구 어떻게 할 것인가?

심화 탐구는 비계 제시와 시각화를 통해 주제에 대해 정리가 되면 지식을 심화 탐구하는 단계입니다.

① 먼저 시각화한 자료를 질문 만들기(핵심, 심화 질문), 탐구하기, 가르치기, 지식 상품 만들기 등을 방법과 도구를 통해 심화 탐구

② 배느실, DVDM, ORID, 4차원 토론, 둘 가고 둘 남기 토론 등을 통해 심화 탐구한 내용 공유

5) 과제 해결: 학습목표와 정하기와 학습목표에 맞는 과제 해결 어떻게 할 것인가?

개인별, 모둠별 심화 과제를 설정하고 탐구하여 전문적 지식 또는 생산적, 창의적 아이디어로 나아가는 단계라고 할 수 있습니다. 즉, 경험을 재구성(교과융합)하고 일반화 시키는 과정입니다.

① 학습자가 정하는 학습목표: 개인별 또는 모둠별로 지식, 기능, 태도 가치의 세 영역으로 학습목표를 학습자 스스로 정하기

- 어떤 지식을 알고 싶은가요?

- 어떤 기술(기능)과 방법을 익히고 싶은가요?

- 태도나 행동을 어떻게 바꾸고 싶은가요?

② 과제 제안하기: 앞에서 정한 학습목표를 바탕으로 모든 학습자가 과제를 제안하기

- 브레인 라인팅, 집단 명목법, 브레인 스토밍, 유목화 등

〈예시〉

조사 탐구하기, 설명하기, 설문조사하기, 해결 방안 제안하기, 체험하기, 실제 경험 듣기, 사례 조사하기, DVDM, 어골도, 브레인 스토밍, 랜덤워드, 토의, 토론, 실습, 심층면담, 역할극, 카드뉴스 만들기, 신문제작 등

③ 과제 선택하기: 학습목표(지식, 기능, 태도)를 고려하여 선택하기
   - 과제 해결 방법 선택: 개별 학습, 모둠 학습
   - 평과제를 평가하고 결정하는 도구: 다중투표, 주먹에서 보까지, 디시즌그리드, 동의척도표
④ 과제 해결하기: 실행 계획서를 세워서 과제 해결하기
   - 실행 계획서 구성 요소 예시: 과제명 / 누가 언제, 어디서, 무엇을, 어떻게, 얼마나 많이 / 왜 / 예상되는 문제점과 해결방안 / 기대효과

6) 성찰: 배움에 대한 효과적인 성찰은 어떻게 할 것인가?

성찰은 학습을 삶과 연결시키는 과정으로 양적, 질적, 정의적, 서술적 성찰 등이 있으며 배움에 맞는 성찰방법을 적용합니다.

이런 러닝퍼실리테이션 수업의 기본 단계는 가변적이며 수업목표와 교사의 의도, 학생들의 요구, 수업내용과 양에 따라 각 단계를 모두 밟거나 생략될 수 있습니다. 또한 일반적 수업에서 러닝퍼실리테이션의 수업의 단계의 일부분을 가져와서 사용한다고 러닝퍼실리테이션 수업이 되는 것은 아닙니다. 퍼실리테이티션의 철학을 바탕으로 퍼실리테이터로서의 교사가 퍼실리테이티브한 방법으로 수업을 해야합니다.

3-8. 러닝퍼실리테이션 수업에 담겨야 할 것은 무엇인가요?

러닝퍼실리테이션 수업은 아래의 일곱 가지를 담고 있습니다. 반드시 담고 있는 내용이라기보다는 대부분의 러닝퍼실리테이션 수업에서 나타나는 공통되는 특징을 정리한 것입니다. 일곱 가지 특징이 수업에 담겨 있지 않다고 해서 러닝퍼실리테이션 수업이 아니라고 할 수는 없습니다. 수업 설계부터 반드시 이 일곱 가지가 포함되어야 한다고 생각하는 순간, 이미 그 수업은 규칙에 함몰된 러닝퍼실리테이션 수업이 아니게 됩니다. 러닝퍼실리테이션 수업을 설계하고 도전하는 선생님들께서 자유롭고 허용적으로 수업을 설계한다면 이미 그 수업은 수업민주주의를 바탕으로 한 러닝퍼실리테이션 수업이 될 것입니다.

첫째, 수업민주주의입니다. 수업민주주의는 수업에 참여하는 학생이 수업의 주체로서 수업의 목표를 설정하고, 수업을 시작하고 완성하는 것을 말합니다. 수업을 설계하기 위해 제시된 교육과정을 새롭게 재구성할 수 있으며, 교사는 러닝퍼실리테이션 수업에서 수업민주주의가 잘 실현될 수 있도록 조력자의 역할을 담당하게 됩니다. 이에 대해서는 뒤에 자세히 설명하겠습니다.

둘째, 자기 결정성입니다. 러닝퍼실리테이션 수업에서 학생들은 많은 부분을 결정해야 합니다. 교사에 의해 제시되는 성취 기준, 학습 목표 등이 아니라 학생 스스로가 성취기준부터 배움에 필요한 질문과 활동까지 학생 스스로 찾아내고 결정하는 것을 말합니다. 교사들이 알고 있는 성취기준을 기본으로 해도 되지만, 학생이 교과에서 성취하고자 하는 것들을 스스로 결정한다면 더욱더 높은 수준의 수업민주주의가 실현되므로 대부분의 러닝퍼실리테이션 수업에는 학습자들의 자기 결정성이 두드러집니다.

셋째, 삶의 전이와 성찰입니다. 러닝퍼실리테이션 수업은 단순 지식을 전달하는 수업이 아니라 삶을 담고 있습니다. 이는 삶과 동떨어진 지식이 아니라 삶과 연결된 지식을 전달하기 때문입니다. 삶과 연결된 러닝퍼실리테이션 수업은 학습 전이도 함께 나타납니다. 학생은 삶과 연결된 수업을 하면서 몰입이 발생하고, 학습 전이가 발생하게 됩니다.

넷째, 경험의 재구성입니다. 학습자들은 러닝퍼실리테이션 수업을 하면서 자신이 가지고 있는 지식을 재구성할 수 있습니다. 학생이 가지고 있는 의미있는 기존의 지식(배경지식)은 경험을 토대로 형성되기 때문에 지식의 재구성은 경험의 재구성을 의미합니다. 자신이 가지고 있는 지식을 러닝퍼실리테이션 수업을 통해 재구성하게 되는데, 이때 학생은 자신의 경험을 재구성 하게 됩니다. 경험의 재구성은 학생의 지식을 확장하고, 수업과 활동에 몰입하게 합니다.

다섯째, 교사의 중립입니다. 러닝퍼실리테이션 수업에서 학생이 모든 활동의 주체가 되어 수업을 진행하게 됩니다. 이때 학생은 다양한 의견을 제시하게 됩니다. 학생의 의견에 교사는 편견을 배제하고, 최소한의 피드백을 제시합니다. 러닝퍼실리테이션 수업의 두드러진 특징 중 하나입니다. 학습자들은 교사의 중립적 태도로 자신의 생각을 자유롭게 표현할 수 있습니다.

여섯째, 학생들간 상호작용입니다. 러닝퍼실리테이션 수업에서 학생들의 상호작용이 강조되며, 수업 대부분의 활동이 상호작용으로 이루어집니다. 학생들이 각자의 생각을 표현하고, 이를 바탕으로 성취기준과 학습 목표, 탐구 활동 등이 정해지기 때문입니다. 학습에 대한 학생들의 의견 나눔으로 모둠활동, 전체 공유까지 러닝퍼실리테이션 수업에서는 소외되거나 버려지는 소수의 의견 없이, 모든 학생들의 의견이 수업에 반영됩니다.

일곱째, 자유롭고 허용적인 분위기입니다. 수업에서 학습 환경은 매우 중요합니다. 러닝퍼실리테이션 수업에서 가장 중요한 것은 학생들의 주체적이고 적극적인 참여와 몰입입니다. 이를 위해서 수업은 자유롭고 허용적인 분위기속에서 이루어지면 좋습니다. 학습자들이 자신의 의견을 자유롭게 말하고, 어떠한 의견을 제시하더라도 허용적인 분위기가 되면 그 수업은 이미 러닝퍼실리테이션 수업에서 필요한 많은 부분이 이미 실행되고 있는 수업일 것입니다.

3-9. 러닝퍼실리테이션 수업은 전 교과에 적용 가능한가요?

네. 모든 교육과정에 적용 가능합니다. 러닝퍼실리테이션은 교수자와 학습자 간의 관계와 태도를 바탕으로 하는 퍼실리테이션의 철학을 기반으로 수업에 적용하는 것으로 교과 교육과정, 창의적 체험활동(자치활동 포함) 등 전체(또는 일부) 적용 가능합니다.

다음은 고등학교에서 '환경'을 주제로 활용 아이디어를 정리한 표입니다다. 교과 교육과정뿐 아니라 학급 운영에서 '환경'을 주제로 학사 일정을 참고하여, 다양한 환경 실천을 위한 학급 회의로 진행할 수 있습니다. 또한 현장체험학습(야영수련활동, 수학여행)을 위한 오리엔테이션 진행에서도 가능합니다.

교과 교육과정, 창의적 체험활동(자치활동) 연계!	교내 학사 일정 연계/학교 및 학급 차원 환경 실천을 위한 구체적 노력 제안하기

환경을 위해 실천할 수 있는 아이디어 및 계획 세우기		
체육한마당 체육 및 여러 교과/학급 자치 연계	**현장체험학습** 창의적 체험활동/학급 자치 연계	**교내 축제** 창의적 체험활동/학급 자치 연계
체육한마당 환경 실천 아이디어 브레인라이팅 - 학습활동 예시 플라스틱 페트병 대신 텀블러 및 개인 컵 사용하기, 개인 손수건 사용하기, 무분별한 간식 지양하기, 응원도구 일회용품 구입하지 않기, 단체복 구입 대신 학교 체육복 입기,	현장체험학습의 환경 실천 아이디어 브레인라이팅 학습활동 예시 개인 물병 및 텀블러 사용, 개인 쓰레기 집으로 되가져 오기, 불필요한 간식 지양하기, 개인 손수건 사용하기, 장소 이동 시, 대중교통 이용하기 등	교내축제의 환경 실천 아이디어 브레인라이팅 - 학습활동 예시 공연 및 무대의상을 위한 일회용품 사용 최대한 줄이기, 무대 의상 업사이클링 아이디어, 불필요한 간식 줄이기, 개인 손수건 사용하기, 장소 이동 시, 대중교통 이용하기 등

교내 학사 일정 적용 사례

3-10. 러닝퍼실리테이션 수업이 초등 저학년에도 적용가능한가요?

초등 저학년에서도 러닝퍼실리테이션 수업이 적용 가능합니다. 교사가 제시하는 수업의 방법, 목표보다 학생 스스로 수업의 목표와 방법을 정하여 학생주도수업으로 나아가도록 하는 것이 초등1학년 학생도 가능하기 때문입니다. 다만, 고학년 학생보다 학생 주도로 활동하는 것이 어려울 수 있으므로 교사가 학습을 촉진할 수 있는 질문과 안내, 다양한 자료 제공 등으로 세심하게 관심을 가져야 합니다.

초등 1학년의 경우 한글 'ㄱ'이라는 글자를 배울 때 'ㄱ이라는 자음이 들어있는 글자를 더 잘 배울 수 있는 방법이 있을까?'라는 질문으로 시작합니다. 학생들은 그림책, 생활 속 경험, 교과서 등의 자료를 스스로 정해서 개별 또는 짝이랑 'ㄱ'이라는 자음이 들어있는 찾아보기 활동을 하거나 쓰기활동으로 이어지도록 촉진할 수도 있고 동료상호작용과 자발성이 발휘되도록 교사의 안내로 다양한 어휘를 찾도록 도와주는 수업으로 확장되게 할 수 있습니다.

1학년 수학 한자리 + 한자리 수 덧셈하기에서도 여러 방법으로 개념을 익힌 후 배운 내용을 친구들에게 설명하기, 그림으로 표현하기 등 다양한 시각화 방법을 제시하여 스스로 선택하여 개념 내용을 정리할 수 있습니다. 심화 탐구 단계에서 덧셈할 수 있는 상황들 예를 들면 역할극, 문장 만들기, 이야기 꾸미기, 그림으로 표현하기 등 다양한 학습과제를 선정할 수 있도록 제시하여 소그룹별로 함께 학습과제 활동을 수행할 수 있도록 합니다. 여기에서 교사가 다양한 학습과제 방법을 제시하되 학생들의 창의적인 학습과제도 제시할 수 있다는 것을 학생들에게 안내해야 합니다.

저학년의 경우 러닝퍼실리테이션의 다섯 단계를 실행하기에는 학생 수준, 시간부족으로 어려울 수 있습니다. 이럴 경우 상황에 따라 부분적인 단계를 실행한 후 학생 스스로 학습 설계 능력이 익숙해지면 점차적으로 확대할 수 있습니다.

3-11. 러닝퍼실리테이션 수업은 무엇을 강조하나요?

Q1. 교수자가 가르친다고 학습자가 배우는 것일까요?
Q2. 학습자들은 배운 것을 실천할까요??

우선, 일반적인 가르치기(Teaching)와 학습하기(Learning)부터 살펴보겠습니다.

가르치기(Teaching)와 학습하기(Learning)는 동기부여, 지식의 전달 과정, 결과물에서 차이를 보입니다. 가르치기(Teaching)는 주체가 교수자이므로 학습자에게 지식을 전달하고, 그 지식을 통해 표준화된 결과물이 생성됩니다. 이에 반해 학습하기(Learning)는 학습자의 스토리, 학습자의 경험으로 인해 스스로 공감하는 자발적인 동기부여가 발생하며, 그 과정을 통해 스스로 발견, 경험을 통해 학습자의 모둠별, 또는 개별적인 결과물이 산출됩니다.

주입식 교수전략은 가르치기(Teaching), 생성적 교수전략은 학습하기(Learning)와 같은 맥락으로 이해할 수 있습니다. 학습 중에 일어나는 정보처리의 위치가 설명하는 내용에 있으면 주입식 교수전략, 학습자에게 있으면 생성적 교수전략이라고 볼 수 있습니다. 주입식 교수전략은 말 그대로 교수자가 학습자에게 새로운 지식을 주입시키는 방식입니다. 교수자는 학습자들에게 명시적이고 명백하게 충분한 설명을 하고 학습자들의 관심을 유도하며 학습 목표를 제시하고 교육과정의 프리뷰와 리뷰를 진행합니다. 반면에 생성적 교수전략은 학습자가 스스로 교육 목적을 설정하는, 학습자들이 알아서 학습한다고 볼 수 있습니다.

그럼, 러닝퍼실리테이션 수업은 무엇을 강조할까요?

러닝퍼실리테이션 수업은 단순히 특정 교수 기법을 사용하여 학습자의 학습참여를 이끌어낼 것인가에 한정하여 머물지 않습니다. 차시 수업, 또는 단원 수업, 더 나아가 교과 수업 전반의 광범위한 영역에서 교육 전반을 포괄적으로 디자인하고 운용하여 학습자의 학습 촉진을 이끌어냅니다.

다른 수업과의 명확한 차이점은 교수자와 학습자 간의 관계와 태도라 볼 수 있습니다. 학습자 스스로 자신의 학습 속도를 결정하고 선택해서 학습 행위에 대한 결정성을 가지고 자발적으로 수업에 참여합니다. 수동적인 위치가 아닌 적극적으로 참여한다는 것이 가장 큰 차이라 볼 수 있습니다. 교수자는 단순히 지식을 전달하는 것이 아닌 러닝퍼실리테이터로서 이 과정의 전반을 유연하게 이끌어가며 학습자가 스스로 선택과 결정을 하고, 참여가 이루어질 수 있도록 촉진하는 데 핵심을 둡니다.

러닝퍼실리테이션 수업을 진행하면 각 단계에 따라 우리가 알고 있는 다양한 수업방법이 적용됩니다. 러닝퍼실리테이션 수업 전반은 질문으로 구성될 수 밖에 없는 구조입니다. 일반적인 수업에서 교수자라 불리는 러닝퍼실리테이터가 질문을 통해 학습자 내부의 학습동기를 끌어내거나, 학습자 스스로 자신의 지적 상태를 바탕으로 자신에게 가장 필요하거나 궁금한 것을 표현하여 학습을 구성해 나가는 독립적인 학습자가 됩니다.

비계 제시 단계에서는 거꾸로 학습처럼 학습의 시공간을 확대시켜 학생과 학생 간의 상호작용이 활발하게 이루어지게 합니다. 시각화 및 심화탐구 단계에서는 토의·토론수업, 프로젝트 수업이 함께 진행된다고 볼 수도 있습니다. 즉, 토의·토론 수업에서 부각되는 '경청'을 통해 다른 사람을 이해하고 존중하며 공감하는 능력을 키울 수 있을 뿐만 아니라, 스스로 지식을 생성하고 자신의 의견을 표현하게 됩니다. 또한 프로젝트 학습처럼 학습자 스스로 계획을 세워 동료들과 협력을 통해 특정 주제에 대해 능동적으로 탐구하고, 구체적인 결과를 만들어냅니다.

결론적으로 러닝퍼실리테이션 수업은 교수자의 가르침, 학습자의 배움에 한정하지 않습니다. 학습자의 더 큰 배움과 삶에서의 실천을 위한 연결고리로써의 역할을 합니다. 그리고 그 중심에 학습자의 자기 주도성, 자기 결정성, 그리고 그들이 만들어 내는 집단 지성의 힘을 실현시키고자 합니다.

3-12. 러닝퍼실리테이션 수업을 처음 시도하는 교사는 무엇부터 시작해야 하나요?

처음 러닝퍼실리테이션 수업을 시도하는 경우에 도구와 기법에 치중하기보다 러닝퍼실리테이션의 철학이 수업에 녹아 들어가는 것이 중요합니다. 학생에 대한 믿음, 교사의 중립성 및 학습자의 주도성과 자기 결정성, 동료 간 상호작용 등 러닝퍼실리테이션 철학에 바탕을 둔 활동 요소가 수업의 각 단계에 들어가도록 하는 것이 좋습니다. 예를 들어 특정 수업 주제에 대한 시각화 단계에서 마인드맵으로 학습자의 아이디어나 의견을 표현하기, 비슷한 의견끼리 유목화하고 정리하기를 통해 시도해 보면 도움이 될 것으로 봅니다. 성찰하고 소감 나누기 단계에서도 구성원들과 소통하며 유목화하기 등 활동을 해 볼 수도 있습니다. DVDM기법으로 민주적 회의에 대해 학급에서 자율활동을 한다면 4단계를 모두 못하더라도 D(정의)와 V(가치)의 2단계만 위와 같이 적용하여 의견을 표출하고, 합의하여 의견을 수렴하는 활동을 할 수도 있습니다. 어떠한 기법과 도구를 활용하더라도 학습자들이 스스로 선택하여 결정할 수 있도록 부여하는 것이 중요합니다. 또한 러닝퍼실리테이션은 학생의 성장 가능성과 결과에 대한 긍정적 기대가 크므로 교사는 학습자가 몰입하여 학습하도록 돕는 동기 전환과 학습 의욕을 높일 수 있는 촉진자로서 학습자의 학습경험을 파악하여 의미 있는 학습 결과가 이뤄지도록 학습경험을 디자인하는 것이 매우 중요합니다. 학습경험 디자인에 대한 상세한 내용은 2부 러닝퍼실리테이션 수업설계의 실제 부분을 참고하시면 좋겠습니다.

3-13. 처음 러닝퍼실리테이션 수업을 시작할 때 학생들에게 어떤 안내가 필요할까요?

러닝퍼실리테이션 수업을 위한 환경, 분위기를 조성해주는 것이 필요합니다. 특히 러닝퍼실리테이션 수업을 접하는 학생들은 기존에 익숙한 수업이 더 편하고 좋다고 생각할 수 있기 때문에 '왜 러닝퍼실리테이션 수업이 필요한가?'에 대한 충분한 이야기가 필요합니다. 러닝퍼실리테이션 수업의 철학과 가치, 특히 모두에게는 문제를 해결할 수 있는 힘이 있다는 것과 모두의 의견은 동등하다는 것을 충분히 이해하고 경험할 수 있게 해 주어야 합니다. 이를 통해 교사는 학생들의 동기가 전환될 수 있도록 하고, 무엇보다 발언의 안전성을 확보할 수 있어야 합니다.

3-14. 러닝퍼실리테이션 수업을 했을 때 기대할 수 있는 성과는 무엇인가요?

러닝퍼실리테이션 수업을 했을 때 우리가 기대할 수 있는 성과들을 정리해보면 다음과 같습니다.

1) 모두가 참여하는 수업

러닝퍼실리테이션 수업은 학습 과제에 대해 집단 지성을 발휘하여 토론하고 의사결정 과정을 거쳐 결과를 도출하는 탐구 활동과 다양한 유형의 표현과 공유 활동으로 진행될 수 있습니다. 이 과정에서 학생 각자 자신의 관심과 흥미에 맞는 적절한 역할을 정하고 모두가 참여할 수 있도록 배려하며 학습 경험을 갖도록 촉진합니다. 평소 강의식 수업에서 거의 소외되어 있던 학생들도 어떤 방식으로든 참여하고 소통하도록 도와 학생들의 학습 만족도가 높아집니다.

2) 수업하는 즐거움

러닝퍼실리테이션은 학생들의 참여도를 높이기 위해 수업 중 어떤 단계, 혹은 어떤 방식으로든 학생들의 흥미와 관심을 반영하기 위해 노력합니다. 예를 들어, 학생들이 관심있는 탐구 주제가 선정될 수도 있고, 탐구 과제가 주어졌다면 학생들이 보다 흥미로운 방식을 선정하여 탐구하고 표현할 수 있도록 할 수 있습니다. 또한 혼자가 아니라 친구들과 함께 동등하게 의견을 나눌 수 있도록 자유롭고 허용적인 분위기에서 다양한 방식으로 수업이 진행되므로 학생들이 느끼는 수업에 대한 즐거움은 매우 높아집니다.

3) 학생중심수업의 실천

교사가 수업 설계에서부터 평가까지 모든 단계를 일방적으로 결정하고 일방적으로 진행하는 수업 방식에서 탈피하여 학생들의 참여를 독려하고 학생들의 의사를 반영하며 교사가 강의하는 것보다 학생들이 직접 의견을 나누고 탐구하며 토론하고 발표하고 공유하는 활동에 더 중심을 둡니다. 러닝퍼실리테이션 수업은 학생이 수업의 주인이 되는 수업을 실현하고자 노력하고 있습니다.

4) 집단 지성과 공동체 역량, 협력적 의사소통 역량 함양

러닝퍼실리테이션 수업은 다양한 형태의 모둠으로 구성하여 과제를 수행하는 활동이 많습니다. 이러한 모둠 과제 수행 활동은 집단 지성이 없으면 수행이 어렵습니다. 한두 명의 리더에 의해 일방적으로 진행되는 것은 처음에는 가능할지 모르나 곧 모든 학생이 한계에 도달하게 되고 배움의 질도 떨어지게 되므로 학생들은 모두가 참여하여 더 높은 질의 배움을 얻고자 하게 됩니다. 또한 공동의 과제를 해결하기 위해 협력하고 의견을 모으는 의사결정 과정을 거치면서 공동체 역량과 협력적 의사소통 역량을 함양하게 됩니다.

5) 문제해결력, 창의력, 융합적 사고력 등의 함양

러닝퍼실리테이션 수업에서는 교과서대로 수업하기보다는 교육과정 성취기준과 관련하여 학생들이 삶과 연계한 과제를 해결하는 방식으로 수업을 설계하고 진행합니다. 모둠원들과 협동하여 과제 해결 과정을 통해 학생들은 삶과 연계한 문제해결력을 기르고, 창의력과 융합적 사고력을 기를 수 있습니다. 이를 위해 교사는 성취기준, 핵심 아이디어 및 학습 개념과 관련하여 학생들의 삶과 연계한 학습 과제를 잘 선정하는 것이 필요한데, 학년이 높을수록 교사 혼자 만들기보다 교사가 전체적인 구상을 먼저 한 뒤 학생들과 협의하여 선정하는 것이 더욱 좋습니다.

6) 성찰을 통한 삶으로 전이

삶과 연계한 학습 과제를 해결하는 과정을 통해 학생들은 이론적인 배움으로 끝나지 않고 자신의 삶으로 연결되는 것을 느낄 수 있습니다. 다만 학습 활동에서 100% 실제 생활은 아니므로, 성찰 활동을 통해 학습 활동에서 배운 것을 앞으로 자신의 삶에서 어떻게 적용할 것인지 다시 한번 생각해 보도록 하는 시간이 필요합니다. 성찰은 전체 과제를 마칠 때는 반드시 해야 하지만, 과제 수행 시 단계별 활동을 마칠 때에도 실시하면 배움을 내면화할 수 있어 더욱 좋습니다.

7) 배움에 대한 성취감

러닝퍼실리테이션 수업을 통해 다양한 학습 경험을 하게 되고, 친구들과 다양한 생각을 나누면서 문제 상황을 바라보는 자신만의 시각을 갖게 됩니다. 스스로 자신을 성찰하면서 자신의 성장에 대해 행복을 느끼고, 친구들과 교사로부터 피드백을 받거나 다른 친구들의 활동 결과물을 보면서 또다른 배움을 얻기도 하여 배움에 대한 성취감이 높아집니다.

8) 민주시민성 함양, 존중하는 교실 만들기

러닝퍼실리테이션은 퍼실리테이션의 철학을 기반으로 합니다. 따라서 전체 수업 진행과 모둠 활동이 민주적으로 진행되어야 합니다. 교사는 학생을 존중하고, 학생은 교사를 존중하며 학생과 학생이 서로 존중하는 교실입니다. 존중한다는 것은 다를 수는 있으나 틀리지 않다는 것을 말합니다. 설령 어떤 지식적인 문제에 대한 정답이 틀렸다 할지라도 그것은 아직 이해가 미흡할 뿐이며 학습을 통해 배울 수 있다는 가능성을 인정하는 것입니다. 러닝퍼실리테이션 수업을 통해 우리는 함께 존중하며 함께 배우는 교실을 만들어 가며 과제 수행 시 토론과 의사결정 과정 등을 통해서도 자연스럽게 민주시민으로 성장할 수 있을 것입니다.

4장
러닝퍼실리테이션 수업 설계에 대한 질문

4-1. 러닝퍼실리테이션 수업에서 교사의 역할은 무엇인가요?

러닝퍼실리테이션에서 학생을 바라보는 관점은 '사람은 원래 스스로 성장하고 싶어한다' 즉 '누구로부터 지배받고 싶어하기보다는 자기 스스로 무언가를 하고 싶어 하는 존재다'라는 것입니다. 이미 학생들은 세상에서 많은 것을 배우고 교실로 왔고 친구들과 함께 의논하며 어떤 결론을 찾아가는 존재라고 여기는 것이 훨씬 더 효과적이라는 것입니다.

우리가 살고 있는 환경은 변동이 심하고, 예상할 수 없고, 복잡하고 모호한 세상입니다. 이런 세상에서 교사들은 세상의 모든 지식을 다 알 수도 가르칠 수도 없습니다. 또한 교사가 모든 것을 배워서 학생들에게 알려주려고 할 필요가 없습니다. 학생들이 스스로에게 물어서 그 길을 찾아가도록 교사가 도와주는 방식이 더 바람직합니다.

교사는 촉진자로서 서야 합니다.

교사는 학습현장에서 학생들이 수업에 잘 참여하도록 질문을 던져 생각하게 하고 대화할 수 있도록 함으로써 학생들이 주도적으로 참여하여 학습이 잘 일어나도록 돕는 역할을 합니다. 이런 역할을 수행할 때 교사는 답을 정해 놓고 유도하는 질문을 하기보다 학생들이 지금 생각하고 있는 것이 무엇이고, 왜 지금의 결론이 나오게 되었는지를 알아내기 위해서 질문을 던지는 것, 그것이 중요합니다. 그리고 학생의 생각에 대해 인정해 주고, 생각을 존중해 주며 이를 통해 더 탐색하도록 촉진하는 역할입니다. 학생의 발언에 온 몸과 마음, 말로 호기심을 가지며 질문을 던집니다.

교사는 학생들을 살짝 도와줍니다.

교사가 알고 있는 퍼실리테이션 기법, 도구를 모두 동원해서 학생들이 수업에서 주도적으로 일을 하게 만드는 것보다 '너 어디가 어려운 것이 있니?', '너도 뭔가 말하고 싶은 것 같은데 그게 뭐니?'라고 물으며 대화나 수업에 참여할 수 있도록 합니다. 건성이 아니라 진짜로 물어보는 것, 즉 '너에게는 이유가 있을 거야, 나는 그 이유를 알고 싶고 내가 그 이유를 알면 너에게 그다음 더 좋은 학습이 일어나도록 도울 수 있어.' 이런 방식으로 접근하는 것입니다.

교사는 설계자로서 역할을 합니다.

학습자에 대한 믿음을 바탕으로 교육과정을 국가, 교사, 학생 관점에서 총체적으로 재구성하고 수업을 설계합니다. 그 속에 집단의 공동체성, 민주성을 지향하고 적절한 기법과 도구를 사용해서 자발적으로 참여하는 분위기를 조성하며, 이를 통한 성찰과 학습전이가 이루어지도록 설계합니다.

교사는 중립적인 역할을 수행합니다.

학생들이 비록 잘못된 결론을 향해 가는 것 같더라도 그것에 대하여 선생님이 알고 있는 정답을 굳이 말해주려 하지 않는 것이 중립을 지키는 것입니다. 수업에서 교사가 '이것은 반드시 알고 가야 돼' 또는 '이것은 시험에 나오고 정답이기 때문에 알려줘야 돼'라고 한다면 그 부분은 러닝퍼실리테이션수업이 아닌 티칭이 되는 것입니다. 혹자는 티칭을 포기하라는 말인가?라고 반문할 수 있습니다. 그런 뜻은 아닙니다. 티칭을 하면 답을 정해놓고 알려주는 것이 되고 러닝퍼실리테이션 수업과 멀어짐을 이야기하는 것입니다. 답을 미리 주려고하지 않아야 한다는 것입니다.

따라서 교사는 학생들이 더 수업에 몰입하고 수업에 관심을 갖고 학습에 흥미를 높아지게 하기 위해 러닝퍼실리테이션 수업을 하고 그 속에서 퍼실리테이터로서 선다면 학생들의 생각, 관심사, 이미 알고 있는 것에 속도를 맞출 수 있게 됩니다. 그로 인해 학생 스스로 성장하고 싶은 욕구가 충족되고 배우는 것에 관심이 계속 높아지게 되어 학습의욕이 생기고 지속될 수 있습니다. 지금 당장은 답을 알고 있지 않지만 결국 나중에 자기 스스로 답을 찾아낼 것이라는 기대를 갖게 됩니다.

수업을 함께하지 못하거나 수업에 대한 흥미를 잃게 할 소지가 있을 경우는 러닝퍼실리테이션 수업과 티칭수업을 적절하게 안배해서 적용하는 것도 바람직합니다.

이 모든 역할을 수행할 때 교사는 '어떻게 학습자가 중심이 되게 할 것인가?', '어떻게 학습자가 중심이 되게 하여 상호작용을 하면서 학습자가 생각, 고민, 실험하게 할 수 있도록 촉진할 것인가?'를 고민해야 합니다.

4-2. 러닝퍼실리테이션 수업에서는 학습 주제를 누가 언제 어떻게 정하나요?

학습주제 설정은 일반적으로 러닝퍼실리테이션 수업 첫 단계에서 진행합니다. 교사가 주제를 제시하기도 하고 학생이 주제를 설정할 수도 있습니다.

구체적으로 학생이 학습주제를 설정하는 진행 과정을 알아보겠습니다.

① 오늘 수업 할 단원에 대한 안내를 하고 적합한 주제의 특성에 대하여 간단하게 설명합니다.

② 각자 붙임 쪽지에 함께 학습하고 싶은 주제를 2개 이상씩 적어 제출합니다.

③ 도출된 주제들을 유목화하여 기대효과와 실행용이성의 두 축에서 논의하여 의사결정 그리드의 9개 분면에 표시하게 합니다. (또는 학생들에게 스티커를 배부하여 다중투표를 실시하기도 합니다.)

④ 표시된 결과를 보면서 어떤 주제를, 선정하는 것이 좋은지 결정합니다.

이 과정에서 학습주제를 명확히 이해하도록 하는 것에는 학습자들에게 주제에 대한 기본 지식을 갖추도록 하는 것도 포함되어 있습니다. 그리고 학습주제에 대한 전체 맥락만들기는 비계제공하기로 연결하면 됩니다.

이러한 수업의 첫 단계에서 시작하는 학습주제 설정 과정은 러닝퍼실리테이션 수업에서 강조하는 자기 결정성을 의미합니다. 자기 결정성이란 자신이 자신의 삶을 움직이는 주체로서, 부당한 외적인 영향력과 침해로부터 자유로이 자신의 삶을 위한 선택과 결정을 하는 행위이며 일상생활의 문제를 해결하는 능력을 의미합니다. 자기 결정은 의사소통을 위한 피드백, 기회, 선택 등에 의하여 발달된다고 할 수 있습니다. 러닝퍼실리테이션 수업에서는 학습단원 내용을 학습하는 형태가 아니라 학생 스스로가 문제의식을 가지고 주제를 선정하는 과정에서부터 조사나 연구, 발표 및 공유에 이르기까지 학습의 전 과정에 걸쳐 학생 스스로가 참여하는 수업이 진행될 수 있습니다.

4-3. 러닝퍼실리테이션 수업의 성취기준은 어떻게 하나요?

러닝퍼실리테이션 수업에서는 성취기준을 교육과정 성취기준과 학습 성취기준으로 구분합니다. 교육과정 성취기준은 국가 교육과정과 학교 교육과정에서 제시하는 성취기준입니다. 학습 성취기준은 수업을 설계하는 교사가 제시하는 성취기준입니다. 물론 학생들이 학습 목표와 더불어 자신의 학습성취 기준을 정할 수 있습니다. 2022 개정 교육과정의 학교 교육과정(교사 교육과정)에 학생이 적극적으로 참여할 수 있다면 이 또한 가능할 것입니다. 하지만 현재 수업 설계에서 학생과 교육과정, 성취기준까지 함께 정하기에는 쉽지 않습니다. 학습 성취기준은 교사가 수업을 설계하면서 역량을 구성하는 지식, 기능, 가치와 태도 측면에서 교육과정 성취기준을 재구성하고, 학습 비계, 경험의 재구성, 학습 전이, 지식 창조, 성찰, 예상되는 학습자의 학습 목표 등을 검토하여 설정합니다. 학습 성취기준은 러닝퍼실리테이션 수업 설계의 중심 기둥 역할을 하면서 교육과정 성취기준과 예상되는 학습자의 학습목표가 서로 연결되어 원활하고 체계적인 학습이 이루어질 수 있도록 하는 역할을 합니다. 교사의 수업 설계를 평가하고 피드백하는 기준점이 될 수 있습니다.

4-4. 러닝퍼실리테이션 수업에서 질문은 어떤 역할을 하나요?

러닝퍼실리테이션 수업에서 질문은 기본 도구입니다. 요리에서 어떤 재료를 다루더라도 칼과 그릇 없이 하기 힘들 듯이 러닝퍼실리테이션 수업에서 질문은 기본 요건이자 전 과정에서 필수적으로 사용하는 도구입니다. 노벨물리학상 수상자 리차드 파이먼은 '모든 학습은 질문하는 것에서 시작된다.'고 하였습니다. 생각은 질문에서 시작됩니다. 러닝퍼실리테이션 수업 설계는 학습자가 선택하는 질문 구성하기라고 해도 과언이 아닙니다. 좋은 수업에서는 교수자와 학습자, 학습자와 학습자, 학습자와 학습 자료(대상) 사이에 상호 작용이 활발하게 일어납니다. 상호작용이 활발하게 일어나도록 하는 것은 무엇일까요? 질문입니다. 질문사고(Question Thinking) 창시자 마릴리 애덤스는 '질문사고는 숙련된 질문을 통해 사고와 행동, 결과를 변화시키는 도구들의 체계'(출처: 삶을 변화시키는 질문의 기술/마릴리 애덤스/김영사)라고 하고 '가장 효율적인 의사소통 방법은 이야기하는 것이 20퍼센트이고 질문하는 것이 80퍼센트'(51쪽)라고 합니다. '위대한 결과는 위대한 질문에서 비롯되며 질문을 바꿔라, 인생이 달라진다'고 합니다.

러닝퍼실리테이션 수업 설계는 질문 구성을 잘 해야 합니다. 1차적으로는 교사가, 2차적으로는 학생이 질문 구성을 하는 것이 러닝퍼실리테이션 수업 설계라고 할 수 있습니다. 교사의 수업 설계 질문 구성 역량은 수업의 수준을 결정하는 관건이라고 할 수 있습니다. 러닝퍼실리테이션에서 사용하는 기법과 도구들도 대부분 질문으로 구성되어 있습니다. 문제 해결과 관련된 주제를 다룰 때 자주 활용되는 DVDM은 '정의는 무엇인가?,

가치는 무엇인가?, 어려움은 무엇인가?, 해결 방안은 무엇인가?', 라는 질문으로 구성되어 있습니다. 독서 토론, 경험을 바탕으로 결정이나 판단에 적용하는 ORID는 사실, 느낌, 의미, 판단에 관한 질문으로 구성되어 있습니다. 성찰 활동에 많이 도입되는 배느실 또한 배움, 느낌, 실천에 관한 질문입니다. 기법이나 도구를 그대로 활용하기도 하지만 결국 교사가 어떻게 질문을 구성하느냐에 따라 수업 설계는 달라집니다.

학생의 질문 역량은 실제 수업의 질을 좌우합니다. 학생들은 질문하는 방법을 배워야 합니다. 학생의 질문 능력 중요성을 피력하는 견해를 소개합니다. 이 내용은 학생들에게 질문하는 방법을 가르쳐야한다고 주장하는 도서 '한 가지만 바꾸기, 학생이 자신의 질문을 하도록 가르쳐라(댄 로스스타인, 루스 산타나/사회평론아카데미)'에서 옮겼습니다.

"질문하는 방법을 배우는 교실에서 일어나는 일이 우리 사회 전체와 민주주의를 이롭게 하는 생산적인 관계를 형성하는 진정한 토대가 될 수 있다는 희망을 줄 수 있습니다."(웬디 D. 퓨리포이/공교육연합회장)

"우리가 가진 모든 지식은 질문의 결과이다. 질문하기는 인간이 가진 가장 중요한 지적 도구이다. 이 중요한 지적 기능을 학교에서 가르치지 않는다는 것이 이상하지 않은가?"(닐 포스트먼)

2002년 〈뉴욕 타임즈〉는 여러 대학 총장들에게 대학생들이 4년간 대학에서 무엇을 배워야 하는지 물었습니다. 바드대학 리언 밧스타인 총장은 "해석과 탐구라는 분석 기능을 주요 기능으로 배워야 한다. 다시 말하면, 질문을 어떻게 구성하는지 알아야 한다."라고 했습니다. 시러큐스대학 낸시 캔터 총장은 "우리가 학생들을 위해 할 수 있는 가장 좋은 교육은 바른 질문을 하도록 돕는 것이다."라고 말했습니다.

학생의 학습 활동에서 질문 만들기는 어떤 의미가 있을까요? 학습 활동에서 질문을 만들면 학습의 주체로서 학습 방향을 정합니다. 스스로 질문을 만들고 그 질문에 답을 하면 학생은 학습에 능동적 참여를 할 뿐만 아니라 지식을 탐구하며 진정한 배움으로 자신의 삶과 관련된 학습 전이의 토대를 마련합니다. 교사는 학생 스스로 질문을 만들 수 있도록 수업 설계와 안내를 통해 촉진해야 합니다.

4-5. 비계란 무엇이며 비계 제공을 왜 할까요?

 러닝퍼실리테이션 수업에서 비계 제시는 주제 설정 다음 활동으로 대체로 교사가 합니다. 비계(飛階, Scaffolding)는 일반적으로 건축 공사장에서 쓰이는 말로, 높은 곳에서 공사를 할 수 있도록 임시로 설치한 가설물을 말합니다. 교육학에서 비계는 학습자의 인지적 성장에 도움이 되는 요소와 환경을 말합니다. 교사나 동료의 친절한 설명, 어려운 과제의 해결이나 주제 이해를 돕기 위한 별도의 학습 자료, 교사나 동료와 상호작용(대화) 등 교실 내에서 학습자의 학습에 도움을 주는 모든 요소를 비계라 할 수 있습니다. 비계 제공은 비고츠키의 근접발달영역 이론에서 주장하는 실제적 발달에서 잠재적 발달 수준으로 발달하는 효과적인 학습을 가능하게 합니다. 비계 제공을 통해 학생 스스로 문제를 해결할 수 있도록 교사가 도움을 적절하게 조절할 수 있습니다. 비계에는 학습에 대한 학습자의 흥미와 호기심을 자극하고, 학습자가 알아야 할 기본적인 학습내용을 파악할 수 있는 수준의 자료가 포함되어야 합니다. 교사는 학습 주제를 다양한 관점에서 체계적으로 파악하고 다양한 유형(동영상, 영화, 문학작품, 인터뷰 자료, 사람, 도서, 신문, 뉴스, 여행계획, 주제에 맞는 개념 및 의미 알기 등)

으로 비계가 제공될 수 있도록 설계하며 적절한 정보를 학생들과 공유하거나 안내해야 합니다.

비계 제공은 대체로 교사가 하지만 때로는 학생이 할 수 있습니다. 학생이 비계를 설정할 경우는 자신의 학습 경험이나 알고 있는 내용을 이야기 해 보거나 아는 내용을 친구들에게 설명하는 것 등이 이에 해당합니다.

다음은 러닝퍼실리테이션 워크숍 수업 설계에서 제시된 비계 제공 방법과 비계 역할에 대한 설명입니다.

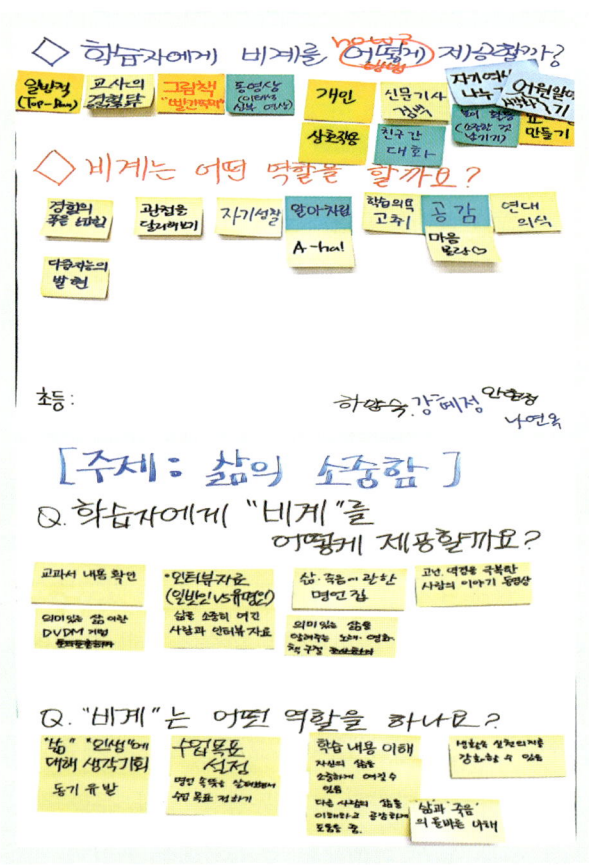

러닝퍼실리테이션 수업 설계 워크숍 결과물

4-6. 지식의 시각화를 왜 할까요?

　학습은 사고 활동을 기반으로 이루어집니다. 무엇을 배우고 익히든지 사고 활동을 시작하여 사고 활동으로 마무리됩니다. 인간의 사고 활동은 기억을 바탕으로 이루어집니다. 기억과 기억이 이어지면서 여러 가지 유형의 사고 활동이 이루어집니다. 양질의 기억이 바탕이 되어야 질 높은 학습이 이루어질 수 있습니다. 아무리 좋은 학습 자료가 제공되더라도 학습자가 이를 양질의 기억으로 전환하지 못한다면 학습의 질은 떨어질 겁니다.
　러닝퍼실리테이션 수업의 지식 시각화 과정은 질 높은 학습을 위한 최소한의 양질 기억을 확보하기 위한 활동입니다. 인간의 두뇌는 텍스트보다 시각적인 이미지에 더 익숙합니다. 나열되어 있는 텍스트를 시각적 이미지로 전환시켜주면 기억으로 효율적으로 전환할 수 있습니다. 독립된 개별 지식은 장기 기억으로 전환되기 어렵습니다. 배경지식이 없는 학습은 매우 힘듭니다. 학습자가 지식과 지식을 연결지어 의미 그물을 만드는 작업 즉 지식의 맥락을 만들 때 질 높은 학습이 이루어집니다. 이 과정에서 학습자는 단순 암기나 학습 자료를 그대로 받아들이는 것이 아니라 자신이 이해한 방식으로 지식을 재구성하게 되며 창의적인 사고를 하게 됩니다. 핵심 단어로 학습자 스스로 선택한 방식으로 연결지어 지식을 시각화시키면 숲과 나무, 즉 전체와 부분을 함께 볼 수 있으므로 깨달음이 있는 학습을 하기가 쉽습니다. 질 높은 학습의 요건 중 하나가 자신의 삶과 관련된 학습 전이가 이루어질 때라고 한다면 지식의 시각화는 토대를 마련하는 과정이라고 할 수 있습니다.
　지식의 시각화는 학습에 필요한 기억량을 최소화합니다. 기억과 관련된 학습의 효율성은 기억량과 기억의 질과 관련이 있습니다. 학습에 필요한 기억량은 적고 기억의 질은 높아야 합니다. 요약하기가 텍스트 이해의 기본이 되는 것과 같은 이치입니다. 핵심 단어로 의미 그물을 만드는 과정, 지식의 시각화는 학습자가 양질의 기억을 확보하도록 도와줍니다.

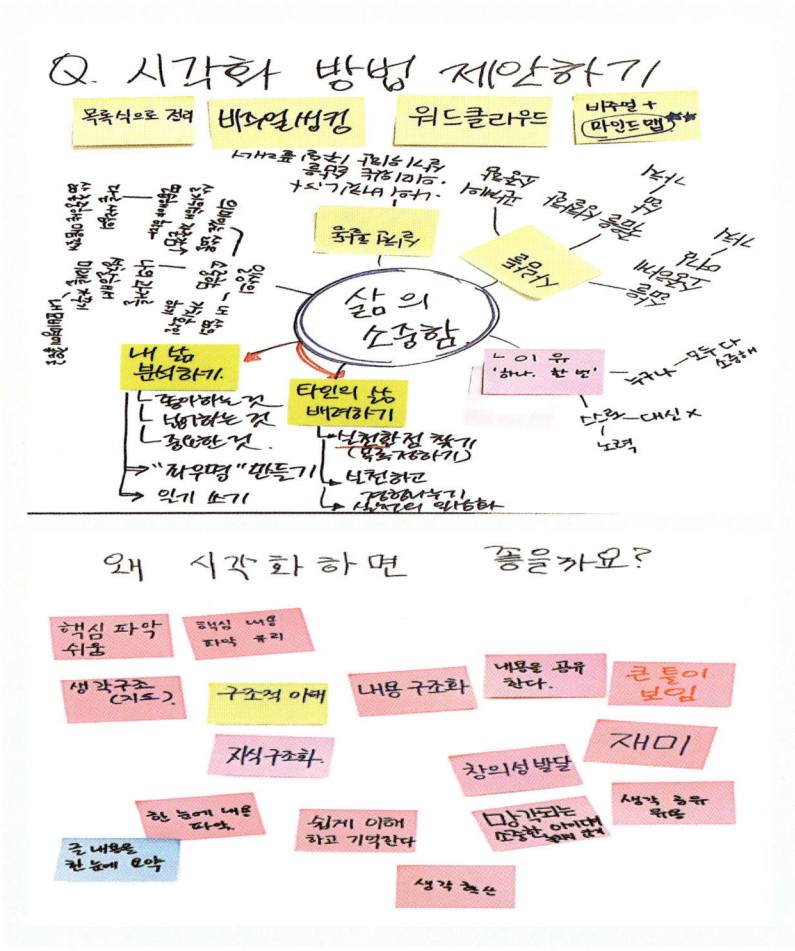

러닝퍼실리테이션 수업 설계 워크숍 결과물

4-7. 러닝퍼실리테이션 수업에서 심화탐구는 어떻게 구성하나요?

러닝퍼실리테이션 수업에서 심화탐구하기 과정은 학생들의 경험을 재구성(교과융합)하고 일반화하는 과정으로 이해할 수 있습니다.

학습참여를 촉진하기 위해 다음과 같은 내용을 고려해야 합니다.

① 학습자는 어떤 기술과 방법을 익혀야 할까요?
② 학습자의 태도나 행동에 어떤 변화가 있어야 할까요?
③ 말하기, 듣기, 쓰기, 읽기 활동은 어떻게 구성할 것인가요?
④ 교수자, 학습자, 자료 간 상호작용하기 위해 어떤 경험이 필요할까요?
⑤ 가르쳐줄 내용과 스스로 배울 것은 어떻게 구분할까요?
⑥ 개별/모둠/전체 활동 구성은 어떻게 할까요?
⑦ 학습자 언어로 교재 만들기는 어떻게 할까요?

심화과정에서는 해당 교과내용에 대한 깊은 이해가 필요한 단계입니다. 깊이 있는 학습을 통해 세부 사항에 대한 지식을 충분히 습득하여 개인별 또는 모둠별 프로젝트에 참여하거나 스스로 문제를 해결해 보는 등 경험을 쌓는 것은 지속적인 학습과 성장을 통해 발전합니다. 깊게하는 학습은 배운 내용과 관련된 심화 학습을 말하는 것입니다. 학생의 탁월성이 드러나는 순간은 배울 내용에 대한 호기심을 갖고 발전시켜 더욱 깊이 탐구하거나 탐구 영역을 넓혀 알게된 지식을 실생활에 직접 활용해보는 것입니다. 물론 심화탐구 부분은 교사와 학생들에 의해 유동성있게 변화될 수 있습니다.

4-8. 러닝퍼실리테이션 수업에서 학습목표를 어떻게 정하나요?

러닝퍼실리테이션 수업의 특징은 학생의 자기 결정성을 바탕으로 학생이 주도하는 수업 진행이라고 할 수 있습니다. 이러한 특징을 잘 반영하고 있는 것이 학생의 학습 목표 정하기라고 할 수 있습니다. 좋은 수업의 특징 중 하나가 학생의 능동적 참여라면 이를 실질적으로 가능하게 하는 것이 학습 목표 정하기라고 할 수 있고 학생이 원하는 수업을 가능하게 하기도 합니다.

지금까지 대부분의 학교 수업에서는 교사가 수업이 시작될 때 학습 목표를 제시합니다. 교사가 학습 목표를 제시할 경우 교사 주도의 수업이 될 가능성이 큽니다. 왜냐하면 학생의 능동적 참여를 이끌어내기 힘들기 때문입니다. 퍼실리테이션 철학에서는 '사람은 기본적으로 현명하고, 올바른 일을 할 수 있으며, 또 그렇게 하고 싶어한다.', '사람들은 자신이 참여한 아이디어나 계획에 대해서는 더욱 헌신적으로 임한다.' '사람들은 자신의 결정에 대해 책임이 부여되면 진정으로 책임감 있게 행동한다.'라고 합니다. 학생들 또한 마찬가지라고 볼 수 있습니다. 학생 스스로 학습 목표를 정하게 할 때 교사가 학습 목표를 제시하는 수업보다 더 능동적 참여가 이루어질 수 있습니다. 또한 학습 효과가 더 커질 수 있습니다.

학생의 학습 목표 정하기의 어려운 점은 학생들이 학습 목표 정하기를 배우지 않았고 실제 해보지도 않았다는 것입니다. 기존 여러 유형의 수업에서 학생이 어떤 과제를 정하고 어떻게 활동할 것인지 계획을 짜는 경우는 있으나 역량을 구성하는 지식, 기능, 가치와 태도를 포함하는 체계적인 학습 목표 정하기는 하지 않았습니다. 학습 목표 정하기는 한 번의 활동으로 습득되기는 어렵습니다. 현재 국가 교육과정의 성취기준에는 지식과 기능은 잘 드러나 있으나 가치와 태도는 잘 드러나지 않기 때문에 기존 성취기준을 활용하여 지도하기도 어렵습니다. 특히 가치와 태도는 경험의 재구성, 삶과 연계된 학습 전이와 성찰과 연결되기 때문에 학생 입장에서는 더욱 어렵게 느껴집니다.

경남토론교육연구회에서 진행하는 러닝퍼실리테이션 수업 설계 워크숍에 참여한 선생님들도 이것을 많이 질문하였습니다. 러닝퍼실리테이션 수업에서는 비계 제공 - 지식 시각화 - 지식 심화 공유하기 다음에, 또는 시각화 과정 다음에 '학생이 정하는 학습 목표' 활동을 하도록 권합니다. 수업을 시작한지 한참 지나서 학습 목표 정하기를 하기도 합니다. 그 이유는 학생이 학습 목표를 정하기 때문입니다. 교사가 학습 목표를 제시하는 경우에는 수업 첫머리에서 할 수도 있습니다. 교사는 학습에 대한 심화 탐구나 과제 설정과 관련된 전반적인 사항을 이미 알고 있고, 습득하였기 때문입니다. 학생은 학습을 시작하는 단계에서는 학습에 관련된 기본적인 지식조차 부족하므로 학습 목표를 세울 수 없을 뿐만 아니라 제시 받은 학습 목표도 받아들이기 힘듭니다. 제대로 된 학습 목표를 정하는 것은 높은 수준의 사고 활동을 요구할 뿐만 아니라 진정성이 뒷받침 되어야 합니다. 진정성은 절실함을 기반으로 합니다. 학습자에게 학습 목표가 얼마나 절실한가에 따라 학습의 성취는 달라질 것입니다. 절실함은 원하는 것에서 시작됩니다. 학습에서 자신이 원하는 것이 무엇인지 살펴본 뒤에야 비로소 제대로 된 학습 목표를 정할 수 있습니다. 학생이 학습에서 원하는 것이 무엇인지 살펴보고 선택하는 과정을 거칠 때 자신의 삶과 결합된 진정한 학습을 할 수 있을 겁니다.

러닝퍼실리테이션 수업에서는 국가 교육과정 성취기준, 학습 과제 유형

예시, 과제 실행 계획서를 활용하여 학생이 학습 목표 정하기를 배울 수 있도록 하였습니다. 실제 수업에서 학생이 역량 중심의 학습 목표를 정한 한 가지 사례를 소개하겠습니다. 아래의 표처럼 중학교 환경 교과 4단원 지속가능한 사회의 성취 기준과 수업 과제 활동 예시를 수업 자료로 나누어 줍니다. 역량은 지식, 기능, 가치와 태도로 이루어져 있다고 볼 때 성취 기준에서 지식과 기능을 찾아보게 합니다. 중1 환경 교과서 1단원 성취기준입니다. [9환04-01]지속가능발전의 다양한 의미를 탐색하고, 동료와의 토의를 통해 지속가능발전에 대한 자신의 정의를 제시한다. 성취기준[9환04-01]에서는 지속가능발전의 다양한 의미는 지식이 될 것이고 탐색은 기능이 될 것입니다. 이렇게 단원 성취기준 전체에서 지식과 기능을 찾아보게 한 뒤 과제 활동 예시를 참고하여 자신이 알고 싶은 지식, 익히고 싶은 기능, 가치와 태도를 찾아보거나 생각해 보게 합니다. 과제를 실행하는 데는 과제의 쓸모와 중요성(과제의 가치)과 과제에 대한 마음 가짐(과제에 대한 태도)이 중요한 역할을 합니다. 과제를 정할 때 과제에 대한 가치와 태도가 포함될 수 밖에 없으며 표로 제시된 과제 실행 계획서를 작성해 보면 가치와 태도가 명확해집니다. 가치와 태도는 과제를 정하고 과제 실행 계획서를 작성하면서 명확해집니다. 이러한 과정을 통해서 학습자는 자신의 학습 목표를 정할 수 있습니다.

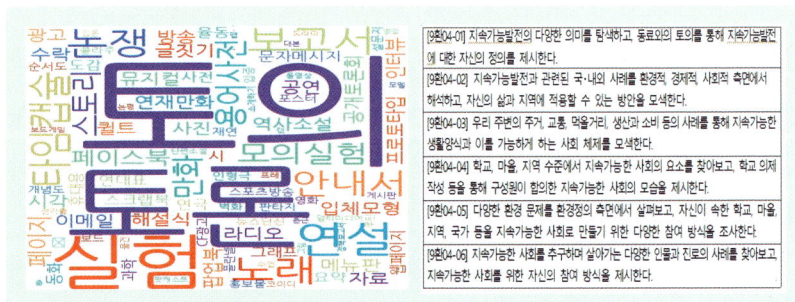

학습 과제 유형 예시

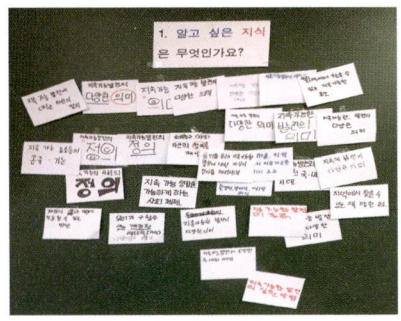
질문: 알고 싶은 지식은?

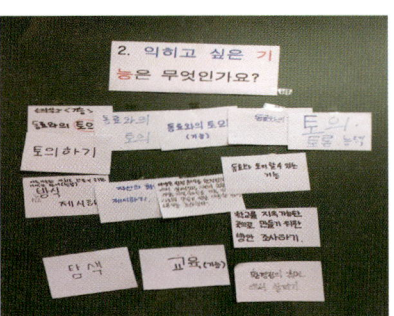
질문: 익히고 싶은 기능은?

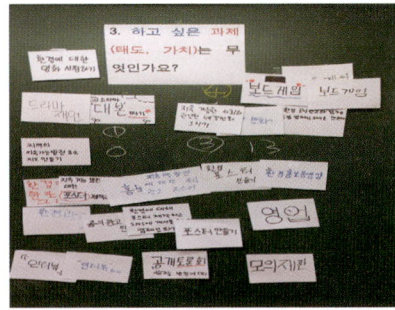
질문: 하고 싶은 과제는(가치 태도)?

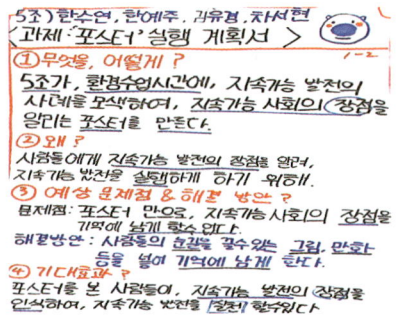
학습 과제 실행 계획서

4-9. 러닝퍼실리테이션 수업의 성찰은 어떻게 하나요?

러닝퍼실리테이션 수업에서의 성찰이란 수업을 하면서 느끼고 생각한 것에 대해 질문하고 답하는 활동입니다. 즉 더 탐구하고 싶은 것, 재미있거나 유익한 것, 깨달은 점, 개선할 점 등에 관한 활동입니다.

〈성찰 질문 예시〉
수업 내용은 내게 어떤 가치가 있는가?
친구들 간의 활발한 의사소통으로 구성원 모두가 토의에 적극적으로 참여하였는가?
맡은 역할에 충실하였으며, 자신감을 가지고 발표하였는가?
문제를 해결하기 위해 다양한 의견을 제시했는가?
친구의 의견을 존중하고 경청을 잘 하였는가?
모둠친구에게 묻거나 대답하였는가?
자발적으로 발표하였는가?
발표 내용을 이해하기 쉽게 잘 전달하였는가?
수업에 집중하고 능동적으로 참여하였는가?
수업내용 상호 연결을 잘 하였는가?
수업태도의 어떤 점을 더 개선하고 싶은가?
수업 과정 전체에 어느 정도 기여하였는가?

4-10. 러닝퍼실리테이션 수업 설계시 유의해야 할 점은 무엇인가요?

첫째, 러닝퍼실리테이션의 초점은 티칭이 아니라 러닝이기 때문에 학습자를 중심에 두고 각 단계마다 학습자의 경험과 어떻게 연결할 것인가? 어떤 경험이 학습자에게 도움이 될까? 등 여러가지 질문들을 떠올려보고 수업을 설계합니다.

둘째, 학습경험 설계에 앞서 도구와 기법에 얽매이지 않도록 유의해야 합니다. 도구와 기법은 경험을 돕는 것이고 중요한 것은 학습자의 배움을 일으키고 연결하는 학습경험설계가 제대로 되어야 하기 때문입니다. 학습자 스스로 자신의 속도를 결정하고 선택해서 학습 행위에 대한 결정성을 가지고 자발적으로 수업에 참여하도록 수업의 각 단계마다 교사의 적절한 개입 수준에 유의해야 합니다. 수업 전반을 유연하게 이끌어가며 학습자의 주도적 선택과 결정, 참여가 이루어질 수 있도록 촉진하는 데에 핵심을 두어야 하기 때문입니다. 교사는 방관자의 역할이 아닌 학습자의 학습을 촉진하는 학습 설계자이자 퍼실리테이터로서 학습 설계 및 질문을 비롯한 운영 기술 뿐만 아니라 발언의 안전이 보장되는 학습 환경이 되도록 유의해야 합니다.

4-11. 러닝퍼실리테이션 수업에서 수업 약속은 무엇인가요?

러닝퍼실리테이션 수업은 앞서 이야기한 수업 민주주의와도 깊은 관계가 있습니다. 수업 민주주의를 바탕으로 러닝퍼실리테이션 수업을 할 경우 교사와 학습자간에 규칙이 없다면 한 차시의 수업은 그저 자유롭게 이야기하는 담소의 시간으로 전락하거나, 자신의 주장만을 이야기하거나, 몇몇 학생들이 발언을 독점하거나, 교사의 강의식 수업으로 변질되기 쉽습니다.

따라서 러닝퍼실리테이션 수업을 시작하기 전에 수업약속이나 학습규칙을 교사와 학습자가 함께 정하는 것이 좋습니다. 이는 학기 초, 첫 시간 수업 때 하는 것이 좋습니다. 수업의 목표, 발언권(횟수, 발언권을 얻기 위한 방법), 모둠 구성 방법, 멀티보팅 방법 등의 기준에 따라 수업 약속을 만들 수 있습니다.

첫째, 수업의 목표를 정하는 방식입니다. 흔히 교과의 수업 목표 혹은 학습 목표를 교사가 제시하는 것으로 알고 있습니다. 하지만, 러닝퍼실리테이션을 기본으로 한 수업에서 수업 목표는 학생이 정하도록 합니다.

둘째, 발언권에 대한 것입니다. 발언의 횟수와 발언의 방법을 미리 정해 두면 좋습니다. 발언의 횟수를 정해서 학생의 발언을 제한하게 되면, 학생이 더욱 신중하게 자신의 생각을 표현할 수 있으며 몇몇 사람에 의해 발언이 독점되는 것을 막을 수 있습니다. 또한 발언의 방법을 정하게 되면 학생은 발언에 대한 부담이 줄어들면서 자신의 생각을 효과적으로 전달할 수 있게 됩니다. 예를 들어 '저는 몇 번 누구입니다.', '1번 활동은…입니다.', '이상입니다.' 처음, 중간, 끝의 담화를 구성하여 말하는 방식을 미리 정해 둔다면 학생은 자신의 생각을 구체적으로 정리할 수 있으며, 의사소통능력을 함양하는 교육적인 효과를 얻을 수 있습니다.

셋째, 모둠 구성 방법입니다. 모둠을 구성하는 방법은 다양하게 학생이 자유롭게 정할 수도 있고, 교사가 정할 수도 있습니다. 학생의 수준과 상황에 맞게 적절하게 선택할 수 있습니다.

2부

러닝퍼실리테이션 수업 설계의 실제

01 | 러닝퍼실리테이션 수업 설계워크숍

1. 실제 수업 설계 전 워크숍 내용 소개

러닝퍼실리테이션 수업 설계 워크숍은 아래의 표와 같이 진행됩니다.

- **주제 정하기:** 무엇을 배우고 싶은가?
- **비계 제시:** 경험 및 자료제공 어떻게 할 것인가?
- **시각화:** 제공된 경험, 자료를 어떻게 정리할 것인가?
- **심화 탐구:** 지식 심화탐구는 어떻게 할 것인가?
- **과제해결:** 학습목표 정하기 및 과제 해결 어떻게 할 것인가?
- **성찰:** 배움에 대한 효과적인 생활은 어떻게 할 것인가?

〈수업 설계 전 워크숍 내용 소개〉

러닝퍼실리테이션 수업 설계 워크숍은 총 6시간으로 전반부 3시간은 초등과 중고등 러닝퍼실리테이션 수업 나눔 2회를 하고 후반부 3시간은 실제 수업 설계 활동 시간으로 구성합니다. 간략하게 퍼실리테이션 소개와 러닝퍼실리테이션 도서 '가르치지 말고 배우게 하라', '가르치지 말고 경험하게 하라'(출판/플랜비디자인)의 핵심 내용을 소개합니다. 그전에 다음과 같은 질문에 대해 생각해 보는 기회를 가집니다.

사람은 부분보다 전체를 볼 때 현명해진다고 합니다. 헤겔은 전체는 진리라고 했습니다. 수업 설계 워크숍을 진행하는 퍼실리테이터는 참여자들이 수업 설계와 관련이 있는 전반적인 내용을 사유해 볼 수 있도록 질문을 설계해야 합니다. 아래에 서술된 질문은 이러한 의도로 워크숍에서 제시한 질문입니다.

- 물고기를 잡아주지 말고 물고기 잡는 방법을(?)
- 미래 교육에서 가장 중요한 역량은 무엇일까요?
- 미래 교육에서는 어떤 수업이 바람직할까요?
- 나는 어떤 수업을 원하는가?(좋은 수업의 전제조건:교사의 행복)
- 학습 목표를 명확히 하는 질문(역량)
  학습자는 어떤 지식을 알아야 합니까?
  학습자는 어떤 기술과 방법을 익혀야 합니까?
  학습자의 태도나 행동에 어떤 변화가 있어야 합니까?
- 배움을 촉진하기 위해 필요한 내용과 자료는 충분한가?
- 말하기, 듣기, 쓰기, 읽기 활동은 어떻게 구성할 것인가?
- 교수자, 학습자, 자료 간 상호작용하기 위해 어떤 경험이 필요할까?
- 가르쳐줄 내용과 스스로 배울 것은 어떻게 구분할까?
- 개별/모둠/전체 활동 구성은 어떻게 할 것인가?
- 학습자 언어로 교재 만들기는 어떻게 할 것인가?
- 학습자는 어떤 성찰을 해야할까요?

21세기를 부카(VUCA)시대라고 합니다. 이는 변동성(Volatility), 불확실성(Uncertainty), 복잡성(Complexity), 모호함(Ambiguity)의 영문 머리글자를 따 만든 용어라고 합니다. 변동적이고, 불확실하고, 복잡하고, 모호하여 예측이 어려운 사회·경제적 환경에 살아가는 학습자에게 교육은 무엇을 제공하여야 할까요? 러닝퍼실리테이션에서는 '가르치지 말고 배우게 하라', '가르치지 말고 경험하게 하라'라고 합니다. 21세기에는 물고기 잡는 방법을 어떻게 해야할까요? 물고기 잡는 방법을 학습자들이 스스로 만들 수 있어야 하지 않을까요? 그러려면 어떤 역량이 중요하고 어떤 수업이 바람직할까요? 이에 대한 대답은 교육자마다 조금씩 다를 것입니다. 하지만 협력, 소통, 학습자의 결정성과 주도성이 바탕이 되는 수업민주주의, 집단 지성, 삶의 학습 전이와 성찰 등을 핵심 가치로 수업을 설계해야 할 것입니다.

그 다음에는 인간의 고등정신기능을 담당하는 말하기, 듣기, 읽기, 쓰기 활동을 학생들의 경험, 탐구 활동과 어떻게 배합할 것인지, 이 과정에서 학습 자료, 학습자, 교사 간의 상호작용은 개별, 모둠, 전체 기본 3가지 형태와 어떻게 구성할 것인지, 학습자 언어로 교재 만들기는 어떻게 할 것인지 설계함으로써 아주 다양한 수업이 실행될 수 있습니다.

'학습자 언어로 교재 만들기'라는 말이 다소 생소하게 느낄 수 있을 것 같습니다. 학습자에게 어떤 교재가 좋은 교재일까요? 학습자는 학습을 통해 지식을 습득하고 기술, 기능을 익히며 자신의 삶에 필요한 가치와 태도를 형성하는 것, 즉 역량을 기르는 것이 목적이라면 학습 자료를 학습자의 언어로 재구성하여 상호작용할 때 학습의 질과 효율성이 높아집니다. 같은 학습에 참여한 동료가 재구성하여 만들어 낸 자료는 이해하기 쉬울 뿐만 아니라 모방하기, 비판적 사고, 창의적 사고로 이어지기 쉽기 때문입니다. 수업을 설계할 때 '학습자 언어로 교재 만들기'를 통한 상호작용은 학습자의 능동적 참여 수준을 높일 수 있습니다. 이를테면 학습 자료에 대해 학습자가 질문을 만들고 이 질문을 풀어 서로 발표하고 질의하는 상호작용 활동을 통해 '학습자 언어로 교재 만들기'를 할 수 있습니다.

2. 주제 정하기: 무엇을 배우고 싶은가?

러닝퍼실리테이션 수업 설계 워크숍에서는 초, 중, 고 모둠별로 주제 정하기를 하여 워크숍을 진행합니다. 실제 학교 수업에서는 주제 정하기를 굳이 할 필요가 없는 경우도 있습니다. 국가 교육과정인 교과서 진도에 따라 진행하는 수업이 그렇습니다. 중단원, 대단원을 재구성하거나 교과 융합 프로젝트 수업인 경우에는 교사가 주제를 제시하거나 학습자들이 주제를 재구성할 수 있습니다.

3. 비계 제시하기: 경험 및 자료 제공 어떻게 할 것인가?

러닝퍼실리테이션 수업 설계 워크숍에서는 참여자에게 '학습자에게 비계를 어떻게 제공하는 게 좋을까요?', '비계는 어떤 역할을 할까요?'라는 질문을 제시합니다. 이 질문을 통해 다양한 비계 제공 방안을 구상해 보도록 합니다. 교사는 학습 주제에 대한 체계적인 이해와 학습자의 흥미와 호기심을 자극하기 위해 다양한 유형(동영상, 영화, 문학작품, 인터뷰 자료, 사람, 도서, 신문, 뉴스, 여행계획, 주제에 맞는 개념 및 의미 알기 등)과 다양한 관점의 비계가 제공될 수 있도록 설계하며 이를 학생들에게 공유하거나 안내할 수 있어야 합니다.

수업에서 비계가 어떤 역할을 할 수 있을지 구상해 봄으로써 비계를 더 잘 활용할 수 있고, 학습 목적에 맞게 비계를 제공할 수 있습니다.

학습자가 직접 비계를 찾아 동료에게 제공하는 활동은 흥미와 호기심이 직접적으로 반영되므로 능동적 참여와 주도적 학습을 가능하게 합니다.

- ■ 학습자에게 비계를 어떻게 제공하는 게 좋을까요?
  교과서, 동영상, 읽기 자료, 도서(그림책), 통계 자료, 신문 자료, 공익광고, 영화, 인터뷰, 시, 설문 조사, 체험(놀이), 경험담, 명언, 배경지식 활성화

- 비계는 어떤 역할을 할까요?

학습 시작, 내용 파악, 흥미 집중, 호기심 자극, 동기 전환(유발), 학습 도움 자료, 성찰, 수업 목표 설정, 다양한 관점, 공감, 연대, 다양한 경험

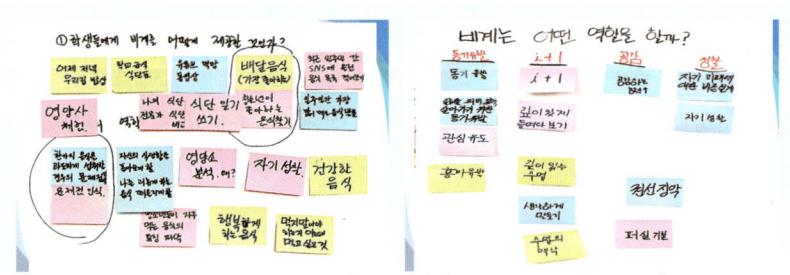

4. 시각화: 제공된 경험, 자료를 어떻게 정리할 것인가?

러닝퍼실리테이션 수업에서 지식의 시각화 활동을 하는 이유는 질 높은 학습을 위한 최소한의 양질 기억 확보입니다. 시각화를 통해 주제의 맥락을 파악하며 기억해야 할 양을 최소화하면서 질을 높입니다. 기억은 사고 활동의 발판입니다. 기억의 질이 높아야 사고의 수준을 높일 수 있습니다.

러닝퍼실리테이션 수업 설계 워크숍에서는 다음과 같이 진행합니다. 참여자들이 어떤 시각화 기법과 도구를 학습자에게 제시할 것인지 구상해 보도록 합니다. 그다음 활동으로 모둠 토의로 학습자 입장이 되어 시각화 기법과 도구를 선택해 보고, 선택한 시각화 기법을 모둠 활동으로 실습해 봅니다. 그다음으로 시각화한 것을 어떻게 전체 공유할 것인지 공유 방법을 구상하고 선택합니다. 시각화에 대한 마무리로 시각화하면 좋은 점을 논의해 봅니다.

일반적인 시각화기법은 마인드맵이라고 할 수 있습니다. 마인드맵의 규칙을 따라 하기 힘든 경우에는 의미 지도 그리기를 할 수 있고 방사형 구조

의 의미 만들기가 어려운 초등학교 저학년의 경우에는 시간의 흐름에 따라, 공간에 따라, 생각과 느낌에 따라 그리는 계단형 방사 구조도 제안할 수 있을 것입니다. 주제와 학습자의 수준에 따라 제시하는 시각화 기법의 수준과 범위도 당연히 달라집니다.

    기법과 도구와 관련한 수업 설계에서 중요하게 짚어보아야 할 점은 앎과 익힘입니다. 배움이란 새로운 것을 알고 익히는 과정입니다. 학습자의 성장은 앎과 익힘 중 어디에서 실제로 이루어질까요? 당연하게도 아는 단계를 넘어 익힘 단계까지 이루어야 비로소 역량으로서 성장이 이루어졌다고 볼 수 있습니다.

이러한 과정은 수업 설계에 중요한 시사점을 제공합니다. 학습자가 기법과 도구를 앎의 수준이 아니라 익힘의 수준까지 도달할 수 있도록 설계해야 한다는 것입니다. 가장 먼저 고려해야 할 것은 수업 설계에서 기법과 도구를 학습자가 선택하도록 하는 것입니다. 주제와 학습자 수준에 적합한 기법과 도구를 가능한 여러 가지를 제시하되 학습자가 결정하도록 하여 앎과 익힘에 대해 학습자 스스로 책임지도록 안내하는 것입니다. 어떤 주제에서 같은 점과 차이점을 정리할 때 활용할 수 있는 기법과 도구로 마인드맵, 비주얼 씽킹의 써클맵이나 더블버블맵, T차트, 비교대조표 등을 활용할 수 있을 것입니다. 실제 학교 수업에서는 학생의 앎과 익힘의 정도에 따라 선택하도록 하되 도구와 기법에 대한 익힘의 중요성에 대하여 안내합니다. 또한 여러 가지 기법을 아는 것이 중요한 것이 아니라 어느 한 가지 기법이라도 제대로 체득하고 시각화하여 지식의 질을 높이는 것이 중요함을 강조합니다. 즉 여러 가지 기법을 주제에 여러 번 어설프게 적용하기보다는 스스로 선택한 기법을 여러 번 적용하여 흩어져 있는 지식을 맥락에 맞게 재구성하여 지식(기억)의 수준 높이기를 안내합니다.

러닝퍼실리테이션 수업 설계 워크숍에서는 기법과 도구를 선택하여 모둠 활동으로 실습합니다. 이때 시각화되는 지식의 질을 가늠해 보며 시각화 하면 좋은 점으로 정리합니다.

- 지식 시각화 방법: 마인드맵, 비주얼씽킹, 인포그래픽, 워드 클라우드(네이버), 타이포그래피, 어골도, 말풍선, 피라미드, 목록식, 병렬식
- 학습자가 선택하기: 모둠 활동
- 경험하기(실행): 모둠 활동
- 지식 공유하기(모둠, 전체): 패들렛, 월드카페, 갤러리 워크 등
- 왜 시각화 시키면 좋을까요?: 전체 파악, 핵심, 목표(방향) 설정, 장기 기억, 아이디어 도출, 호기심, 내용 구조화, 재구성, 지식 창조, 흥미, 쟁점, 심화

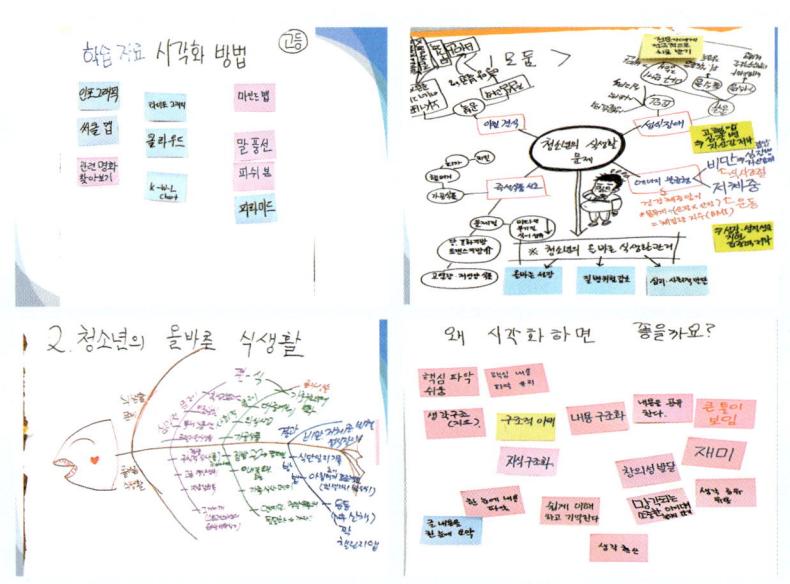

5. 심화 탐구: 심화 탐구 어떻게 할 것인가?

러닝퍼실리테이션 수업 설계 워크숍에서는 제공된 비계를 시각화로 재구성한 뒤 심화 탐구를 합니다. 배움의 진정한 의미가 성장에 있다면 제공된 지식을 잘 기억하고 이해하는 것을 넘어 학습자 스스로 새로운 지식을 탐구하여 만들어야 할 것입니다.

워크숍 참여자에게 두 가지 질문을 제시합니다. 지식을 어떻게 심화 탐구할 수 있을까요? 심화 탐구한 지식을 어떻게 공유할까요? 학습자가 심화 탐구하는 방법과 이를 공유하는 방법을 수업에서 설계해야 하기 때문입니다.

학습자가 새로운 지식을 탐구하게 하려면 기법과 도구를 활용하여 경험을 설계해야 합니다. 학습자는 가르치지 않아도 배운다는 것은 경험을 통해 사유하고 깨치기 때문입니다. 주제와 학습자의 앎과 익힘 정도에 적합한 기법과 도구를 제시하는 것은 퍼실리테이터, 즉 러닝퍼실리테이션 수업 설계자의 역량에 달려 있습니다.

심화 탐구는 교사가 정하는 학습 성취기준과 관련이 깊습니다. 수업 설계자로서 수업에서 학생이 무엇을 어떻게 성취하게 할 것인가에 따라 탐구 활동의 방향이 정해지기 때문입니다. 현재 학교 실정에서는 학생이 교육과정의 성취기준 설정에 참여하기는 어렵기 때문입니다. 학습 성취기준이 체계적이고 주제와 학습자 수준에 적합하다면 수업은 맥락에 따라 술술 잘 진행될 것입니다. 우리나라에서는 국가 교육과정이 교육과정 전체를 지배합니다. 국가 교육과정을 제쳐두고 다른 그 무엇을 하기 어렵습니다. 교사가 설정하는 학습 성취기준은 국가 교육과정의 성취기준과 학습자가 스스로 정하는 학습 목표를 연결하는 역할을 합니다. 이 연결이 원활하게 이루어지도록 교육과정을 재구성하여 수업을 설계하면서 교사의 학습 성취기준을 설정합니다. 그러려면 교사의 학습 성취기준과 학습자가 정하는 학습 목표는 서로 상호작용하여야 합니다. 즉 교사의 학습 성취기준에 따라 학습자가 학습목표를 정하는 것이 아니라 교사의 학습 성취기준이 반영된 수업 설계에 따라 학습자는 학습을 진행하지만 학습자의 결정에 따른 능동적 참여에 따라 교사의 학습 성취기준은 구체화됩니다. 즉 교사의 러닝퍼실리테이션 수업 설계는 성찰 단계까지 수업이 완결되기 전까지는 예측에 의한 수업 구안이고 실제 수업에서는 학습자의 선택에 의해 얼마든지 달라질 수 있으며, 또한 학습자의 선택이 반영될 수 있도록 수업을 설계하고 진행하는 것이 바람직합니다. 그러므로 수업이 실행되기 전의 교사 학습 성취기준은 고정 불변한 것이 아니며 유연하게 연결될 수 있도록 개방형의 기준으로 설정하는 것이 좋습니다. 실제 수업이 완결되면 러닝퍼실리테이션 수업 사례 보고서를 작성할 수 있을 겁니다.

러닝퍼실리테이션 수업의 심화 탐구는 교사 학습 성취기준으로 방향을 설정하며 경험을 설계합니다. 왜 경험을 설계하여야 할까요? 어떻게 경험을 설계하여야 할까요?

탐구학습을 논의할 때 학습자 중심 교육과 교사 중심 교육으로 구분하여 설명하는 경우가 많습니다.

구분	교사 중심	학습자 중심
목적	가르침	배움
역할	내용 전문가	안내 촉진자
초점	지식 습득	역량
관점	수동적 지식 습득자	적극적 지식 구성 및 창조
가치	통제	자율
설계	학습 내용	학습 경험
방법	설명하기	질문하기/설명하기
도구	교재	프로세스

표와 같이 이분법적으로 수업을 이해하는 것은 비현실적이며 위험합니다. 이론적으로는 이분법으로 구분하여 이해할 수 있으나 실제 수업에서는 이 두 가지 방식으로 철저하게 나누어 진행하는 것은 아주 어려운 일입니다. 교사 중심 학습에서 가르친다고 해서 배움을 도외시하는 교사는 없을 것입니다. 교사 중심 학습을 이루는 각 구성요소는 학습자 중심 수업에서 활용할 수 있는 기법과 도구의 일부라고 할 수 있습니다. 학습 방법에서 설명하기와 질문하기는 필수적으로 연결되어 서로 짝을 이루는 활동입니다. 학습에서 설명은 질문을 전제로 이루어지는 것입니다. 좋은 수업을 논의할 때 이렇게 구분하기도 합니다. 교사가 질문하고 교사가 답하는 수업, 학생이 질문하고 교사가 답하는 수업, 학생이 질문하고 학생이 답하는 수업. 대체로 학생이 질문하고 학생이 답하는 수업이 좋은 경우가 많겠지만 경우에 따라서는 교사가 질문하고 교사가 답하는 수업, 학생이 질문하고 교사가 답하는 수업도 필요합니다. 즉 본질적으로 나쁜 수업은 없고 수업의 맥락에 따라 다양한 형태의 학습 방법이 필요합니다. 러닝퍼실리테이션 수업은 기본적으로 학습자 중심 학습이지만 교사 중심 학습의 구성요소를 배제하지는 않습니다. 배제하지 않는 것이 아니라 포함한다고 하는 것이 적확한 표현입니다.

러닝퍼실리테이션 수업 워크숍의 심화 탐구 과정에서는 학습 내용을 바탕으로 학습자가 학습 경험에 참여할 수 있도록 설계합니다. 듀이(Dewey)는 〈경험과 교육〉에서 '모든 참교육은 경험을 통하여 이루어진다.'고 하며 경험을 통한 학습이 이루어지려면 지속성과 상호작용의 원리가 필요하다고 하였습니다. 지속성이란 경험은 발생한 순간의 고립된 사건이 아니라 과거의 경험에서 학습하고 미래에 이루어질 수 있는 것도 포함할 수 있는 것을 의미합니다. 상호작용이란 경험이 개인 간의 관계와 상황에 따라 다르게 구성되고, 경험하는 사람의 환경을 구성한다는 의미입니다. 이러한 듀이(Dewey)의 원리를 계승 발전 적용하여 콜브(Kolb)는 경험학습 모형으로 4가지 다른 능력을 요구하는 4단계 순환적 싸이클을 제안하였습니다

    1단계 구체적 경험: 새로운 경험에 접하고자 하는 개방성과 의지
    2단계 반성적 관찰: 이 새로운 경험을 다양한 관점으로 보는 반성적 관찰 기술
    3단계 추상적 개념화: 관찰로부터 아이디어와 개념을 분석해 내는 능력
    4단계 능동적 실험: 실제 상황에서 이러한 관점을 의사결정과 문제해결에 활용

  학습자는 경험에 능동적으로 참여하여 반성적 관찰과 다른 관점에서의 해석을 통해 합당한 이론과 개념을 만들고 의사결정과 문제해결에 적용합니다.

  도서 '가르치지 말고 경험하게 하라'(김지영/플랜비디자인)에서는 OPUTEC 경험 프로세스(U-T-E 경험 사이클)를 제시합니다.

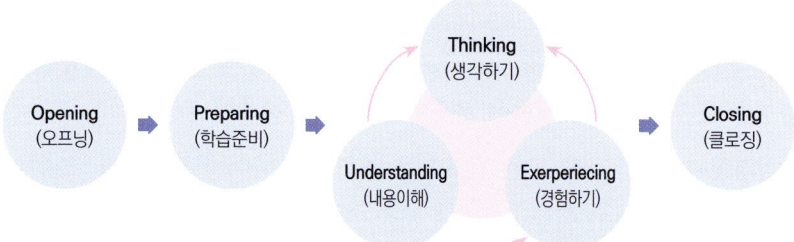

구체적인 학습 경험의 예시		
이해하기 (경험) Understanding	생각하기 (경험) Thinking	(실제) 경험하기 Experiencing
모르는 것을 알게 된다. 다른 시각을 이해하게 되다. 노하우를 알게 되다. 다른 사람의 생각을 알게 되다. 트렌드를 파악하다. 구조/틀을 이해하다. 다양한 사례, 예시를 알게 되다. 내 수준을 알게 되다. 필요성/중요성을 알다. 이론/개념/정의를 알다. 맥락을 파악하다.	나를 돌아보게 되다. 알던/경험한 것을 상기하다. 크게 생각하다(통합하다). 구체적으로 생각하다.(세분화하다) 비교/분석하다. 우선순위를 생각하다. 궁금증을 갖다. 반대로 생각하다. 창의적인 아이디어를 떠올리다. 적용 방법을 모색하다. 내 문제를 생각하다.	만들어보다. 실습/연습을 해보다. 계획을 세워보다. 사람과 네트워킹해보다. 관찰해보다. 가르쳐보다. 토론/발표하다. 공감해보다. 시각적으로 그려보다. 타인에게 물어보다. 다른 역할이 되어 보다. 상상해보다.

U-T-E 경험 사이클은 순차적인 것이 아니라 상황에 따라 T-E-U, E-U-T가 될 수 있으며 학습자의 수준, 학습 효과를 고려하면서 학습자들이 어떤 경험을 먼저 하는 것이 좋을지 선택하면 된다고 합니다.

쿠퍼실리테이션그룹의 러닝퍼실리테이션 워크숍에서는 ERCMA수업 설계 모델을 제시합니다. ERCMA 수업 설계 모델은 바넷(Barnett)이 콜브(Kolb)의 경험학습 모형을 토대로 완성한 학습 모형을 활용하여 경험 학습을 촉진할 수 있도록 구상한 것입니다. ERCMA 활동은 각 단계별로 순차적으로 이루어질 수도 있고, 교수자의 다양한 촉진 활동이 어떻게 제공되는가에 따라 순서를 수정하여 진행할 수도 있습니다. 특히 학습자의 규모, 경험 양과 수준, 교과와 주제 등에 따라 참여 활동 구성, 정보의 제공, 질문의 구성을 달리하여 수업을 구성할 수 있습니다.

EXPERIENC 경험하기 경험 꺼내기	직접적인 경험을 실시간 해내는 것과 과거의 경험을 떠올려 꺼내는 것을 포함하고, 간접적인 이야기나 자료를 제시하는 것도 가능하다.
	〈경험을 위한 준비〉 ■ 영상, 챠트, 상황, 조건, 이야기 제시 ■ 학습자 선택권 부여(도구, 역할 등) ■ 참여적 실행계획 수립과 변경
REFLECT 관찰하기 성찰하기	학습자의 경험이 학습 자원이 활용될 수 있도록 검증된 경험, 반성된 경험이 될 수 있도록 반성적 사고(reflective thinking)라는 인지적 기제를 제공한다.
	질문: 어떤 일(변화:시간, 조건)이 일어났나요? 관찰한 내용을 이야기(인터뷰, 기록)해 주세요.
CONCEPTUALIZE 이해하기 획득하기	이전 단계에서 경험한 것을 통하여 학습자가 무엇을 이해하고, 습득하게 되었는지 인식하는 과정을 포함하는 주관적 개념화 단계이다.
	질문: 경험을 통해 알게 된 것은 무엇인가요? 경험하게 되면 일어날 효과는 어떤 것인가요?
MODIFY 비교하기 수정하기	경험적인 학습으로 취득한 것과 기존의 정보, 지식의 비교를 통하여 스스로 또는 협력하여 교정할 수 있도록 한다. 이 단계에서는 메타인지의 작동을 통하여 학습이 증폭될 수 있다.
	■ 확인하기: 실제로 그것에 포함되는 내용이 교과서에서는 무엇이라고 알려주나요? ■ 비교하기: 에디슨은 어떻게 생각했나요? 우리가 생각해낸 것과 제시하고 있는 내용은 어떻게 다른가요? ■ 점검하기: 우리가 생각하지 않았던 새로운 것은 어떤 것인가요?
ADAPT 연결하기 적용하기	발전적 학습으로 연결되고, 실용화까지 나아가도록 하는 단계이다. 학습한 내용을 의도적으로 확장하고 적용할 수 있도록 촉진하는 단계이다.
	■ 적용하기 ■ 발전시키기 ■ 종합 정리하기

러닝퍼실리테이션 수업 설계 워크숍의 심화 탐구 과정은 OPUTEC 경험 프로세스의 U-T-E 경험 사이클, ERCMA 수업 설계 모델에서는 EXPERIENC(경험하기 경험 꺼내기) REFLECT(관찰하기 성찰하기) CONCEPTUALIZE(이해하기 획득하기) 단계에 해당될 수 있을 겁니다.

지식 심화 탐구 과정은 시각화한 자료에 덧붙여서 진행할 수도 있고 질문 만들기나 지식 상품 만들기처럼 따로 진행할 수도 있습니다. 학습자들이 배울 내용에 대한 호기심을 갖고 탐구 영역을 넓혀 알게 된 지식을 실생활에 활용해보는 활동을 할 수도 있습니다.

대부분의 학교 수업은 심화 탐구 과정의 활동으로 마무리되는 경우가 많습니다. 교과 내용을 깊이 있게 이해하고 적용하기라고 할 수 있습니다. 현재 학교에서 실시하는 평가 내용도 심화 탐구 과정 안에 포함시킬 수 있습니다.

- 심화 탐구 : 질문 만들기(핵심, 심화 질문), 탐구하기, 짝 토론, 역할극, 4차원 탐구 토론, 가르치기, 지식 상품 만들기, 5why, 가치 순위 매기기, 인터뷰
- 심화 탐구 공유하기 : 배느실, DVDM, ORID, 4차원 토론, 가르치기, 둘 가고 둘 남기토론, 패들렛, 카드 뉴스 만들기, 영상 만들기, 월드 카페, 트리 맵, 보석 맵, 직소우 수업, 오픈 채팅방

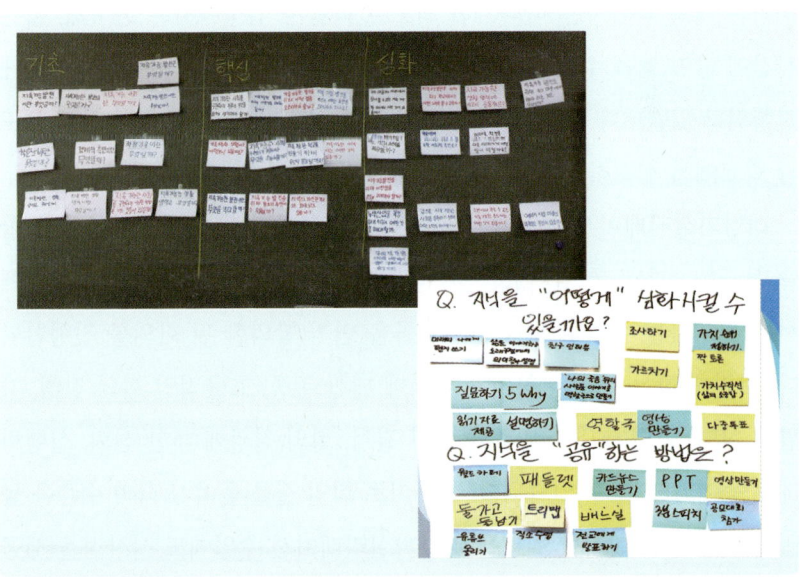

6. 과제 해결: 학습 목표 정하기, 과제 해결 어떻게 할 것인가?

학습자 스스로 학습 목표 정하기는 러닝퍼실리테이션 수업에서 시각화 과정 이후 또는 지식 심화 탐구 과정 이후에 하기를 권합니다.

현재 일반적인 수업에서는 학습 목표를 수업 시작할 때 제시합니다. 이때 학습 목표의 역할은 교사에게는 무엇을 가르쳐야 하는지를 알려주고, 학생에게는 무엇을 배워야 하는지를 알려줍니다. 수업은 학습 목표를 달성하기 위해 하는 활동이므로 교사는 반드시 학습 목표를 제시하고 수업을 시작해야 한다고 합니다. 학습 목표를 제시하지 않고 수업을 하는 것은 어디로 가야 할지 모르고 길을 가는 것과 다를 바 없다고 합니다. 이때 바람직한 학습 목표는 수업에서 배워야 할 핵심 내용을 알려주고, 성취해야 할 성취기준과 평가 준거를 알려줍니다. 이러한 학습 목표 제시는 학생들이 수업에 능동적으로 참여할 때, 교사가 제시하는 학습 내용에 대한 완전 이해를 추구할 때 효율적인 교수-학습 방법입니다. 교수자가 정한 대로, 시키는 대로 학습자는 따라가면 되므로 학습자 입장에서는 편하게, 짧은 시간에 많이 얻을 수 있는 학습 방법입니다. 현재 대부분의 수업이 이렇게 진행되고 있습니다. 학습 효과가 크기 때문일 겁니다. 현재 대학 입시 제도나 학교에서 실시하는 학생 평가에 부합되기 때문일 겁니다.

러닝퍼실리테이션 수업에서는 왜 학습 목표를 수업 중간에 학습자가 학습 목표를 정하도록 할까요? 민주적 회의와 같은 퍼실리테이션 워크숍에서는 참여자들이 회의 목적과 결과물을 먼저 합의한 뒤 회의를 진행합니다. 그렇게 하는 이유는 참여자 서로에 대한 존중, 효율적인 회의 진행, 자발적 참여, 합의에 의한 민주적 의사 결정, 회의 결과에 대한 신뢰, 실행력 제고 등이라고 할 수 있습니다. 한마디로 회의 질을 높여 조직의 수준을 높이는 것입니다. 이러한 원리는 러닝퍼실리테이션 수업에도 시사점을 제공합니다. 학습 목표를 제시했을 때 학습자가 학습 목표를 이해하고 공감하지 않으면 자발적 참여가 어렵습니다. 특히 집단 학습에서는 제시된 학습 목표에 대한 공감 정도가 개인에 따라 다양할 수 밖에 없습니다. 2022 개정 교육과정에서 중요하게 다루고 있는 학습자의 주도성이 적극 발현되기 어렵습니다. 학습자 주도성을 확보하기 어려운 수업에서는 당연히 학습자 중심 수업 실현이 어렵습니다.

수업 중간에 학습 목표를 정하는 것은 학습 목표의 진정성 때문이라 할 수 있습니다. 학습 목표의 진정성이란 학습 목표를 실현하려는 의지를 말합니다. 학습 목표를 정한다고 목표가 이루지는 것이 아니고, 학습자에게 학습 목표가 얼마나 절실한지 그 정도가 진정성이고 진정성의 정도에 따라 학습 목표 달성 정도는 달라질 것입니다.

학습 목표의 진정성은 학습자가 배우고 싶은 것을 선택할 때 높아집니다. 새로운 것을 알고 익혀야 하는 수업 초기에는 잘 알지 못하기 때문에 자신이 진정으로 무엇을 배우고 싶은지 정하기 어렵습니다. 수업 초기에 학습 목표를 정한다 할지라도 학습 주제에 대해 알아가는 과정에서 학습 목표는 변화할 가능성이 큽니다. 학습 목표는 단순히 하고싶다는 수준에서 정하기 보다 학습 목표를 구체화하고 달성해야 할 이유를 명확히 하면서 정하는 게 좋습니다. 지식을 탐구해 보고 이를 바탕으로 무엇을 어떻게 할 것인지 학습 목표를 정합니다. 러닝퍼실리테이션 수업에서 시각화 과정 이후 또는 심화 탐구 과정 이후에 하기를 권하는 이유는 학습자가 학습 목표를 정할 수 있을 정도의 지식을 확보한 뒤에 정하는 것이 바람직하기 때문입니다.

러닝퍼실리테이션 수업 설계 워크숍에서는 학생 입장에서 학습 목표를 정하여 봅니다. 실제 수업에서 학생이 스스로 지식, 기능, 태도와 가치 영역의 학습 목표를 정하기를 어려워 하는 경우에는 국가 교육과정의 성취기준, 과제 실행 계획서를 활용하여 학습 목표 정하기를 하기도 합니다.

러닝퍼실리테이션 수업 설계 워크숍에서는 학습 목표에 따라 과제 제안하기를 도구와 기법 활용으로 진행합니다. 일반적으로는 브레인스토밍을 활용하고 전체 집단 활동에서는 집단명목법을 활용합니다. 과제를 선택하기 전에 학습 목표의 중요한 요소를 실현하는 과제인지 점검해야 합니다. 과제 선택은 합의하기, 또는 다중 투표를 일반적으로 활용합니다.

그다음으로 과제 실행 계획서 작성과 과제 실행 공유하기를 설계합니다.

- 학습자가 정하는 학습목표
  어떤 지식을 알고 싶은가요?
  어떤 기능(기술)과 방법을 익히고 싶습니까?
  가치와 태도를 어떻게 바꾸고 싶은가요?
- 과제 제안하기: 브레인 라이팅, 집단 명목법, 브레인 스토밍, 유목화 등
- 과제 선택하기: 평가하고 결정하기, 평가 기준, 페이 오프 매트리스, 다중투표, 주먹에서 보까지, 디시즌그리드, 동의척도표, 만장일치토론
- 과제 해결 촉진하는 기법과 도구 선정하고 실행 계획 작성하기
- 과제 실행 공유하기

> 예시 과제(편식 해결) 조사 탐구하기, 설명하기, 설문조사하기, 해결 방안 제안하기, 체험하기, 실제 경험 듣기, 사례 조사하기, DVDM, 어골도, 브레인 스토밍, 램덤워드, 편식 설명하기-문제점 찾기-해결 방안-실천하기

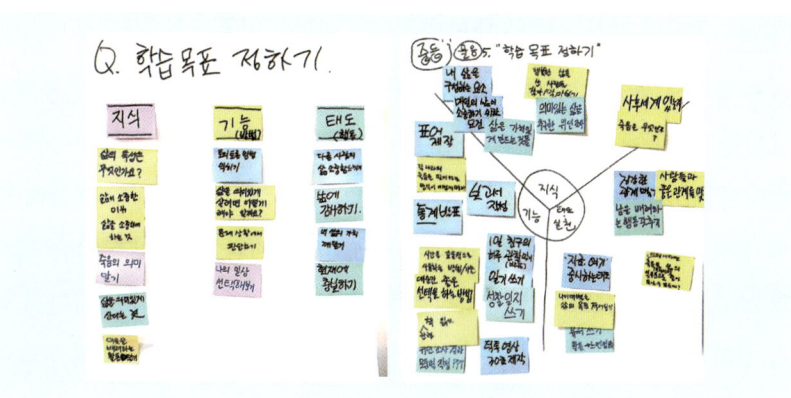

학습목표 정하기

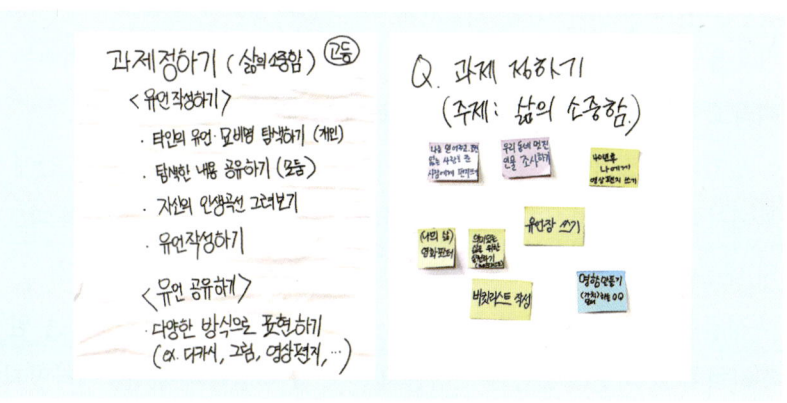

과제 정하기

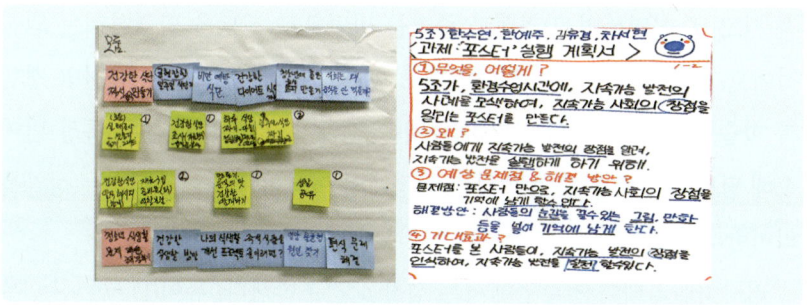

과제 실행 계획서

> 성찰

7. 성찰하기: 배움에 대한 효과적인 성찰은 어떻게 할 것인가?

수업에서 활동에 대한 마무리는 평가, 피드백, 성찰 이 세 가지 용어로 표현할 수 있습니다. 평가라는 용어는 활용 맥락에 따라 아주 다양하게 쓰입니다. 교육학 용어 사전에서 찾아보면 평가는 학생의 수행에 대하여 양적·질적 측정과 가치판단을 포함하는 의사결정이라고 합니다. 학습 평가의 목표는 한 사람의 학습자가 각각의 발달 단계나 학습 경험에 따라서 학습 성과를 어떻게 올렸느냐를 파악하는 것이며, 그 결과가 그 후의 학습이나 성장·발달에 유익하게 이용되도록 하는 것이라고 합니다.

피드백의 국어 사전 풀이는 학습자의 학습 행동에 대해 교사가 적절한 반응을 보이는 일, 진행된 행동이나 반응의 결과를 본인에게 알려주는 일이라고 합니다. 수업에서 피드백은 교사, 동료으로부터 받습니다.

평가와 피드백이 긍정이든 부정이든, 장점이든지, 단점이든지 간에 외부에서 내부를 변화시키려 하며 타인의 생각이 전달됩니다. 평가와 피드백의 대부분은 다른 사람에게 어떻게 보여지는가에 따라 달라집니다.

성찰은 HRD 용어사전에서는 '자신의 한 일을 깊이 되돌아보는 일'을 뜻하며 주로 내면적 활동에 초점을 맞추고 있어 심리학에서는 메타인지로 다루어지고 있다고 합니다. 교육학적으로는 성찰을 듀이(Dewey)의 '반성적 사고'로 설명하며 합리성과 증거를 바탕으로 신념을 확립하려는 의식적이고 자발적인 행동을 의미한다고 합니다. 개인적 성찰은 자신의 경험과 학습한 내용에 대해 성찰하는 것을 말하며, 사회적 성찰은 특정 팀에 속해 팀원들과 토론 및 논의하는 과정에서 협력적으로 이루어지는 성찰을 의미한다고 합니다.

러닝퍼실리테이션 수업에서는 성찰을 강조합니다. 듀이(Dewey)는 '우리는 경험에서 배우지 않는다. 우리는 경험에 대한 성찰로부터 배운다.'라고 하였습니다. 진정한 변화는 내면에서 시작됩니다. 자신의 내면 깊숙하게 있는 욕구와 약점은 누구보다도 자신이 더 잘 압니다. 평가든, 피드백이든, 성찰이든지 간에 그 목표가 변화라면 마음가짐에서 시작되어야 합니다. 내면의 소리에 귀 기울여야 합니다. 자신과 대화하는 것입니다. 이것을 잘 할 수 있는 방법이 성찰입니다. 학습 활동의 모든 과정에서 성찰이 이루어지는 것이 바람직합니다. 처음 도입할 때에는 교사가 성찰 질문을 제시할 수도 있지만 이후에는 학습자 스스로 성찰 질문을 만들어 진행합니다.

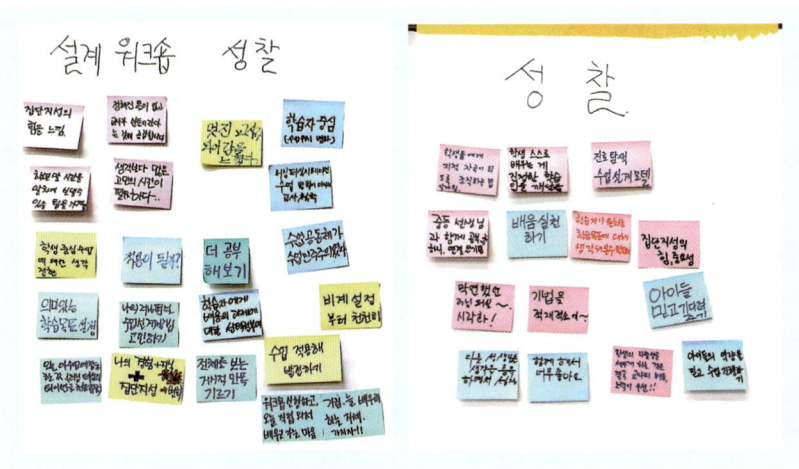

• 초등 수업설계 워크숍 사례 •

02 초등 | 우리가 꿈꾸는 통일한국

1. 비계 정하기

가. 참여자: 초등교사 5명

나. 학년이 올라갈수록 '통일'과 관련된 수업을 진행하기가 쉽지 않습니다. 헌법에 명시된 평화통일의 지향성, 분단국가의 현실과 통일 이후의 변화를 지도해야 합니다. 하지만 교사 및 학부모 개인의 통일관이 학생에게 많은 영향을 줄 수 있습 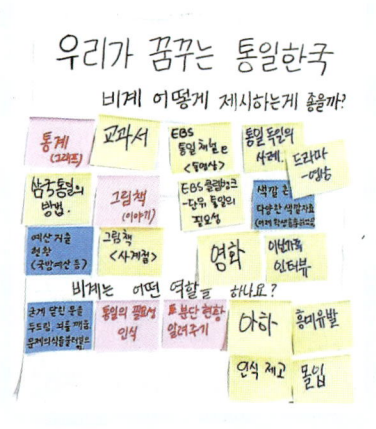 니다. 학생들은 통일에 대한 당위성은 공감하지만 분단국가에 살고 있다는 현실적 자각이 부족하여 실생활에서 거리감을 느끼고 있습니다.

다. 교사 역시 통일에 대한 지식 부족으로 교과서에 제시된 내용으로 가르치게 되는 '우리가 꿈꾸는 통일한국' 단원의 주제를 선정했습니다. 대한민국의 분단 과정 바르게 알기, 북한에 대한 이해를 통해 통일의 필요성 공감 및 통일을 위한 실천과제를 알아보고자 하였습니다. 또한 '우리가 꿈꾸는 통일한국'을 효율적으로 지도할 수 있는 방안에 대한 출발점으로서의 비계 설정을 고민하였습니다.

라. 사전 논의를 통해 비계의 중요성 및 필요성에 대해 공감하였습니다.

논의 결과	• 비계는 굳게 닫힌 문을 두드린 것 같이 뇌를 깨우고 문제의식을 불러일으키는 것이다. • 비계는 흥미를 유발하고 '아하'하게 되는 인식 제고 및 몰입을 주는 것이다.

이번 주제와 관련해서 제시된 비계는 통일의 필요성을 인식하고 분단 현황을 알려주기에 아주 좋을 것 같다고 하였습니다.

마. 「어떤 자료를 통해 비계를 세울 것인가?」에 대해서 논의한 결과, 교과서를 기본 자료로 활용하되, EBS 통일 채널 E 및 클립 뱅크, 영화, 드라마 등의 동영상 자료, 그림책 활용, 사례조사(삼국통일의 방법과 통일 독일), 통계 자료(국방에 관한 현재의 남북한 국방예산 지출 자료 등) 활용, 이산가족 인터뷰 방법 등이 제시되었습니다.

2. 시각화 하기

가. 시각화 방법에 대한 고민에 앞서 시각화의 목적을 공유하였습니다.

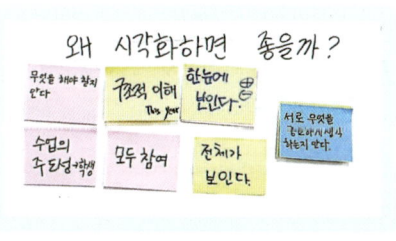

시각화는 '배움의 흐름을 한 눈에 볼 수 있게 해 주고, 배움의 과정을 직관할 수 있게 해 주며, 다양한 경험의 연결짓기를 통해 배움을 확장시켜 나가게 하여 수업의 주도성을 학생에게 줄 수 있다.'고 하였습니다. 교사 뿐만 아니라 학생에게도 시각화는 반드시 필요한 과정임을 합의하였습니다.

나. '우리가 꿈꾸는 통일한국'의 배움 과정을 가장 일반적인 시각화 방

법인 '마인드맵'으로 결정하였습니다. 마인드맵은 핵심 단어를 중심으로 거미줄처럼 사고가 파생되고 확장되어 가는 과정을 확인하고, 자신이 알고 있는 것을 동시에 검토하고 고려할 수 있는 일종의 시각화된 브레인스토밍입니다. 개인들의 경험이나 제안으로 역동성있게 연결시킬 수 있는 구조를 가지고 있습니다.

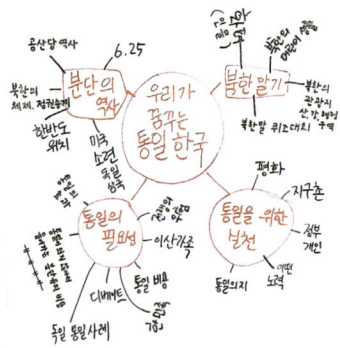

❶ 분단의 역사알기
　- 한반도의 지정학적 위치　- 6.25, 해방 후의 남한과 북한　- 미국과 소련의 관계 알아보기
❷ 북한의 현재 모습 이해하기
　- 북한의 화폐 살펴보기　- 북한 어린들의 생활 모습 조사하기　- 북한말 퀴즈대회하기
❸ 통일의 필요성과 세계시민으로서 노력 의지 다지기
　- 통일 비용 알아보기　- 독일의 통일 사례　- 전쟁의 위험 살펴보기
❹ 통일을 위한 실천 방법 알아보기

3. 지식 심화 탐구하기

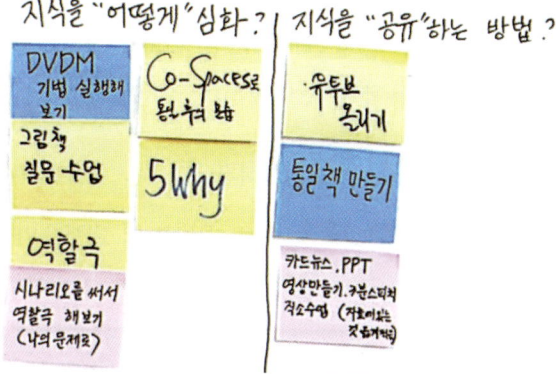

> 방법 1 **DVDM 기법 실행하기**

학생이 생각하는 통일의 의미에 대해 정의(Definition)해 보고, 왜 통일을 해야 하는지, 통일이 중요한 이유에 관해 통일의 가치(Value)를 살피며, 그럼에도 불구하고 통일의 어려움(Difficulty), 그 어려움을 해결할 수 있는 해법(Method)을 찾아봅니다.

> 방법 2 **그림책 질문 수업**

학생들에게 흥미와 관심을 줄 수 있는 그림책(예: 이혜리와 리혜리)을 활용해서 남과 북의 어린이가 처음 만나 다름을 인정하고 진정한 친구가 될 수 있는 방법 등을 질문하고 답변하는 활동을 전개합니다.

> 방법 3 **역할극**

'뜨거운 의자' 활동이나 '얼음 땡' 활동 등과 같은 역할극을 통해 통일에 대한 다양한 생각과 문제 해결 과정을 공유할 수 있는 활동을 도입합니다.

방법 4 **5Why 질문법**

'왜'라는 질문을 통해 어떠한 사건이 일어난 궁극적인 원인을 학생들 스스로 찾아가게 하는 활동으로, 5W1H(When, Where, Who, What, Why, How)의 육하원칙을 이용할 수도 있습니다.

방법 5 **CoSpaces를 활용한 통일 후의 모습 상상하기**

자신이 생각하는 통일 후의 모습을 교육용 메타버스 플랫폼인 코스페이시스를 활용해 VR, AR 콘텐츠를 제작해 보는 활동도 가능합니다.

4. 공유하기

지식 공유의 방법으로 쉽게 접근할 수 있는 유튜브 채널을 이용하여 결과 올리기, 질문의 과정과 문제해결의 결과를 활용한 책 만들기, 카드뉴스, PPT, 영상 만들기 등을 제안하였습니다. 학생들의 관심과 배경지식을 활용하여 다양한 방법으로 공유될 수 있도록 교사의 적극적인 지원이 필요합니다.

5. 학습 목표 정하기

학습 목표의 선정은 배움의 과정에서 학습자가 직접 해야 합니다. 일반적인 수업에서는 배움이 일어나기도 전에 교사가 수업 목표를 제시합니다. 이럴 경우, 학생들은 배경지식이나 사전 지식이 없는 상태에서 교사의 수업만 따라가는 수동적 자세를 가지게 됩니다. 배움에 대한 학생의 적극적인 참여

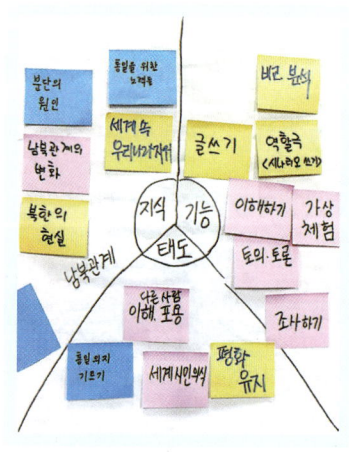

를 이끌어내려면 교과서 등을 활용한 비계를 통해 사전 지식을 가진 상태에서 배움의 과정을 시각화해야 합니다. 전 과정의 흐름을 이해하고 난 뒤에 자신이 무엇을 해야 하는지를 지식과 기능과 태도의 측면에서 제시할 수 있어야 합니다. 학습 목표 선정하기 과정은 각자의 질문 만들기와 공유의 단계를 거쳐 선택될 수 있게 해야 합니다.

방법 학습 과정에서 학생들이 얻고자 하는 학습 목표 분류하기

지식·이해 영역	과정·기능 영역	가치·태도(과제) 영역
• 통일을 위해 노력해야 하는 것 • 분단의 원인 • 남북관계의 변화 과정 • 북한의 현실	• 글쓰기 등의 정보처리역량 • 토의 토론, 조사하기 과정에서의 정보활용역량 • 비교 및 분석을 위한 탐색 기능 • 역할극을 통한 성찰	• 통일에 관한 자세 및 의지 • 실천할 수 있는 과제 선정 • 타인과의 관계 설정 등의 삶의 태도 반영

6. 과제 정하기

주어진 과제를 주도적이고 능동적으로 참여하기 위한 활동으로 배움 과정을 자신이 영역(수준)에서 들여다 보는 과정이며 자신의 색깔로 참여하게 되는 과정입니다.

'우리가 꿈꾸는 통일한국'의 흐름 중 북한 바로 알기의 영역에 대해 다음과 같은 순서로 배움을 제안하였습니다.

> 북한 파헤치기
> ① 무엇을 어떻게?
> 주제를 선택하고 웹디자인 플랫폼을 사용하여 모둠별 결과물을 제작하여 발표한다. (주제예시: 화폐, 생활, 관광지, 퀴즈 등)
> ② 왜?
> 북한에 대한 이해
> ③ 예상문제 해결 방안
> 예상문제: 다른 주제 이해부족↓
> 해결방안: 월드카페 통한 공유
> ④ 기대효과
> 북한에 대한 이해를 통해 다름을 알고 통일방향설정 가능

❶ **무엇을, 어떻게(What, How)**

: 주제를 선택하고 웹디자인 플랫폼을 사용하여 모둠별 결과를 제작하여 발표합니다.

(주제 예시) 화폐, 생활, 관광지, 퀴즈 등

❷ **왜(Why)**

: 북한에 대한 이해가 목적임을 밝힙니다.

> ❶ 무엇을, 어떻게(What, How) → ❷ 왜(Why) → ❸ 예상 문제 및 해결 방안 → ❹ 기대 효과 → ❺ 결과 공유하기

❸ **예상 문제 및 해결 방안**

: 모둠별, 개인별로 주제를 선택하고 발표하게 되면 다른 주제에 대한 이해 부족 및 학습 결손이 일어날 수 있습니다. 그래서 월드카페를 통해 공유활동으로 극복하고자 합니다.

❹ **기대효과**

: 월드카페를 통한 주제 발표를 통해 남한과 북한의 다름을 알고 통일의 방향을 설정할 수 있습니다.

7. 결과 공유하기

월드카페를 통한 공유와 동시에 보충(추가) 질문을 받아서 내용을 풍부하게 한 후, 보고서나 PPT 등의 자료로 변환하여 배움을 정리할 수 있습니다.

• 초등 수업설계 워크숍 사례 •

03 근대사 인물의 삶을 통한 공정과 공평의 가치 탐구하기
초등

1. 주제 정하기

가. 모둠원(5명) : 초등교사 5명

나. 주제 정하기 : 공정과 공평의 개념 정립이 필요하다는데 교사 모둠은 모두 동의하였습니다. 현대인들의 현재 삶과 연결되는 근현대사의 중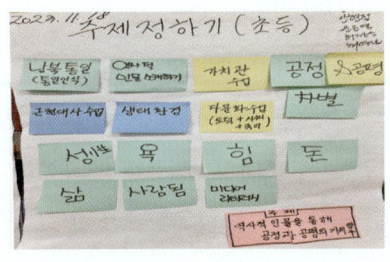
요성에 대해 합의하고 우리는 근현대사 속 역사적 인물의 삶을 고찰하면서 그 삶 속에서 공정과 공평의 개념과 가치를 찾아보기로 했습니다.

다. 비계의 역할: 비계를 제공할 때 교사의 스토리텔링이 중요하지만 교사 개인의 생각이 담겨서는 안됩니다. 비계는 그림책, 위인전, 동영상, 사진, 신문뉴스, 또는 그것이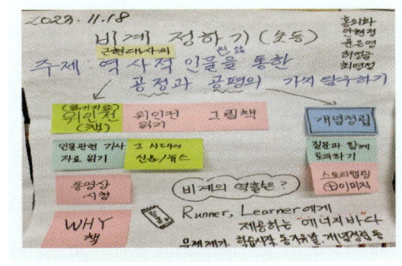
집약된 글들이 될 수 있습니다. 우리 모둠에서는 비계를 'Learner에게 제공하는 에너지바'라고 정의해 봤습니다. 그리고 그 비계는 문제를 제기함으로써 학습의 시작이 되며, 동기를 유발시키고 확실한 개념을 정립하게 하는 역할을 합니다.

라. 비계 제공하기: 우리는 현대사 인물의 삶 탐구를 위해 위인전을 제공하기로 했고 공정과 공평의 가치 탐구를 위해 질문·토의학습 및 스토리텔링을 더불어 함께 하기로 합니다.

2. 시각화 하기

가. 시각화하기의 중요성 : 목표 지점을 명확히 눈으로 확인하는 활동입니다. 그 시각화를 통해 교사는 학생이 뭘 알고 뭘 모르는지 알 수 있습니다. 그리고 시각화한 내용을 공유함으로써 서로의 배움을 나눌 수 있습니다. 탐구 심화의 발판이 될 수도 있습니다. 목표의 방향성을 명확히 하  며 집단 지성을 발휘할 수 있는 자양분이 되며 학습자가 학습 내용 파악에 있어 나무보다 숲을 볼 수 있게 하기도 합니다.

나. 시각화하는 방법: 마인드맵, 피쉬본, 써클맵, 연도별 목록식 다양한 방법을 학생들에게 제시하고 그들이 시각화 하는 방법을 선택할 수 있도록 하였습니다.

3. 지식 심화 탐구

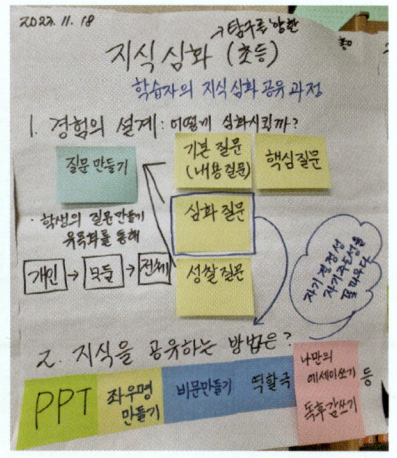

가. 심화탐구하기의 필요성 : 경험을 재구성(교과융합)하고 일반화 시키는 과정입니다. 비계에 학습자 기존의 앎과 경험을 재구성하는 과정이 시각화라 한다면 지식 심화 탐구는 보다 심층적인 질문을 통해 보다 깊은 학습 욕구를 성취하기 위해 나아가는 것입니다.

나. 심화탐구하기 : 질문은 기본질문, 심화질문, 성찰질문으로 나눌 수 있습니다. 이러한 질문에 대해 학생들과 함께 공유하고 이 부분에 대해 학생들이 스스로 이해하는 과정도 꼭 필요합니다. 학생들은 이후 질문 만들기를 합니다. 유목화를 통해 다양한 질문을 개인 → 모둠 → 전체로 공유 범위를 확장시켜 정리해 나갑니다.

다. 공유하기 : 심화 탐구한 내용을 공유하는 방법으로는 PPT만들기, 좌우명 만들기, 인물별 비문 만들기, 역할극 만들기 등 다양한 방법이 나왔습니다.

4. 학습 목표 정하기

가. 학습목표 정하기: 지식, 기능, 태도(과제) 영역으로 나누어 학생들이 학습 과정에서 얻고자 하는 학습목표를 스스로 정합니다.

❶ 지식: 공평을 실천하는데 있어서 어려운 점은? 공정한 일을 하기 위해 인물이 한 일은? 근현대사 인물의 삶 요약하기, 공정과 공평의 개념은? 이 질문에 대해 답할 수 있어야 합니다.

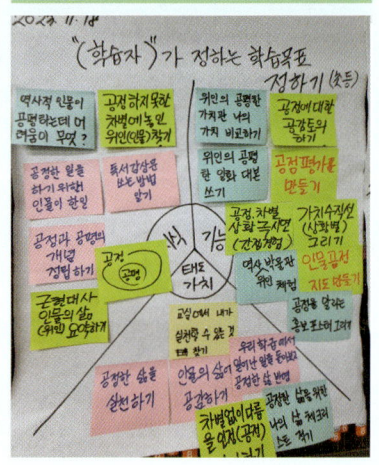

❷ 기능: 학생들은 스스로 토의 토론, 가치 수직선 그리기, 일화쓰기, 대본쓰기, 홍보 포스터 등을 통해 여러 능력을 표현하고 함양할 수 있습니다.

❸ 태도(과제): 학생들은 공정한 삶 실천하기, 인물의 삶에 공감하기, 교실에서 내가 실천할 수 있는 공정과 공평의 삶 찾기, 우리 학급에서 일어난 일들에서 공정한 삶의 모습 찾아보기 등 현실에서 직접 응용하고 실천할 수 있는 활동을 스스로 탐색하는 것을 목표로 삼을 수 있습니다.

나. 학습목표는 개인마다 모둠마다 다를 수 있습니다. 그리고 정리해서 한 반이 공통의 학습목표를 정할 수도 있습니다. 본 수업 설계 워크

숍에서는 학습목표를 함께 정하기로 하였고 '공정을 실천한 근현대사 인물의 삶 속에서 그들이 실천한 공정한 삶의 위대함을 알고 내 삶 속에서 실천할 수 있다.'가 되었습니다.

5. 과제 정하기

과제 정하기: 학습자 주도성이 온전히 발현되는 단계입니다. 어떤 과제를 통해 자신의 학습목표를 이룰지에 대해 학생 스스로 정합니다. 브레인 스토밍을 활용하여 과제를 제안하고 집단 지성을 통해 과제를 정합니다. 그 과제를 개별, 짝, 모둠으로 활동합니다. 그리고 결과를 수업 공동체 안에서 공유합니다.

6. 성찰하기

학습을 삶과 연결시키는 과정입니다. 이 성찰은 수업의 마지막에 할 수도 있지만, 각 활동마다 할 수도 있습니다. 성찰하기를 통해 학생은 학습의 주체로서 자기를 평가할 수 있으며 스스로에 대한 피드백도 가능합니다.

• 중등 수업설계 워크숍 사례 •

04 중등 | 인공 지능 시대의 인간관계

1. 주제 정하기

방법1 모둠원 각자가 하고 싶은 주제를 포스트잇에 하나 이상씩 적어 이젤 패드에 붙이고, 유목화한다.

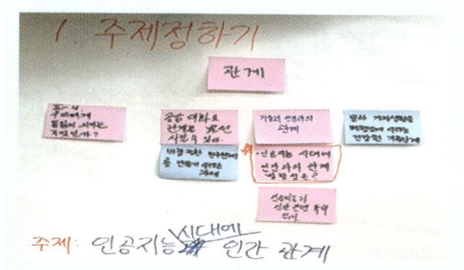

방법2 모둠원이 돌아가면서 자신이 작성한 주제와 그 이유를 발표한다.

방법3 주제들을 깊이 있게 생각해 보고 의견을 주고 받으면서 모두 동의하는지를 묻고 우리 모둠의 주제를 선정한다.

〈설계 과정 이야기〉

가. 대주제를 먼저 정하면 좋겠다는 의견이 나와서 대주제를 먼저 정하기로 함.

나. '관계'를 대주제로 하면 좋겠다는 의견에 모두 만장일치로 동의하여 소주제를 생각해서 적기로 함.

다. 소주제로 나온 의견은 '우리에게 통일의 의미는 무엇인가?', '기술과 인간과의 관계', '일과 가정생활을 병행하기 위한 건강한 가족 관계',

'인공 지능 시대에 인간과의 관계 방향성은?', '바람직한 친구관계를 만들기위한 자세'와 '인공지능과 인간 관련 독서 읽기', '공감 대화로 관계를 발전시킬 수 있다' 등이 나옴.

라. 도덕, 기술 가정, 국어, 정보 교과 선생님들이 각자 교과의 내용과 특성을 연결 지어 소주제를 제안했고, 주제 정하는 것을 주제 정하는 것과 정해진 주제를 풀어가는 것을 어려워함.

2. 비계 정하기

방법 1 모둠원 각자가 제공하고 싶은 비계를 말하고, 퍼실리테이터가 이젤패드에 받아 적는다.

방법 2 주제에 맞게 각각의 비계를 제공하는 모습을 상상해보고, 장점과 단점 등의 의견을 주고 받으면서 모두 동의하는지를 묻고 우리 모둠의 비계제공 방법을 선정한다.

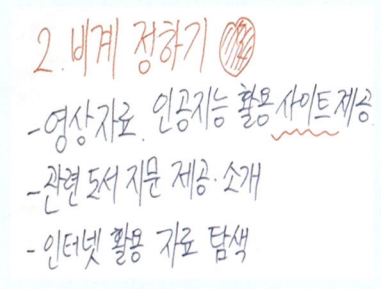

TIP 발표자의 의견을 끝까지 잘 듣고 나서, 자신의 생각을 이야기한다.

〈설계 과정 이야기〉

가. 비계에 대한 이해가 명확하게 안된 듯 하여 성취 목표를 달성하기 위해 필요한 수업의 자료나 여러 도구들이라고 설명함.

나. '인공지능을 주제로 다룬 유튜브 영상이나 뉴스 동영상등의 영상 자료', '인공 지능 활용 사이트 ChatGPT, 플레이그라운드AI, Vrew, 뤼튼', '인공 지능과 인간 소외나 일자리 창출 관련 텍스트인 도서 지문',

'인공 지능과 인간관계를 주제로 하여 인터넷에서 자료 탐색' 등을 비계로 제공하거나 소개하자는 의견이 나옴.

다. 인공지능이라는 주제에 맞게 인터넷을 활용한 사이트를 제공하는 것에 동의함.

3. 시각화

방법 1 모둠원 각자가 주제와 어울리는 시각화 방법을 발표하고, 퍼실리테이터가 이젤패드에 받아 적는다.

> 3. 시각화
> - 마인드맵 - 브레인라이팅
> - 흐름도   - 구글문서작성
> - 패들렛

〈설계 과정 이야기〉

가. ChatGPT, 플레이그라운드AI, Vrew, 뤼튼 등에서 인공지능 시대의 인간관계 관련 내용을 조사하여 마인드맵, 브레인라이팅, 흐름도, 구글문서 작성, 패들렛 등의 방법으로 시각화를 하면 좋겠다는 의견이 나옴.

나. 마인드맵이 학생들이 내용을 정리하기에 가장 효과적이라고 생각하여 시각화 방법으로 마인드맵을 하기로 함.

4. 심화탐구 하기

방법1 탐구 과제(탐구 방법)를 포스트잇에 각자 기록해 이젤패드에 붙인다.

방법2 모둠원이 돌아가면서 자신이 작성한 탐구 과제와 그 이유를 발표한다.

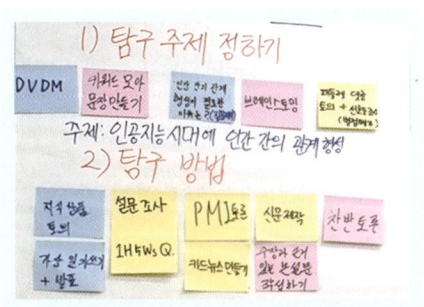

방법3 주제와 가장 적합한 탐구 과제를 생각해보면서 모두 동의하는지를 묻고 우리 모둠의 탐구 과제를 선정한다.

TIP 러닝퍼실리테이션 수업 설계 과정별 이해가 선행되어야 한다.

〈설계 과정 이야기〉

가. 인공지능 시대에 인간 관계를 대주제로 하여 조금 더 구체적인 탐구 주제를 정하는 방법에 대한 의견을 냄.

나. 퍼실리테이터가 설계 과정을 명확히 이해하지 못하여 설계 과정에서 혼란스러웠음.

다. 인공지능 시대에 인간 간의 관계 형성을 탐구 주제로 하여 이와 관련된 지식상품에 무엇이 있을지를 토의하기, 인공지능이 세상을 지배한 미래의 가상 일기를 쓰고 발표하기, 주제와 관련된 질문을 만들어 설문 조사하기, 주제와 관련된 소주제별로 모둠원 역할을 나누어 신문 만들기 등의 의견이 나옴.

5. 공유하기

방법1 모둠원 각자가 탐구 과제를 공유할 방법을 포스트잇에 적어서 이젤패드에 붙인다.

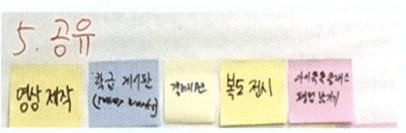

방법2 모둠원이 돌아가면서 자신이 생각한 공유 방법과 그 이유를 발표한다.

〈설계 과정 이야기〉

학생들이 매체를 친근하게 느끼므로 영상으로 만들어 발표하면 좋겠다는 의견, 포털사이트의 특정 게시판을 활용하여 공유하는 방법, 신문 등 시각 자료 결과물을 복도에 전시하는 방법, 아이톡톡 클래스에 결과물을 올리고 친구들이 평점을 남기는 방법 등의 다양한 의견이 나옴.

6. 성찰하기

방법1 모둠원 각자가 성찰하는 방법을 포스트잇에 적어서 이젤패드에 붙인다.

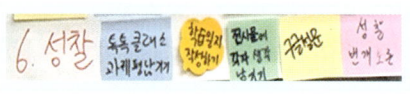

방법2 모둠원이 돌아가면서 자신이 생각한 성찰방법과 그 이유를 발표한다.

〈설계 과정 이야기〉

성찰 방법은 공유 방법과 비슷하게 톡톡 클래스에 과제 평을 남기기, 탐구 과제를 수행하는 과정별로 학습 일지를 작성하기, 과제 결과물을 전시하여 공유할 때 포스트잇에 각자의 생각을 남기기, 구글 설문으로 성찰 내용을 받아서 설문 결과를 다같이 공유하기, 한명씩 돌아가면서 활동 소감을 발표하기 등의 의견이 나옴.

〈그 밖의 성찰한 점〉

1) '인공지능 시대의 인간 관계'라는 주제를 너무 어렵게 잡아서 주제 자체를 이해하는 데 시간이 많이 소요되어, 과정의 일부라도 실습해보지 못한 것이 아쉬웠음.
2) 퍼실리테이터가 설계 전 과정에 대한 명확한 이해가 부족하여 수업 설계 촉진이 잘 안되었음.
3) 선생님들 사이의 의견이 서로 달라 대립하는 모습이나 상대방의 의견을 이해하지 못하고 끌려가는 모습을 보이는 분도 있었는데 원만하게 조정하지 못한 것 같아 마음이 다소 무거웠음.

• 고등 수업설계 워크숍 사례 •

05 고등 | 성 불평등 현상

1. 비계 정하기

가. 참석자(5명): 인문계고 일반사회, 지리, 화학, 영어, 진로 교과

나. 3년차 인문계고 재직 선생님의 1학년 통합 사회 교과 수업을 학생 참여형 수업으로 진행해 보고 싶다고 하셨습니다. 사회적 이슈 및 친구들과 함께 자신의 삶의 일부인 학교 생활에 대해 인식해 보고자 '성 불평등 현상에 대한 해결 방안'을 주제로 선정한 후, 비계 선정으로 적합한 방법에 대해 고민하였습니다.

다. 비계 역할과 중요성/필요성에 대해 고민하고, 학생들 삶 속에서 '성 불평등 현상'과 관련된 동영상, 설문 조사(학생 인식조사), 본인 경험, 인터뷰 영상, 통계자료, 법령 및 제도 등에 대해 고민하였습니다.

라. 비계 선정 후, '성 불평등 현상에 대한 해결방안'을 위한 다양한 시각화 방법에 대해 고민하였습니다.

2. 시각화하기

가. 모둠별로 '성불평등 현상'과 관련된 인식에 대한 시각화를 진행하였습니다.

[남자 VS 여자]

❶ 칼/로봇/자동차/돈/울지마 VS 외모/조신함,인형/요리

❷ (개인적) VS (사회적) 육아 전념

❸ (국내사례)병역 의무 VS (해외사례)여성선거권

❹ (일터) VS (가정)

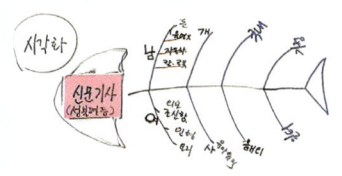

나. 시각화의 방법(마인드 맵, 서클맵, 어골도 등) 중 모둠별(또는 학생별) 선택하여 작성하는 방법에 대해 의견을 나누었습니다. 어골도 시각화를 직접 그려보며 장점(전체 파악, 구조화, 한눈에 보임, 공유 용이)에 대해 생각해 보았습니다.

3. 심화 탐구하기

방법1 핵심 질문 2~4개의 질문을 한꺼번에 풀고 발표한다.

TIP 각자 질문 만들기 → 공유 → 선택

방법2 핵심 질문을 순서대로 하나씩 모둠 토의로 풀어 발표하고 난 다음에 다시 모둠 토의로 풀어 발표한다.

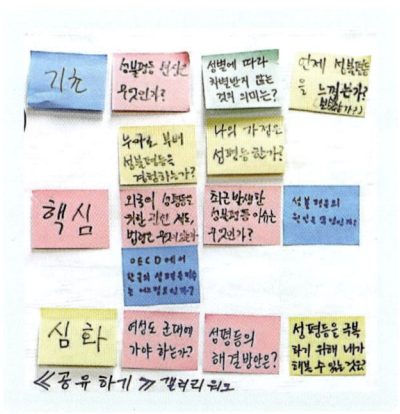

TIP ❶ 질문 중 기초-핵심-심화 질문으로 분류해 보았습니다. 기초 질문(성불평등 현상은 무엇인가?/성별에 따라 차별받지 않는 것의 의미

는?/언제 성불평등을 느끼는가?/나의 가정은 성평등한가? 누구로부터 성 불평등을 경험하는가?)의 기초 질문은 기본적인 정의에 해당하거나 본인 경험에 대한 질문을 중심으로 분류하였습니다.

❷ 핵심 질문은 기존 만들어진 질문들 중 교과에서 제시된 일반적 성취 수준의 질문(외국의 성평등을 위한 관련 제도,법령은 무엇이 있는가?/최근 발생한 성불평등 이슈는 무엇인가?/성불평등의 원인은 무엇인가?/OECD에서 한국의 성평등 지수는 어느 정도인가?)으로 비교적 학습자 본인이 해결 가능해 보이는 질문이었습니다.

❸ 심화 질문은 학생 스스로의 의지로 불가능하지만 여러 세계와 연결된 다층적 문제로 실행이 어려운 단계의 경우 심화 질문(여성도 군대에 가야 하는가?/성평등의 해결방안은?/성평등을 극복하기 위해 내가 해 볼 수 있는 것은?)이라고 이야기를 나누었습니다.

방법3 수업에서 학생들과 함께 공유하는 방법인 갤러리 워크워크를 사용하기로 의논하였습니다.

4. 학습 목표 선정하기

방법1 지식, 기능/방법, 태도(행동) 영역으로 나누어 학생들이 학습 과정에서 얻고자 하는 학습 목표를 분류하고 발표한다.

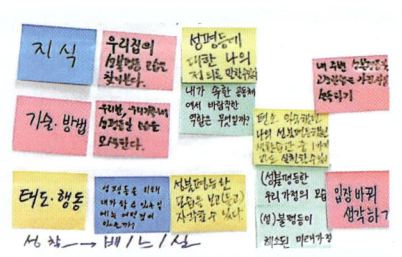

TIP 각자 질문 만들기 → 공유 → 선택

❶ 지식: 학생들이 '성 불평등 현상에 대한 해결 방안'이라는 주제를 통해 알아가는 지식(이해) 측면의 질문의 내용(우리집의 성불평등 모습을 찾아본다/성평등에 대한 나의 정의를 말할 수 있다/내가 속한 공동체에서 바람직한 역할?)이 해당되는 것으로 분류하고, 선정하였습니다.

❷ 기능: 비계나 산출물을 만들어 내는 과정 등 다양한 측면 중 기능 영역(우리반, 우리 가족의 성 평등한 모습을 모색한다)과 관련되는 부분을 분류하여 학습 목표로 정하였습니다.

❸ 태도(행동): 학생들 스스로 학습 목표를 정하는 부분 중 태도(행동) 영역은 (평소 익숙했던 나의 불평등한 생활습관 중 1가지라도 실천할 수 있다/성평등을 위해 내가 할 수 있는 일에는 어떤 것이 있을까/성 불평등한 모습을 보고(듣고)자각할 수 있다/입장 바꿔 생각하기/(성)불평등한 우리 가정의 모습)의 유형에서 주로 태도 및 행동이 반영되는 것으로 의논하고 학습 목표로 분류 및 선정하였습니다.

5. 성찰하기

배운점/느낀점/실천할 점

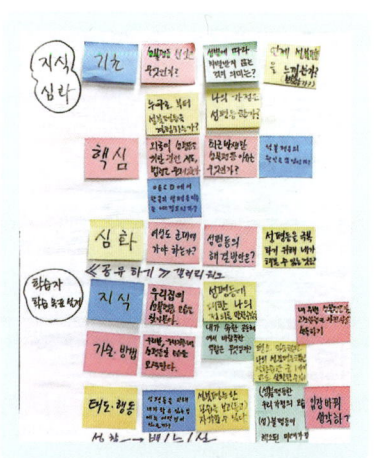

• 고등 수업설계 워크숍 사례 •

05 고등 | 나의 삶 설계

1. 비계 정하기

가. 참석자(5명): 특성화고 정보 교과/인문계고 국어2명, 사회, 진로교과

나. 2년 차 특성화고 재직 선생님의 정보 교과 수업을 학생들의 삶과 연관시켜 학습을 진행해 보고 싶다고 하셨습니다. '나의 삶 설계'를 통해 자기 인식 및 과거-현재를 돌아

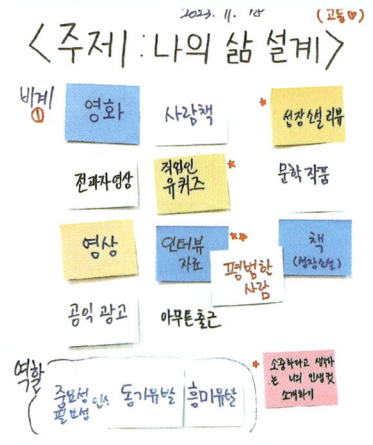

보고 친구들과 함께 자신 삶의 일부인 학교 생활에 대해 인식해 보고자 해당 주제 선정 후, 비계 선정으로 적합한 것에 대해 고민하였습니다.

다. 비계 역할과 중요성/필요성에 대해 고민하고, 학생들 삶 속에서 자신을 소개하는 '나의 소중한 인생 컷 소개하기'와 성장소설 리뷰, 직업인 유퀴즈, 인터뷰 자료 등이 제시되었습니다.

라. 비계 선정 후, '나의 삶 설계'를 위한 다양한 시각화 방법에 대해 고민하였습니다.

2. 시각화하기

가. '나의 삶 설계'를 위해서는 모둠별로 삶에 대해 질문하기를 진행하였습니다.

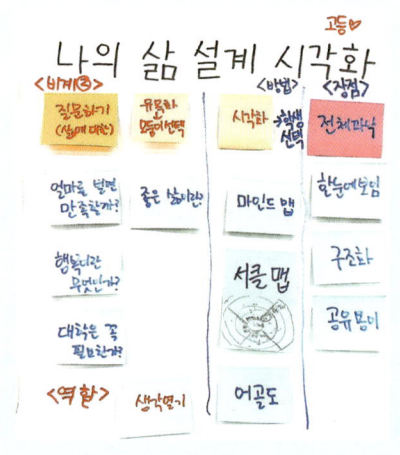

❶ 얼마를 벌면 만족할까?/좋은 삶이란?/행복이란 무엇인가?/대학은 꼭 필요한가? → 생각을 열어가는 질문들을 만들고, 유목화하여 시각화하는 방법을 고민하였습니다.

❷ 시각화의 방법(마인드 맵, 서클맵, 어골도 등) 중 모둠별(또는 학생별) 선택하여 작성하는 방법에 대해 의견을 나누었습니다. 서클맵이나 마인드 맵 등 시각화를 통해 얻는 장점(전체 파악, 구조화, 한눈에 보임, 공유 용이)에 대해 생각해 보았습니다.

3. 심화 탐구하기

방법1 핵심 질문 2~4개의 질문을 한꺼번에 풀고 발표한다.

TIP 각자 질문 만들기 → 공유 → 선택

방법2 핵심 질문을 순서대로 하나씩 모둠 토의로 풀어 발표하고 난 다음에 다시 모둠 토의로 풀어 발표하도록 의논하였습니다.

TIP ❶ 핵심 질문은 기존 만들어진 질문들 중 '나의 삶 설계'에서 직접적으로 제시 가능하고, 비교적 해결이 가능해 보이는 질문이었습니다. 반면, ❷ 심화 질문은 다차원적이고, 개인뿐 아니라 사회 및 세계와 연결된 정서/태도와 관련되며 문제 해결의 수준이 높고, 실행이 어려운 단계의 경우 심화 질문(나는 사회를 위해 무엇을 할 것인가? 나는 환경오염 막기 위해 무엇을 할 것인가? 나는 미래세대를 위해 무엇을 할 것인가?)이라고 이야기를 나누게 되었습니다.

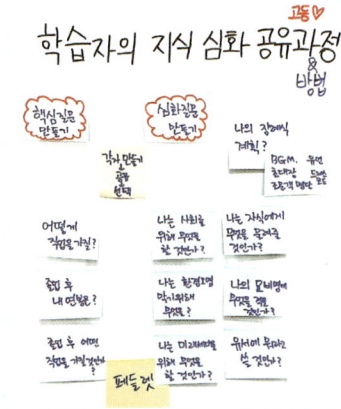

4. 공유하기 및 성찰하기

수업에서 학생들과 함께 공유하는 방법은 페들렛 활용, 둘가고 둘 남기 등에 대해 의논하였습니다.

5. 학습 목표 정하기

지식, 기능, 태도(과제) 영역으로 나누어 학생들이 학습 과정에서 얻고자 하는 학습 목표를 분류하고 발표한다.

TIP 각자 질문 만들기 → 공유 → 선택

❶ 지식: 학생들이 '나의 삶 설계'라는 주제를 통해 알아가는 지식(이해) 측면의 질문(삶이란 무엇인가,

나의 가치관은 무엇인가, 삶의 방향)에 해당되는 것으로 분류하고, 선정하였습니다.

❷ 기능: 비계나 산출물을 만들어 내는 과정 등 기능 영역(정보처리, 검색 기능, 영상 제작 능력, 탐색, 성찰)과 관련되는 부분을 분류하여 학습 목표로 정하였습니다.

❸ 태도(과제): 학생들 스스로 학습 목표를 정하는 부분 중 태도 영역은 산출물의 형태(버킷리스트 작성, 나의 로드맵 만들기, 미래 감사 일기 쓰기, 인터뷰 영상 제작, 자서전 쓰기 등)의 과제 유형에서 주로 삶의 태도가 반영되는 것으로 의논하고 태도 영역 학습 목표로 분류 및 선정하였습니다.

6. 과제 정하기

삶과의 연결, '왜 학습해야 하는가?'를 인식하게 하는 것으로 학습을 내가 원하는 방향(삶의 방향)으로 학습을 바꾸어 나가는기 위한 것이라고 논의하였습니다.

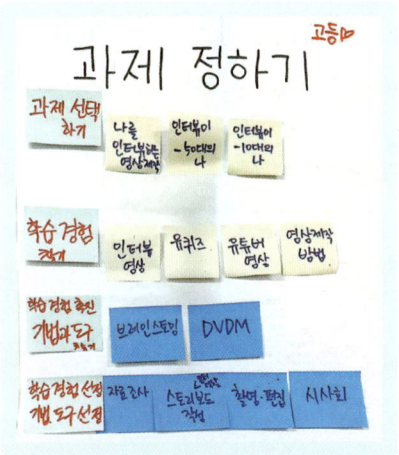

❶ 과제제안하기 → ❷ 과제선택하기 → ❸ 학습경험하기(학습경험찾기) → ❹ 활동하기(학습경험 촉진 기법과 도구, 학습경험 선정, 기법/도구 선정) → ❺ 결과 공유하기

방법1 학생들이 지식, 기능, 태도(과제) 영역으로 나누어 학습 과정에서 얻고자 하는 학습 목표를 분류하고 발표한다.

TIP 각자 질문 만들기 → 공유 → 선택

❶ 지식: 학생들이 '나의 삶 설계'라는 주제를 통해 알아가는 지식(이해) 측면의 질문 내용(삶의 방향? 삶이란? 나의 가치관?)이 해당되는 것으로 분류하고, 선정하였습니다.

❷ 기능: 비계나 산출물을 만들어 내는 다양한 측면 중 기능 영역(정보처리, 검색기능, 영상 제작 능력, 탐색, 성찰)과 관련되는 부분을 분류하여 학습 목표로 정하였습니다.

❸ 태도(과제): 학생들 스스로 학습 목표를 정하는 부분 중 태도 영역은 산출물의 형태(버킷리스트 작성, 나의 로드맵 만들기, 미래 감사 일기 쓰기, 인터뷰 영상 제작, 자서전 쓰기 등)의 과제 유형에서 주로 삶의 태도가 반영되는 것으로 의논을 하여 학습 목표로 정하였습니다.

3부

러닝퍼실리테이션 수업 나눔

1장

초등 수업 나눔

과학

▌우리가 함께 설계하고 운영하는 민주적 과학수업

구분					대상	초3	구분	초
	과학	단원	3. 동물의 한살이		수업자	안현정		
주제	1) 팬더(새끼를 낳는 동물)의 한살이 알아보기 2) 배추흰나비(알을 낳는 동물)의 한살이를 직접 관찰하고 일기쓰기 3) [창의융합] 동물 저마다의 감정 표현 방법에 대해 알아보기							
교육과정 성취기준	[4과03-01] 여러 가지 동물을 관찰하여 특징에 따라 동물을 분류할 수 있다 [4과03-02] 동물의 생김새와 생활 방식이 환경과 관련되어 있음을 설명할 수 있다							
학습 성취 기준	– 성취기준을 학습자의 상황에 맞게 재구성하여 자신만의 학습주제를 선정할 수 있다. – 학습주제에 따른 문제 해결 방법을 협력하여 설계할 수 있다. – 집단 지성의 힘으로 문제 해결을 할 수 있다. – 주요 과학개념(한살이의 과정, 완전탈바꿈 등)을 온전히 이해할 수 있다. – 평생학습으로 연결되기 위한 이 학습의 의미를 스스로 구성할 수 있다.							
수업흐름	1 차 시: 과학과 목표 확인하고 교과 순서 재구성하기 2 차 시: 성취기준 확인한 후 성취기준 학습자 중심으로 재구성하기 3 차 시: 교과서 내용 확인하기 4 차 시: 학습주제 및 학습 방법 정하기 5-6차시: 팬더(새끼를 낳는 동물)의 한살이 알아보기 7-9차시: 배추흰나비(알을 낳는 동물)의 한살이를 직접 관찰하고 일기쓰기 10-11차시: [창의융합] 동물 마다의 감정 표현 방법에 대해 알아보기 12 차 시: 성찰하기				**수업 설계 단계** ☑ 주제정하기 ☑ 비계제시하기 ☑ 시각화하기 ☑ 심화탐구하기 ☑ 과제해결하기 ☑ 성찰하기			
수업 의도	수업은 누가 하는가? 학생이 해야 한다. 나의 수업에서 가장 중요한 것은 학생의 경험이며 이 경험을 구성하는 너른 기회를 주는 것이 교사다. 　이 수업을 통해 학생들은 스스로 이 수업을 통해 배워야 할 내용을 스스로 구성해 학습자가 직접 '성취기준'을 만들어 내는 경험을 한다. 이 성취기준을 우리가 좋아하고 삶에서 궁금한 주제와 연결짓는 작업을 통해 학습자는 수업 속에서 온전히 살아있는 존재이자 주체로서 서게 하고자 한다. 학습주제에 따른 문제를 해결하는 방법도 학생들이 직접 결정한다. 이를 정리하는 것을 돕는 보조자의 역할이 교사의 역할일 뿐이다. 이러한 선택과 결정권이 학생들에게 이양되는 과정에서 학생은 스스로의 '존재'와 '함께'의 '효능감'을 느낄 수 있다.							

수업 의도	수업을 하면서 학생들은 주제와 관련된 다양한 질문을 스스로 만들고, 이를 유목화 시키며 답을 찾는 과정을 고민하게 될 것이다. 도서관 활용, 탭, 아이톡톡을 활용한 정보탐색과정을 거치며 각자가 알게 된 결과를 모둠에서 1차로 정리한다. 그리고 이를 2차로 반전체에서 공유와 질의-응답 과정을 거치며 그 배움의 깊이는 더욱 넓어지고 깊어질 것이다. 친구 덕분에 알게 되고, 친구 덕분에 호기심을 더하는 과정을 통해 서로가 경쟁의 상대가 아닌 성장을 돕는 협력자로 존재함을 몸소 느끼게 된다. 이를 반복하는 과정에서 지식을 조금 더 쉽게 시각화하는 방법을, 알고 있는 내용을 정확하고 효과적으로 전달하는 방법을 알게 된다. 바로 협력적 의사소통능력을 기르게 되는 것이다. 학습목표도 학생들이 정해야 한다. 그 학습목표는 학생들이 진짜로 알고 싶은 것이어야 한다. 학생들이 이 단원을 통해 정말 알고 싶은 것을 스스로 정하고 이를 함께 공부하고 정리하며 스스로를 성찰하는 온전한 과정을 경험하게 될 것이다. 러닝퍼실리테이션 수업을 통해 수업 하는 사람, 수업에서 민주시민으로 학생들이 서는 경험을 하게 하고자 한다.
성찰	• 학생 성찰 - 활동 소감 발표하기 - 활동을 통해 배운 점, 느낀 점, 실천할 점을 포스트잇에 쓰고 공유하기 • 교사 성찰

➔ 과학 교수·학습 설계안

1. 과학과 목표 확인 및 교과 학습 순서 정하기(1차시)

- 활동목표: 과학과를 왜 공부해야 하는지 앎으로써 수업 공동체의 주체성을 가진다.

 교과 학습 설계에 능동적 주체자의 경험을 가짐으로써 수업에서 주인의식을 가진다.

- 준비물: 사인펜, 이젤패드, 포스트잇
- 교수·학습 활동

 ① 과학과에 제시된 과학 학습의 이유를 읽어본다.

 ② 과학을 공부해야 하는 이유에 대해 자신의 생각을 이젤패드에 붙인다.

③ 학생들과 함께 비슷한 내용 및 질문을 분류하고 통합하여 유목화한다.
④ 유목화한 비슷한 내용끼리 제목을 붙인다.
⑤ 우리반 아이들이 과학을 공부하는 이유를 정리한다.
⑥ 자유 논의 방식으로 교과 학습 순서를 함께 합의한다
  - 3월: 자유탐구 (자유탐구 실험을 통해 민주적 학습 환경 경험하며 주도성, 결정성 기르기)
  - 4월: 3단원 동물의 한살이
  - 5월: 4단원 자석의 이용 + 2단원 물질의 성질
  - 6월: 5단원 지구의 모습
  - 7월: 심화탐구 (평생학습 경험하기)

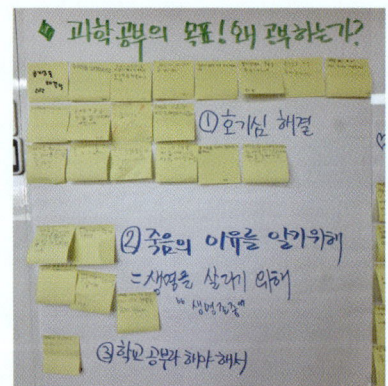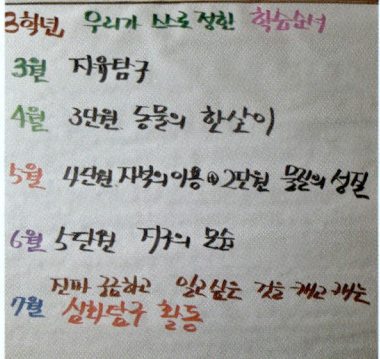

활동 사진

2. 성취기준(목표) 정하기(2차시)

- 활동목표: 성취해야 할 내용이 무엇인지 스스로 구성한다.
- 준비물: 사인펜, 이젤패드, 포스트잇
- 교수·학습 활동 :

    ① 3단원 동물의 한살이, 성취기준을 제시한다.

    ② 우리에게 필요한 성취내용을 붙인다.

    ③ 성취내용을 유목화한다.

    ④ 우리의 성취기준을 정리한다.

〈학습자 중심으로 성취기준 재구성하기〉
1. 여러 가지 동물을 관찰하여 여러 기준으로 동물을 분류할 수 있다.
2. 여러 가지 동물의 한살이를 알 수 있다.
3. 동물의 암수 역할을 알 수 있다.

활동 사진

3. 교과내용 확인하기(3차시)

- 활동목표: 학습할 내용이 무엇인지 구체적으로 확인하기
- 교수·학습 활동

    ① 교과서 3단원 전체 내용을 정독한다.

    ② 알게 된 내용을 질의응답 한다.

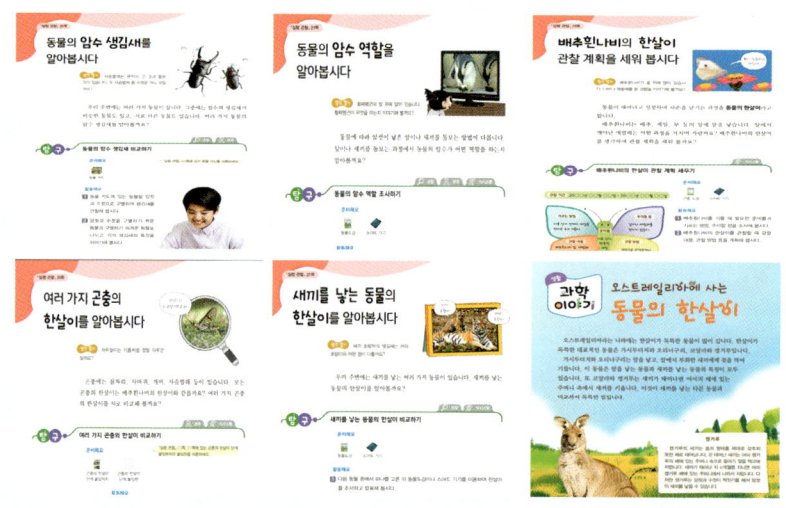

교과서 내용 살펴보기

4. 학습주제 및 학습방법 정하기(4차시)

- 활동목표: 학습할 주제를 함께 구성한다.
- 준비물: 사인펜, 이젤패드, 포스트잇
- 교수·학습 활동

    ① 학습하고 싶은 주제를 각자 제시한다.

    ② 주제를 정리한다.

    ③ 학습하고 싶은 주제를 순서대로 정리한다.

    ④ 각 학습주제에 따른 학습 방법을 정한다.

순	학습주제	학습방법
1	팬더(새끼를 낳는 동물)의 한살이 알아보기	모둠조사, 발표학습
2	배추흰나비(알을 낳는 동물)의 한살이 알아보기	모둠조사, 관찰, 발표학습
3	동물의 마음 알아보기	모둠조사, 발표학습

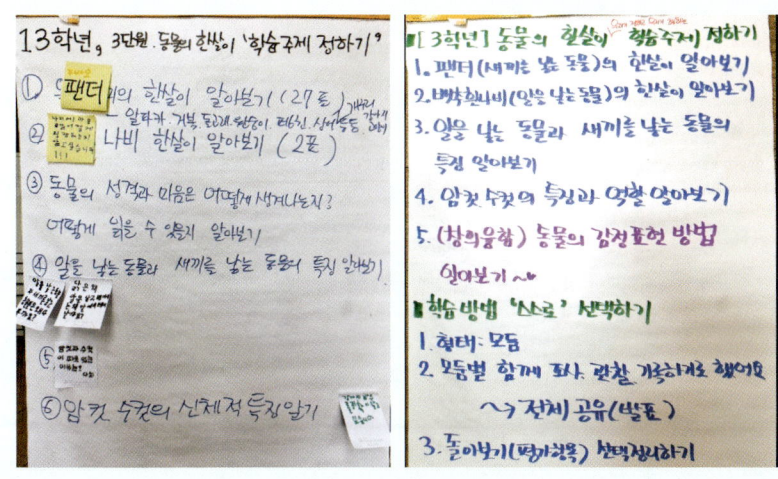

교과서 내용 살펴보기

5. 팬더(새끼를 낳는 동물)의 한살이 알아보기(5-6차시)

- 활동목표: 팬더(새끼를 낳는 동물)의 한살이(삶)을 스스로 찾고 알수 있다.
- 준비물: 패드, 사인펜, 이젤패드, 포스트잇
- 교수·학습 활동

  ① 모둠별로 팬더에 대해 궁금한 점을 자유롭게 적는다.

  ② 질문을 유목화한다.

  ③ 정보 검색을 통하여 질문에 대한 답을 찾는다.

  ④ 알게 된 사실을 시각화한다.

  ⑤ 모둠별 발표 및 질의 응답 시간을 갖는다.

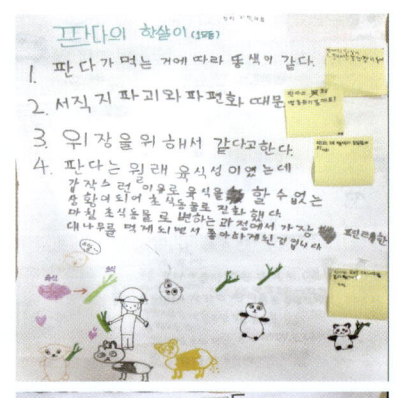

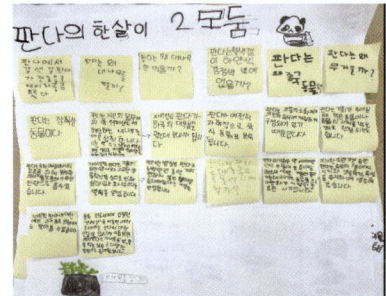

활동 사진

6. 배추흰나비(알을 낳는 동물)의 한살이 알아보기(7-9차시)

- 활동목표: 배추흰나비(알을 낳는 동물)의 한살이(삶)을 스스로 찾고 알 수 있다.
- 준비물 : 패드, 사인펜, 이젤패드, 포스트잇
- 교수·학습 활동

  〈7~8차시〉 배추흰나비 한살이 알아보기

  ① 모둠별로 배추흰나비에 대해 궁금한 점을 자유롭게 적는다.
  ② 질문을 유목화한다.

③ 정보 검색을 통하여 질문에 대한 답을 찾는다.

④ 알게 된 사실을 시각화한다.

⑤ 모둠별 발표 및 질의 응답 시간을 갖는다.

활동 사진

〈9차시〉 배추흰나비 관찰 후 후배를 위한 책 만들기

① 배추흰나비 관찰 경험을 나눈다.

② 배추흰나비 관찰 및 자기가 알게 된 사실을 담아 후배를 위한 책을 만든다.

활동 사진

7. [창의융합]동물의 마음 알아보기(10-11차시)

- 활동목표: 동물의 마음을 표현하는 방법을 알고 동물과 더불어 살 수 있다.
- 준비물: 패드, 사인펜, 이젤패드, 포스트잇
- 교수·학습 활동

    ① 마음을 알고 싶은 동물을 발표하고 함께 유목화 한다.

    ② 알고 싶은 동물이 같은 사람끼리 모둠을 만든다.

    ③ 동물의 마음, 행동 특성, 감정 등을 조사한다.

    ④ 알게 된 사실을 시각화한다.

    ⑤ 모둠별 발표 및 질의 응답 시간을 갖는다.

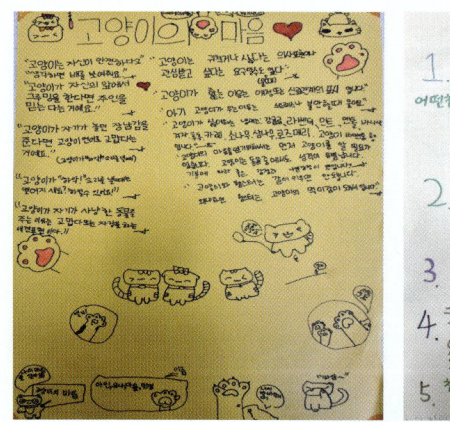 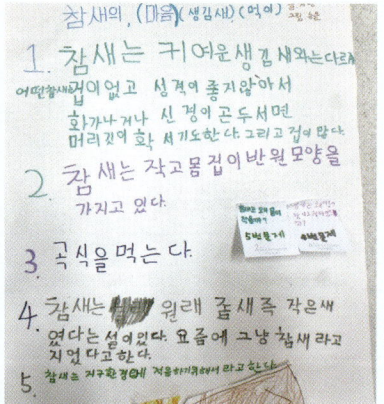

활동 사진

8. 성찰하기(12차시)

- 활동목표: 동물의 한살이를 통해 학습자가 삶의 학습목표를 정할 수 있다.
- 준비물: 사인펜, 이젤패드, 포스트잇

• 교수·학습 활동

① 이번 단원 활동을 통해 알게된 점, 느낀점, 더 알고 싶은 점을 써 본다.

② 이젤 패드에 각자의 이야기를 하면서 붙인다.

③ 성찰 과정을 통해 학습목표를 정한 후 7월 심화탐구 과제로 수행한다.

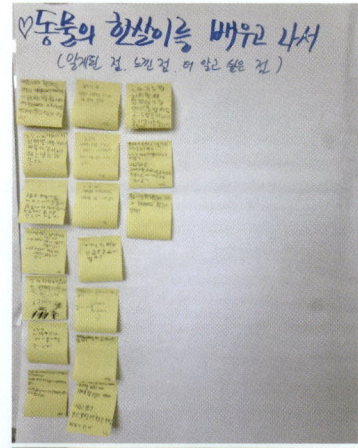

[알게된 점]
- 여러 동물의 한살이를 알게 되었다.
- 판다는 원래 육식동물이었지만 환경에 적응하기 위해 식성을 바꿨다.
- 애벌레가 허물을 벗는 단계가 아주 중요하다는 점을 알게 되었다.

[느낀 점]
- 한살이를 배우고 나서 곤충이랑 동물 소중한 생명이다.
- 배추흰나비를 직접 키워서 좋았다.
- 생명이 소중하다는 것을 느꼈다.

[더 알고 싶은 점]
- 곤충의 이름은 어떻게 붙이는 걸까?
- 완전탈바꿈과 불완전탈바꿈은 어떻게 다른 것일까?
- 배추흰나비인데 노란 것도 있는 이유는 뭘까?
- 애벌레가 배추흰나비로 크는 과정을 더 보고 싶다
- 사마귀는 짝짓기 할때 암컷이 수컷 머리를 잡아 먹는데 다른 곤충들도 알고 싶다
- 동물의 한살이에도 단계가 있다. 사람에게는 왜 유치원, 초등학생, 중학생, 고등학생으로 나누어져 있는지 알고 싶다.
- 이제 땅도 알고 싶고 식물도 알고 싶다.

아이들의 탐구는 계속되고 있다

활동 사진

초등 수업 나눔

과학

러닝퍼실리테이션으로 학습 경험을 디자인하는 과학 수업

구분	과학	단원	2. 지층과 화석	대상	초4	구분	초
				수업자	정지영		
주제	학습자가 학습 경험을 만들어 가는 화석 프로젝트						
교육과정 성취기준	[4과06-03] 화석의 생성 과정을 이해하고 화석을 관찰하여 지구의 과거 생물과 환경을 추리할 수 있다.						
학습 성취 기준	- 학습자가 배우고 싶은 내용을 질문으로 만들어 수업을 구성할 수 있다. - 탐구 질문을 스스로 만들고 탐구 방법을 주체적으로 선택하여 활동할 수 있다.						
수업 의도	자칫 '화석 모형 만들기' 조작 활동으로 수업의 목적을 간과할 수 있는 『화석』을 학습자의 삶과 연계하여 진행하고 싶었다. 이를 위해 『화석』에 대한 학습자의 배경지식을 활용하여 탐구 질문을 추출하고자 했다. 탐구 질문을 탐구 문제로 확장하여 프로젝트 수업으로 설계하였다. 　학습자들은 스스로 질문을 만들고 선택하여 결정하는 과정, 자신이 제안한 탐구 문제 해결 방법을 동료들과 합의 과정을 거쳐 최종 결정을 하고, 탐구 과제를 함께 수행하며 집단 지성을 발휘하는 경험 속에서 반드시 한층 더 성장할 수 있으리라 확신한다. 　수업에서 교사는 이끌어가는 행위보다는 학습자들이 그들의 수업을 만들어가는 과정 속에서 필요로 하는 것이 무엇인지 알아차리고 적재적소에 도움을 줄 수 있어야 한다. 무엇보다 학습자들의 주체성이 끊임없이 발휘될 수 있는 기회를 제공해야 한다. 그 과정 속에서 학습자들은 눈으로 보고, 손으로 만들고, 마음으로 느끼며, 자신의 삶 속에서 무엇을 해야 하는지에 대한 실천의지가 생겨날 것이라 기대한다.						
수업흐름	1차시: 탐구 질문 만들기, 탐구 질문 공유하기 2차시: 탐구 질문 유목화하기, 탐구 과제 정하기 　　　　프로젝트 주제 정하기 3차시: 탐구 과제 해결 방법 찾기 4차시: 탐구 과제1 해결하기 5차시: 탐구 과제2 해결하기 6차시: 탐구 과제3 해결하기 7차시: 프로젝트 마무리하기			**수업 설계 단계** ☑ 주제정하기 ☑ 비계제시하기 ☑ 시각화하기 ☑ 심화 탐구하기 ☑ 과제해결하기 ☑ 성찰하기			
성찰	[학생 성찰] · 프로젝트 내용을 기반으로 한 과학 글쓰기 · 「화석」에 대한 나만의 정의 내리기 · 수업 성장을 위한 성찰일지 작성하기 　- 수업 내용에 대한 되돌아보기 　- 수업 소감 나누기(신났던 일, 기억하고 싶은 일, 해보고 싶은 일) [교사 성찰] · 성찰일지 작성하기						

→ 수업 설계안 및 수업 결과물

[수업 전] 교사의 사전 설계 활동

- 교사가 학습자의 입장에서 예상 탐구 질문을 추출하여 프로젝트 수업 전개를 위한 탐구 기반을 마련한다.
- 학생들에게 질문을 도출하기 위해 탐구 질문을 만들 수 있는 탐색용 활동지를 제작한다.
- 프로젝트 수업 종료시 학생들의 성찰활동을 위한 성찰일지를 제작한다.

유의할 점; 러닝퍼실리테이션 수업이 학습자 주도적인 수업이지만, 그 이면에 교사의 전체 수업에 대한 빅피처가 사전에 설정되어야 한다.

[1차시] 주제 정하기 전, 사전 활동

1. 생각 펼치기 → 탐구 질문 만들기

- 처음 러닝퍼실리테이션 수업을 접하는 학생들에게 부담을 줄이기 위해 단계별 질문 만들기 활동을 전개하였다.

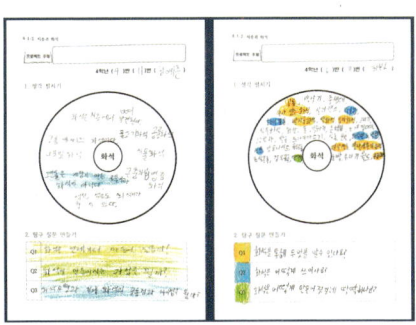

[1단계; 생각 펼치기] 자신이 알고 있는 것, 궁금한 것을 꺼집어내기

학습자가 "화석"에 대한 직·간접적인 경험의 배경 지식을 마음껏 펼칠 수 있게 한다.

[2단계; 탐구 질문 만들기] 떠올렸던 단어를 조합하여 질문으로 구성하기

프로젝트 수업을 이끌어갈 기반이 되는 탐구 질문은 학습자의 배경 지식에서 출발했다. 이때 생각에 생각을 거듭해 아이디어를 찾아 질문으로 만드는 과정을 곁에서 지켜보는 것만으로도 흐뭇한 일이었다. 한정된 시간 안에 결과를 도출해야 하기에, 교사는 퍼실리테이터가 되어 때로는 인위적인 제약을 가하고, 때로는 모든 제약을 풀어주면서 학습자들의 머릿속을 휘저어야 한다. 이때 제약을 가한다는 것은 주제와 관련해서 도전적인 조건을 제시하는 것, 시간 압박을 통해 학습자가 자기검열을 하지 못하게 하여 아이디어를 쏟아내게 하는 것이다.

유의할 점; 단어가 조합되어 탐구 질문으로 구성되는 과정을 색을 이용하여 구분하였다. 이는 시각화를 통해 학습자가 저마다 이해한 방식으로 지식이 재구성되어지는 것을 스스로 인지하게 함으로써 자신의 삶과 관련된 학습 전이를 위한 토대가 되는 과정이다.

2. 탐구 질문 공유하기

- 개인별로 만들어낸 탐구 질문 3개 중 우선 순위를 정하여 친구들에게 공개하는 활동을 거쳤다. 단, 학습자 본인이 꼭 하고 싶은 활동의 경

우에는 갯수를 한정하지 않고 공유할 수 있게 하였다. 질문 공유 과정을 통해 학생들은 질문 하나하나에 담긴 내포된 뜻을 살피기 시작하였다. 부정형 질문으로 원인을 탐색하고, 긍정형 질문 속에서 방법을 찾아내기까지 했다. 가르치지 않아도 지식을 확장시켜 나갔다.

> **유의할 점;** 질문 공유하기 전, 질문에는 수준이 없음을 공표한다. 자신이 궁금한 것, 하고 싶은 활동 등을 나타낸 것이면 모두 가능함을 안내한다.

〈교사의 독백; 교사 성찰 일지 中〉

#질문 #질문 수업
나의 수업 자료는 질문이다. 질문이 꼬리에 꼬리를 문다.
때로는 질문만으로 학습자들의 사고를 확산시키고 수렴하여 성취기준을 충족시키기도 한다. "그런데, 왜 꼭 질문이어야 할까?"라는 질문을 스스로에게 던져본다. 분명하게 말할 수 있는 것은 학습자 저마다 부여하는 의미가 다르다는 것이다. 나아가 질문을 통해서 그들은 지식을 수동적으로 받아들이지 않고, 스스로 분석하고 해석할 수 있게 된다고 믿는다.
…(중간 생략)

수업을 전개하기 전, 나는 학습자 입장이 되어 그들에게서 나올 수 있는 질문을 최대한 많이 만들어본다. 그리고 그 질문에 관련한 답을 정리해보고 필요한 자료들을 수집한다. 이런 과정을 반복하는 이유는 "아는 만큼 보인다"는 말처럼 교사가 여러 질문을 만들어보고 그에 대해 생각해서 알고 있을 때 학습자의 질문에 대해 더 많이 볼 수 있다는 생각을 가지고 있기 때문이다. …(이하 생략)

여기서 잠깐!

과학실 환경 구성

질문을 좀더 자유롭게 하기 위해 이런 활동도 더할 수 있어요!

주제 관련 과학도서 읽기

과학독서탐독을 통한 질문 더하기

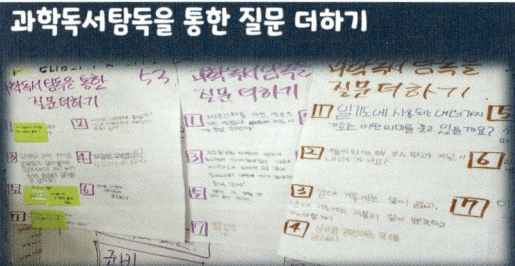

교과서 질문 더하기

[교사의 의도성]

★ 질문을 풍성하게 하기 위해, 매 단원 관련 과학 도서를 과학실에 비치하여, 학생들이 지속적으로 읽을 수 있도록 지도한다. 이는 과학 교과서 내용에서 한층 더 확대된 과학 지식을 습득할 수 있는 기회를 제공하기 위함이다.

★ 특히 과학 도서 탐독시, 다음과 같은 활동을 단계적으로 할 수 있도록 학습지를 제공한다.

[know]
이미 알고 있는 것

⬇

[Learn to know]
자료를 통해 알게 된 것

⬇

[Want to know]
더 알고 싶은 것

★ 교과서를 하나의 자료로 활용하여 학년 수준에서 알아야 할 내용에 대한 질문 만들기 활동을 하는 것도 가능하다.

탐구 질문 만들기, 탐구 질문 공유하기, 이렇게도 가능해요!

탐구 질문 만들기; 개인 활동 – 짝활동

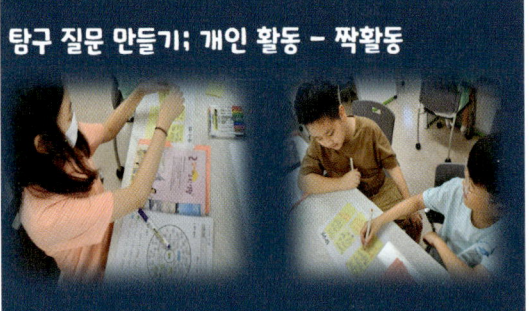

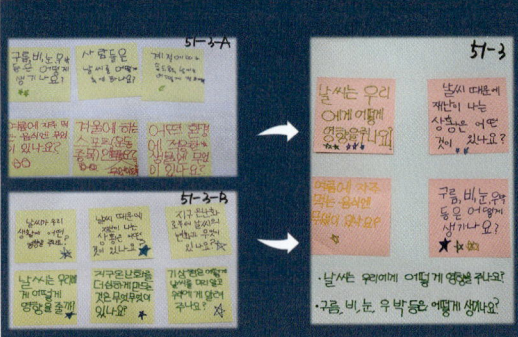

★ 탐구 질문 만들기 1차 활동은 학습자 스스로 자신의 질문을 만드는 것이다. 하지만, 현실적인 수업에서 학습자가 만들어낸 질문 모두를 수용할 수는 없다. 해서 2차로 짝 활동, 3차로 모둠 활동을 통해 질문을 선정하는 과정을 거치게 된다.

★ 4명으로 구성된 1개의 모둠은 2명의 짝으로 구성된 A팀, B팀으로 나누어 서로의 질문을 공유한다. 각 질문에 포함된 자신의 의도를 짝에게 설명하고, 설명을 통해 자신의 질문을 명료화시키는 과정을 거친다. 개인이 제출한 각 3개의 질문, 6개의 질문은 짝활동을 거쳐 2개의 질문으로 초점화된다.

A팀, B팀에서 선정된 각 2개의 질문은 다시 질문을 설명하고 공유하는 활동을 통해 최종 2개가 선정되어 공개된다.

질문 선정시 이런 방법도 있어요!

평가도구를 활용한 질문 선정하기

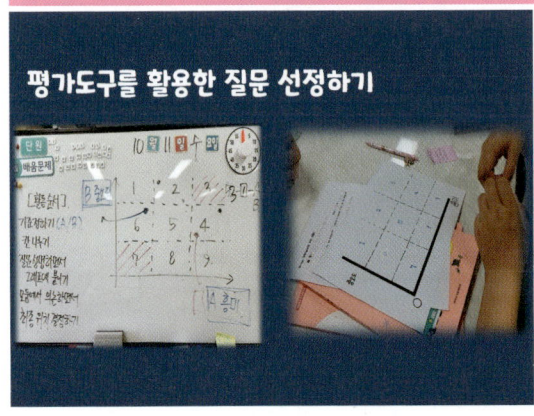

★ 질문을 선정할 때, 기준이 모호하다면 평가 도구를 활용하여 질문을 선정하는 방법도 있다.

[Pay-off/effort Matrix] 해결 과제의 특성이나 유형을 2가지 기준으로 구분하여 우선순위화 하고자 할 때 적용하는 기법이다. 탐구 질문을 선택하는 과정이라 흥미와 중요도의 2가지 기준으로 질문을 선정하게 되었다.

[2차시] 주제 정하기

1. 탐구 질문 유목화하기 → 탐구 과제 정하기

- 학습자가 제출한 탐구 질문을 유목화하였다. 이 과정 또한 학습자들이 직접 분류·분석 활동을 거치게 하였다. 동일 질문이 나왔더라도 학습자가 생각하는 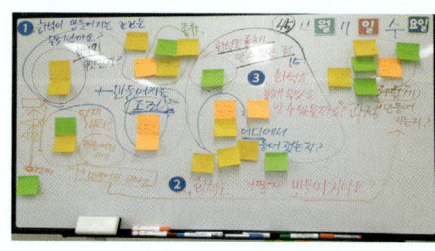 의도가 다를 수 있기에 하나씩 확인하는 과정을 거쳐 나갔다. 이후, 유사한 질문들끼리 그룹핑하여 그 질문들에 이름 정하기 활동을 해 나갔다.
- 학급마다 이름을 붙이는 형태는 그 특수성을 가지기에 학습자 성향을 그대로 반영하여 탐구 질문을 유목화했다.

2. 프로젝트 주제 정하기

- 탐구 질문으로 탐구 과제를 설정하고, 그것을 아우를 수 있는 「프로젝트 주제 정하기」가 진행되었다. 일반적인 프로젝트 수업의 경우, 교사가 프로젝트 주 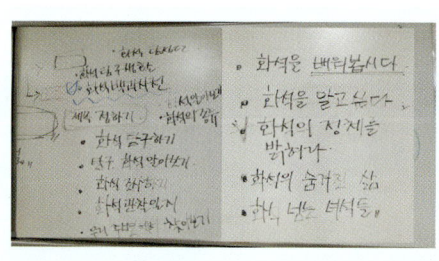 제를 설정하고 과제를 제시하여 순차적으로 활동을 진행한다. 경상남도 교육청은 프로젝트 수업을 주입식 수업에서 벗어나 학생들이 체험하고 토론하면서 답을 찾아가는 형식의 수업 형태라 일컫는다. 러닝퍼실리테

이션 수업은 좀 더 프로젝트 수업에서 나아가 학습자가 자기 주도성, 자기 결정성, 집단 지성을 발휘하도록 수업을 설계하고 전개한다.

3. 프로젝트 공유하기

- 러닝퍼실리테이션 수업에서는 동일 단원을 진행해도 학급에 따라 전개 방식이 달라질 수 밖에 없다. 근본적인 이유는 학급 구성원인 학습자가 다르기 때문이다.

각 학급별로 설정된 화석 프로젝트 주제와 탐구 과제를 확인할 수 있도록 과학실 뒷면을 이용하여 게시하였다.

- 학급별 프로젝트 주제와 탐구 과제의 공유는 자신이 속한 학급 프로젝트에 대한 기대감 고취와 더불어 다른 학급의 프로젝트에 대한 관심을 유도하기 위해 의도성을

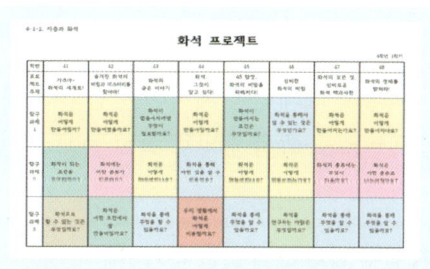

띠고 행하였다. "화석은 어떻게 만들어질까요?"라는 탐구 과제는 전 학급에서 공통적으로 설정되었음을 프로젝트 탐구 과제 최종 결과를 통해 확인할 수 있었다.

[3차시] 탐구 과제 해결 방법 찾기(비계 제시하기 – 시각화하기)

1. 탐구 과제 해결 방법 찾기 – I

- 탐구 과제 해결 방법 또한 교사의 일방적인 제시없이 학습자에 의해 설정된다. 우선 학습자 저마다 자신의 해결 방법을 찾은 후, 전체 활동이 진행되었다.

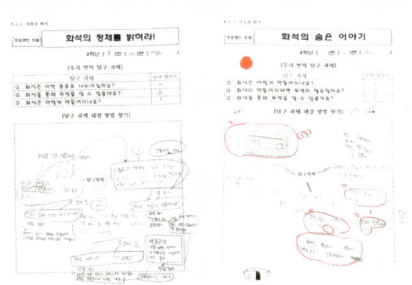

[1단계: 개인 활동] 나만의 탐구 과제 해결 방법 찾기

학습자 스스로 자신의 학급에서 도출된 탐구 과제에 대한 자신만의 해결 방법을 모색하게 한다.

[2단계: 전체 활동] 우리 학급의 탐구 과제 해결 방법 찾기

학습자 개개인이 제시하는 탐구 과제 해결 방법에 대한 다양한 의견을 수렴하여 합의 과정을 거쳐 최선의 방법을 지향해 간다.

2. 탐구 과제 해결 방법 찾기 – II

- 동일한 탐구 과제가 도출되어도 학급마다 탐구 과제 해결 방법은 다르게 전개되었다. 일반적인 수업에서, 교사가 제시한 해결 방법을 학습자는 수동적으로 받아들인다. 학생에게 묻

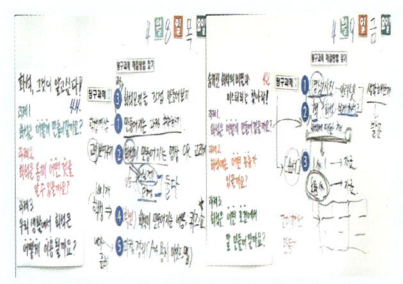

는 경우가 많지 않다. 이 지점에서 교사는 '학생에 대한 믿음을 갖고 그들에게 선택하고 결정할 권리를 왜 주지 않았는가?'에 대해 한번쯤은 숙고해야 한다. 학생들은 탐구문제를 해결하기 위해 우선적으로 필요한 것이 무엇인지, 그 과정에서 교사가 준비해야 할 것, 학생이 준비해야 할 것 역시 구분하고 요구했다. 학생들도 나름의 기준과 절차가 엄연히 존재했다. 교사는 학생들이 수업에서 주체성을 발휘하도록 기회를 끊임없이 제공하면 그들은 수업의 주인이 되어 수업을 만들어갔다.

〈교사의 독백; 교사 성찰 일지 中〉

#화석 프로젝트 #탐구과제 해결방법 찾기

오류가 발생하기 시작했다. 탐구과제에 대한 질문을 적는 학생들이 과다하게 속출되었다. 그리고 나머지 절반은 탐구과제의 물음표에만 집중하고 있었다.

…(중간 생략)

학생들과 말주고받기가 시작되었다. 학생의 생각이 어떤 뜻인지 서로가 그 방법에 동의하는지 쉴새없이 대화가 오고갔다. 그러던 중 결정적으로 문제가 발생했다. 유독 탐구과제가 해결되지 않는 반이 있었다.

T : 많이 힘들어? 생각할 시간이 좀더 필요한 거 같아?
S1: 네, 시간을 더 주세요.
T : 시간만 더 주면 괜찮겠어? 선생님은 좀 더 기다려줄 수 있는데….
 "방법"에 집중해봐. 탐구과제를 잘 해결할 수 있는 방법, 재미있게 할 수 있는 방법에….
S2: 시간 낭비예요.
T : 뭐가 시간낭비라는 거지?
S2: 그냥 선생님이 하면 되잖아요. 선생님은 답도 다 알고 있고, 그럼 더 생각 안해도 되고, 진도도 빨리 나갈 수 있잖아요.

이미 교사가 제시하는 학습 내용을 순종적으로 받아들이는 수업에 익숙해진 학생들은 학습자의 주체성과 자율성을 당연시하는 러닝퍼실리테이션 수업에 불만을 내비쳤다. 하지만…
(이하 생략)

[4차시] 심화 탐구하기; 탐구과제1 해결

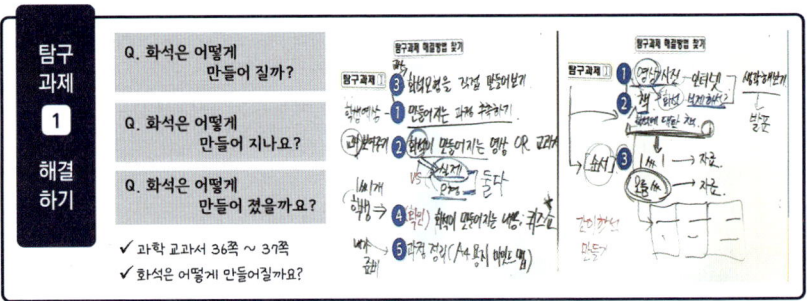

해결방법 1 화석이 만들어지는 영상 시청하기

- 실제 화석이 만들어지는 과정을 우리는 관찰할 수 없다. 이 사실이 화석 수업의 한계이다. 관련 영상 조차도 실제 발굴 된 화석을 통해 만들어 지는 과정에 대한 추측 으로 제작된 것들이 대 부분이다. 하지만 학생 들은 교과서의 모형 만

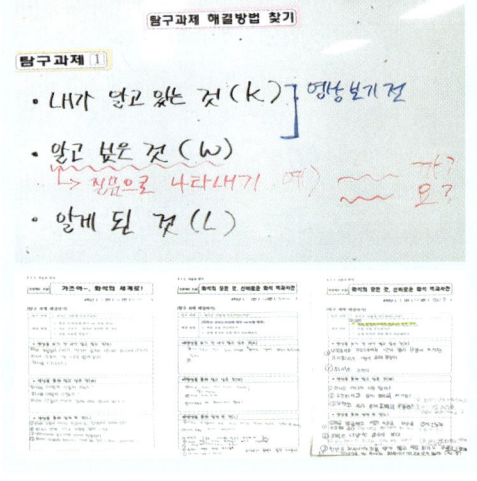

들기 영상에 그치지 않고 좀더 실사에 가까운 것을 원했다. 이 부분에 대한 고민이 필요했다. 수업에 영상을 활용할 때도, 단순히 영상 시청으 로 학생들의 호기심을 끌어내는데 그치지 않고 KWL기법을 적용하여 생각을 초점화했다.

해결방법 2 마인드 맵으로 정리하기

- 화석이 만들어지는 과정을 학생들이 직접 마인드 맵으로 구성하였다. 교사의 설명 없이 학생들이 설정한 탐구 문제 해결 방법의 수행을 통해 화석인 것 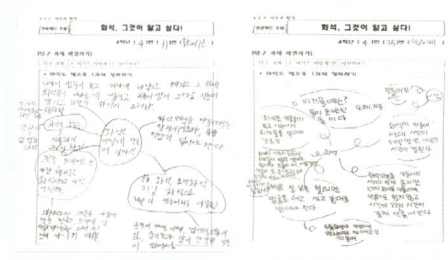 과 화석이 아닌 것, 실제 화석과 화석 모형의 차이를 비교해 나갔다. 학습자 주도성 실현의 결과를 단적으로 보여주는 예라는 생각이 들었다.

[4차시] 심화 탐구하기; 탐구과제2 해결

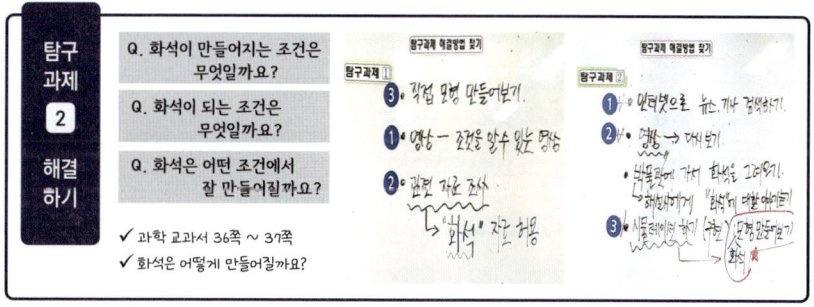

해결방법 1 기본 활동; 화석 모형 직접 만들기 심화활동: 화석 발굴하기

- 교과서에 제시된 알지네이트 반죽을 이용해 조개 껍데기 화석 모형 만들기만으로 화석이 만들어지기까지의 과정을 이해하는데 부족함이 있다. 화석 생성까지의 지난한 과정과 화석 발굴 과정에 대한 이해가 있다면 이 활동이 여기에 머물러서는 안된다. 제대로 된 화석으로 인정받기

 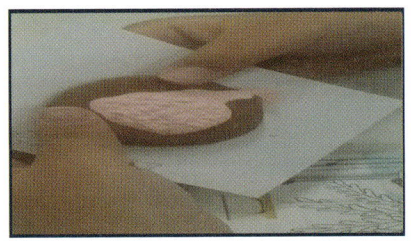

위해서는 발굴 과정 역시 중요함을 깨닫게 하기 위해 알지네이트 반죽이 굳었을 때 즉시 분리하는 과정을 진행하지 않았다. 최소 1주 이상의 시간을 기다린 후, 모형을 분리하도록 하였다. 단지 1주일의 시간이 경과되었을 뿐인데도 모형을 분리해내기가 쉽지 않았다. 화석발굴에 시간과 노력 뿐만이 아니라 정밀한 기술이 동원되는 이유를 학생들이 충분히 느낄 수 있게 하였다.

해결방법 2 심화 활동; 내가 만든 화석 모형과 실물 화석 비교하기

- 화석과 화석이 아닌 것을 구분하는 활동, 직접 만든 화석 모형과 화석 표본을 구분하는 비교 활동을 전개했다. 교과서에서 일방적으로 제시된 동물과 식물의 이분법적으로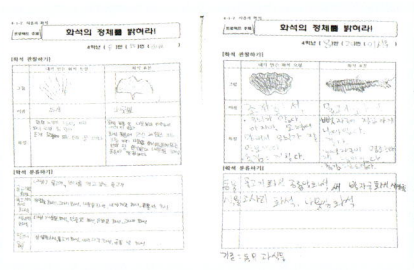
구분하는 활동에서 벗어나, 학생이 기준을 직접 설정해서 분류할 수 있는 활동으로 영역을 확장하여 적용했다. 이는 학습전이가 이루어졌음을 알려주는 단서의 역할을 한다.

[6차시] 심화 탐구하기; 탐구과제 3-1 해결

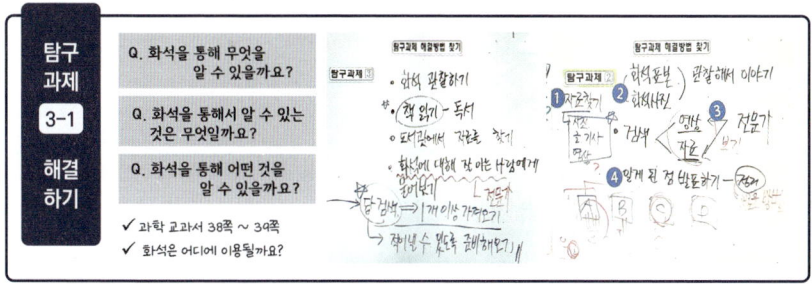

> 해결방법 1 전문가 설명 영상 살펴보기

- 「과거를 여는 비밀 열쇠, 공룡 발자국을 찾는 임종덕 박사님」영상을 통해 화석 관련 삶과 어떤 연계가 있는지, 교과서 속 과학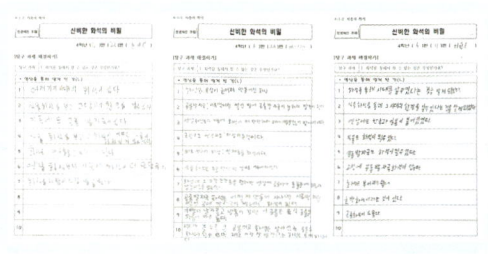
지식이 학생의 삶으로 확장될 수 있는 연결고리를 제시하였다. 그리고 화석 관련 다양한 직업들을 자연스럽게 접하도록 하여 학생들이 관심을 가질 수 있도록 진로 연계 수업도 함께 진행하였다.

> 해결방법 2 퀴즈로 만들어 내용 점검하기

- 화석을 통해 알게 된 것들에 대한 평가 활동이 진행되었다. 학생들이 평가 질문을 만들어 제출하고, 그 질문들을 유목화하는 작업을 거쳤

다. 그리고 학생들이 과학 지식 이해 수준으로 1, 2, 3 Level을 정하고 질문으로 퀴즈쇼를 구성하여 묻고 답하기 활동을 진행하였다. 학생 스스로 구성하고 평가하고 피드백하는 과정 중심 평가가 자연스럽
게 이루어지면서 교육과정-수업-평가-피드백의 일체화가 실현되었다.

[6차시] 심화 탐구하기; 탐구과제 3-2 해결

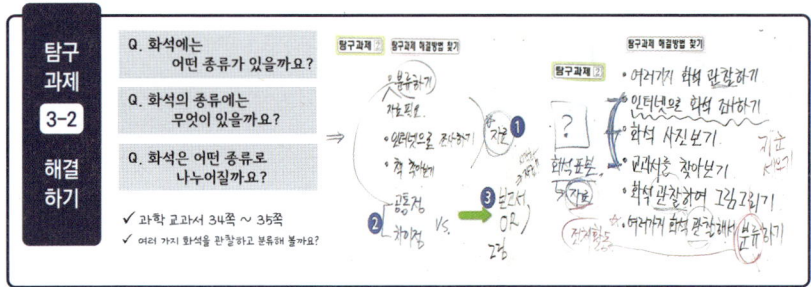

해결방법 다양한 자료를 활용해 화석 종류 분류하기

[학습자 자발성의 힘]

- 자료를 활용한 수업 전개시 자료의 다양성 확보는 수업을 풍부하게 한다. 이를 위해 교사가 제공하는 기본 자료 뿐만 아니라 학습자의 자료도 필요하다. 이미 학생

들이 탐구 과제 해결 방법을 찾으면서 자료의 필요성을 스스로 인식했다. 학생들은 과학시간마다 집에서 출력한 자료, 손글씨 자료, 실물 자료, 심지어 화석관련 도서를 대출해서 자발적으로 제출했다.

〈교사의 독백; 교사 성찰 일지 中〉

#프로젝트 도전 #자료를 통한 배움

프로젝트 수업이 먼저 진행된 반을 위한 자료준비가 시작되었다. 학생들도 나름 자료를 준비해오기 시작했다. 문제는 책을 통째로 가져온다는 점이다. 관련 책이라며 찾아오는 행위 자체에 감사했다. 나는 그 책을 스캔해서 또 하나의 자료로 만들기 시작했다. 학생들의 입장에서 이해할 수 있는 자료로 2차 가공을 해 나갔다.

나의 노력이 가상해서인지 검색하지 않았음에도 공룡 화석과 연관된 기사가 떴다. 신기했다. 그 자료는 화석이 만들어지는 조건과 연계해서 설명하기에 아주 적절했다. 단 하나의 기사이긴 했으나, 그 기사를 분석하면서 수업과 연계시켜 나갔다. 실제 우리 생활에서의 신문기사가 과학시간에 곧바로 적용된 사례였다.

관련 자료들을 찾으면서 교과서는 단지 하나의 자료에 불과하며, 즉시성이 반영되지 못함을 또한번 느끼게 되었다. 학생들이 정한 탐구과제를 해결할 수많은 시청각 자료가 즐비했다. 특히, youtube 자료는 가히 놀라웠다. 나는 수업시간에 컴퓨터를 잘 활용하지 않는 경향이 있다. 영상자료는 아이들의 시각을 단시간에 끌기에는 충분하지만 생각하는 힘을 기르는 데는 다소 부적합하다는 생각을 가지고 있다. 그래서, 정말 적재적소의 자료라는 판단이 서기 전에는 섣불리 수업에 투입하지 않는다. 하지만….(이하 생략)

[7차시] 프로젝트 마무리하기

[교사의 자세]

- 일을 시작할 때는 어떻게 마무리할 지에 대한 고민이 앞서야 된다. 프로젝트의 마무리 활동은 프로젝트 수업 설계부터 교사의 의도로 셋팅되었다.

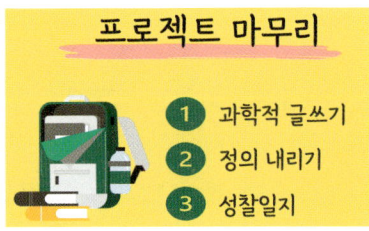

1. 과학 글쓰기

- 과학 글쓰기는 과학적 맥락에서의 글쓰기를 지향한다. 다만 과학에 친숙해질 수 있도록 상상이나 허구를 활용한 이야기식 글쓰기처럼 과학적 대상에 대한 글쓰기에서부터 시작하는 것이 적절하다. 일반

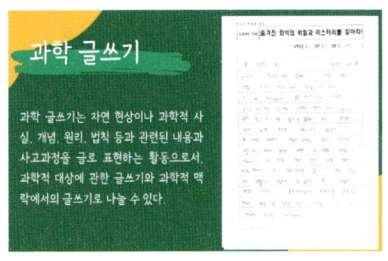

적인 글쓰기 과정처럼 「쓰기 전 활동 → 쓰기 활동 → 쓰기 후 활동」의 단계를 거치게 된다. 다만 사전에 관련된 과학적 지식을 정리한 뒤에 글을 쓰도록 지도해야 한다.

2. 정의 내리기

- 화석에 대한 나만의 정의를 내리는 활동이다. 프로젝트 수업을 통해 「화석」에 대한 일반적인 과학적 지식에 학습자들이 설계한 탐구 과제 해결 과정을 통해 눈으로 보고, 손으로 만들고, 마음으로 느끼며, 내 생활 속에

서 무엇을 해야하는 지에 대한 실천의지가 고스란히 담겨져 있다.

학생 활동 예) 화석은 보물이다. 캐면 캘수록 우리가 알지 못하는 역사와 생활이 나온다. 그리고 우리가 눈으로 발견하지 못한 숨겨진 의미도 찾아내야 하기 때문이다.

3. 학생 성찰일지

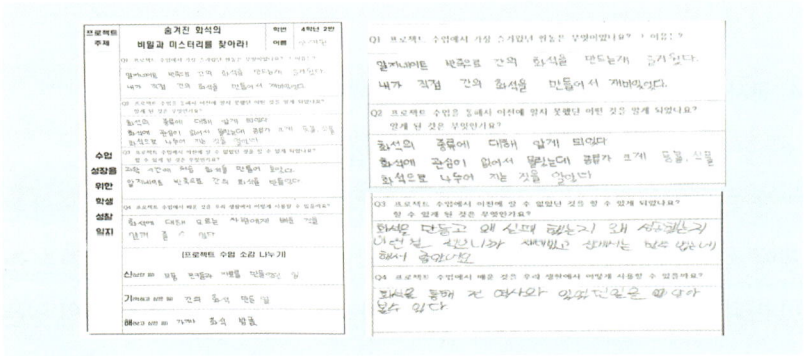

[성찰 질문]

Q1. 프로젝트 수업을 전개하면서 가장 즐거웠던 활동은 무엇이었나요? 그 이유는 무엇인가요?

Q2. 프로젝트 수업을 통해 이전에 알지 못했던 어떤 것을 알게 되었나요? 그렇다면 알게 된 것은 무엇인가요?

Q3. 프로젝트 수업에서 이전에 할 수 없었던 것을 할 수 있게 되었나요? 할 수 있게 된 것은 무엇인가요?

Q4. 프로젝트 수업에서 배운 것을 우리 생활에서 어떻게 사용할 수 있을까요?

[소감 나누기]

Q1. 신났던 일은 무엇인가요?

Q2. 기억하고 싶은 일은 무엇인가요?

Q3. 해보고 싶은 일은 무엇인가요?

> 학생 기록 예) 화석을 만들고 왜 실패했는지, 왜 성공했는지 이런 것을 적으니깐 재미있었어요.
> 화석을 통해 역사와 있었던 일을 알아볼 수 있다.
> 화석에 대해 모르는 사람에게 화석에 대해 알려줄 수 있다.

4. 교사 성찰

#수업 #공동체 #민주주의 #민주적인 수업

존 듀이는 〈민주주의와 교육〉에서 민주주의의 이념을 추출해 교육의 문제에 적용하려고 애썼다. 특히, 교육의 목표가 단순히 지식을 전달하는 것이 아니라, 아이들이 스스로 생각하고, 자신의 역할을 발견하며, 책임 있는 시민으로 성장할 수 있도록 돕는 과정이어야 한다고 했다.

수업의 폭을 '민주적인 수업'으로 확장하면서 나는 자연스럽게 '공동체'에 관심을 가지기 시작했다. 학생들은 자신의 의지와 상관없이 '학교', '학년', '학급'이라는 물리적·시간적 공간을 공유하면서 공동체로 묶여진다. 학교에서, 교실에서 '공동체'라는 이름으로 획일성을 강요하고 있지 않은지,

그래서 일방적 공동체성이 강요되지 않은지 살펴보아야 한다.

특히 내가 선택하지 못하는 공동체일 경우, 원하지 않아도 지켜야 하는 것에 일방적인 통보가 이루어진다면 그건 민주적이지 않은 것이다. 그들의 의사를 묻고 반영하는 과정을 포함하는 것이 무엇보다 중요하다. 그래서, 학생들과 함께 공동체를 세워나가는 것에 의미를 두어야 한다.

학교는 하나의 공동체이다. 학교가 지닌 목표 수행을 위해 공동체로서의 규칙과 약속이 필요하지만, 공동체로서 약속을 정할 때 합의의 과정을 거쳐 진행하는 것은 질적으로 다르다. 공동체의 배타성에 대해서 한번은 반드시 짚고 넘어가야 한다.

언젠가부터 내가 함께하는 공간에서는 민주적인 수업을 추구해 나가고 있다. 그렇게 학생들과 함께 수업을 만들어갔다. 과학이라는 교과를 매개로 학생들의 목소리에 기반하여 학생들과의 수업을 공동창조해 나가는 것이 쉬운 일은 아니었다. 아니 더디고 녹록지 않았다. 학생이 수업의 주인이 되어 그들만의 수업을 만들어나가는 모습을 지켜보며 느끼게 되는 말로 형언할 수 없는 그 감정은, 교사인 내가 이 수업을 지속할 수 있게 하는 원동력이 된다.

오늘도 민주적인 수업을 만들기 위해, 그리고 수업 속에서 민주성이 발현되도록 '누가', '왜', '무엇을', '어떻게'에 대한 답을 찾고 있는 중이다. 비록 나 혼자 보여주는 정제되고 깔끔한 수업보다 다소 투박하고 거칠수 있겠지만, 그럼에도 불구하고 학생들과 함께 수업을 만들어가는 행위 속에서 교사로서의 존재 가치를 찾으려 한다.

초등 수업 나눔 — 과학

과학적 탐구심을 기르기 위한 협력적 과학수업

구분	과학	단원	3. 용해와 용액	대상	초5	구분	초
				수업자	윤은영		

주제	질문 만들기를 통한 심화 탐구 활동하기
교육과정 성취기준	[6과03-01] 물질이 물에 녹는 현상을 관찰하고 용액을 설명할 수 있다. [6과03-02] 용질의 종류에 따라 물에 녹는 양이 달라짐을 비교할 수 있다. [6과03-03] 물의 온도에 따라 용질의 녹는 양이 달라짐을 실험할 수 있다. [6과03-04] 용액의 진하기를 상대적으로 비교하는 방법을 고안할 수 있다.
학습 성취 기준	- 교과서 내용을 읽고 핵심 질문을 만들 수 있다. - 핵심 질문과 심화 질문을 만들어 모둠 협의를 통해 질문을 선정하고 탐구 조사 및 탐구 실험 활동을 통해 문제를 해결할 수 있다.
수업 의도	이 수업을 통해 학생들은 배운 내용을 스스로 질문 만들고, 마인드맵, 비주얼 씽킹 등 다양한 방법으로 단원을 정리함으로써 학습 내용 이해력을 확인한다. 아울러 교과서에 배운 내용을 일상생활과 연결하여 용해와 용액에 대해 더 궁금한 것을 심화 질문으로 만들고 심화 탐구활동을 함으로써 배운 내용을 삶과 연계하여 적용함으로써 학생들은 학습 전이가 일어난다. 이러한 과정들을 통해 학생들은 모둠에서 협력적 소통으로 활동을 선정하고 해결하여 미래 교육이 지향하는 핵심 역량이 길러지고 성장하게 된다.
수업흐름	1~6차시: 교과서 및 실험으로 내용 파악하기 7 차 시: 핵심 질문 만들기 8 차 시: 내용 정리 시각화하기 9 차 시: 심화 질문 만들기 10~11차시: 심화 탐구 활동하기(탐구 조사 및 탐구 실험하기)	**수업 설계 단계** ☑ 주제정하기 ☑ 비계제시하기 ☑ 시각화하기 ☑ 심화탐구하기 ☐ 과제해결하기 ☑ 성찰하기

성찰	• 학생 성찰
	  - 활동 소감 발표하기
	  - 활동을 통해 배운 점, 느낀 점, 실천할 점을 포스트잇에 쓰고 공유하기
	• 교사 성찰

과학 교수·학습 설계안

1. 주제정하기 : 질문 만들기를 통한 용해와 용액 심화 탐구 활동하기

2. 비계 제시하기(1~6차시)

비계 자료는 교과서로서 학생들과 교과서 내용 위주로 실험하였다. 학습한 내용을 살펴보면,

1차시 : 다양한 물질의 용해 현상 관찰하기
2차시 : 용해 전과 후의 무게 비교하기
3차시 : 여러 가지 용질이 물에 용해되는 양 비교하기
4차시 : 용해에 영향을 주는 요인 찾기
5차시 : 용액의 진하기 비교하기
6차시 : 용액의 진하기를 비교하는 기구 만들기

수업 의도 및 설명

비계 자료로서 과학 교과서 내용과 함께 실험을 진행하였다. 용해와 용액의 단원은 기본 개념을 이해하고 우리 주변에서 볼 수 있는 용질을 이용하여 용해 및 일상생활과 관련된 용액의 실험이어서 학생들이 흥미를 갖고 집중하여 활동할 수 있다. 실험을 통해 학생들은 궁금한 점이나 새롭게 알고 싶어하는 질문이 생겨 심화 탐구할 기회를 제공하기도 한다.

교과서 내용 살펴보기

3. 핵심 질문 만들기(7차시)

- 학습목표 : 교과서를 읽고 핵심 질문을 만들 수 있다.
- 준비물 : 사인펜, 이젤패드, 포스트잇
- 교수·학습 활동 :

    교과서의 내용과 관련 성취 기준을 보고 중요한 내용을 질문 만들기 하였다. 이 활동은 전체 활동으로 진행하며 개인별로 질문 만들기를 하였다.

    ① 용해와 용액 관련 성취 기준 4개와 교과서 내용을 읽고 중요 내용을 개인별로 포스트잇에 질문을 만든다.

    ② 포스트잇에 적은 질문을 칠판에 붙인다.

③ 학생들과 함께 비슷한 내용 및 질문을 분류하고 통합하여 유목화한다.
④ 유목화한 비슷한 내용끼리 제목을 붙인다.
⑤ 개인별로 질문을 선정하여 해결한다.

수업 의도 및 설명

교사가 하는 질문은 학생들의 배움의 사고를 확장하기 위한 것뿐 아니라 배운 내용을 확인하기 위한 도구로 사용할 수 있다. 학생들의 질문 또한 배움이 일어나기 위한 도움을 줄 수 있고 무엇을 배웠는지 확인하는 방법이 될 수 있다. 3단원 용해와 용액에 관한 내용을 얼마나 잘 이해하고 있는지를 학생 스스로 질문을 만들어 봄으로써 알 수 있는 활동이다. 이러한 활동을 통해 학생들이 같은 질문을 만들어 낼 수 있고 나름대로 생각을 요하는 질문이 나오기도 한다. 학생들이 만든 질문 중에서 꼭 알아야 하는 질문을 선정하여 개별 또는 짝 활동으로 답을 해결하기도 하였다.

핵심 질문 만들기

- 성찰하기

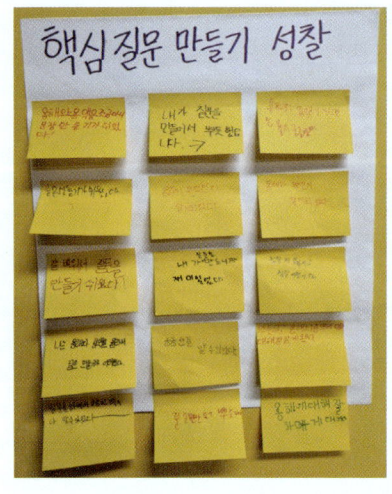

〈핵심 질문 단계 성찰〉
- 교사: 학생들은 다른 교과와 달리 과학 교과는 성취 기준을 보고 질문 만들기를 어려워했다. 교과서의 한 단원 전체를 핵심 질문으로 만드는 것도 어려워했다. 이미 수업한 반의 어려운 점을 보고 다른 반에서는 성취 기준이 있는 책을 찾거나 교과서의 내용을 떠올리면서 질문을 만들 수 있다고 안내하였다.
- 학생 : 용해와 용액에 대해 질문을 만드니 더 잘 이해되었다. 질문하면서 궁금한 내용이 이해되었다. 질문 만드는 것이 어려웠다 등

4. 시각화하기(8차시)

- 학습목표 : 배운 내용을 마인드맵, 비주얼 씽킹, 병렬식 등 다양한 방법으로 정리할 수 있다.
- 준비물 : 활동지, 사인펜
- 교수·학습 활동 :

  이 활동에서는 학생들이 배운 내용을 여러 방법으로 스스로 내용을 정리하는 단계이다. 여러 방법을 한꺼번에 활동하기보다는 하나하나씩 방법을 함께 해보고 난 뒤 학생들이 여러 방법 중 선택해서 시각화 활동을 한다. 모둠 또는 짝과 함께 활동하였다.

  ① 학생들과 배운 내용을 정리하는 방법 이야기 나누기
  ② 짝 또는 모둠원과 함께 배운 내용을 시각화하는 방법 협의하기

③ 짝과 함께 들어가야 할 내용 및 방법, 역할 함께 협의하기
④ 짝과 함께 학습 내용을 정리한다.
⑤ 시각화한 내용을 칠판에 게시한다.
⑥ 학생들과 공유 시간을 갖는다. (갤러리 워크)
　- 학생들은 게시된 시각화한 내용을 보면서 잘된 점, 아쉬운 점을 생각해 본다.
　- 다른 학생들의 내용을 보고 소감을 이야기한다.

수업 의도 및 설명

　학생들이 이 단원에서 배운 내용을 차시별로 알고 있지만 차시별의 내용을 연결하여 전체적인 배움으로 정리하기는 어렵다. 학생들은 이 과정을 거침으로써 배운 내용을 시각화하고 배운 내용을 전체적으로 연결 지어 한눈에 파악하는 것이 쉬워진다. 그림이나 자기 나름대로 방식으로 전체 배운 내용을 정리하여 머릿속에 이미지화하는 것이며 핵심 낱말을 연결 지어 전체적인 개요를 파악할 수 있게 된다.

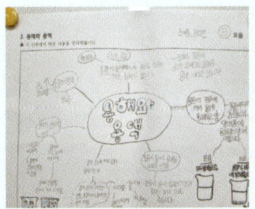
마인드 맵

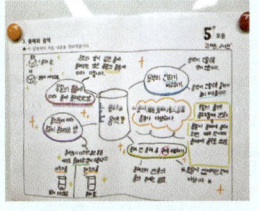
마인드 맵 + 비주얼 씽킹

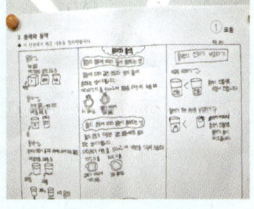
병렬식 + 비주얼 씽킹

- 성찰하기

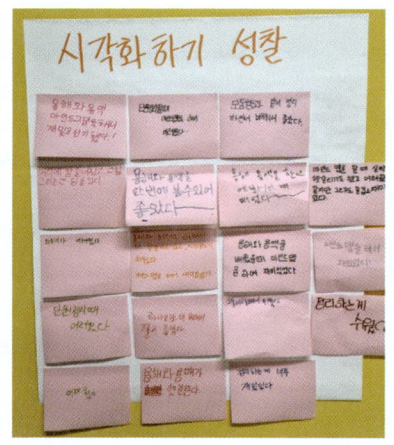

〈시각화 단계 성찰〉
- **교사:** 학생들이 배운 내용을 다양한 방법으로 정리하는 것을 재미있어 했다. 처음에는 학생들이 하는 방법을 잘 몰랐지만, 여러 번 활동을 통해 익숙해졌고 전체 내용 파악이 쉬웠다.
- **학생:** 친구들과 같이 정리하고 배우면서 좋았다. 용해와 용액을 배우고 마인드맵으로 해서 재미있었다. 하나라도 더 배워서 좋았다. 용해와 용액을 한 번에 볼 수 있어서 좋았다. 단원 정리가 어려웠다. 등

5. 심화 질문 만들기(9차시)

- 학습목표 : 더 알고 싶은 내용에 대해 심화 질문을 만들 수 있다.
- 준비물 : 활동지, 싸인펜, 포스트잇
- 교수·학습 활동 :

    교과서의 내용 외 더 궁금한 내용에 대해 질문을 만들어 보는 활동이다. 우리 생활과 관련된 질문, 교과서 내용을 더 탐구하는 질문이 여기에 해당이 된다. 학생들은 심화 질문을 지식, 기능으로 분류하여 만들어 보고 모둠에서 나온 질문을 함께 살펴보고 조사하고 실험하고 싶은 질문을 선정하였다.

    ① 교과서 내용을 보면서 궁금한 내용과 하고 싶은 활동을 질문으로 포스트잇에 적기
    ② 지식과 기능 질문으로 분류하고 비슷한 질문 유목화하기

③ 모둠에서 나온 질문 함께 보면서 좋은 질문, 알고 싶은 질문 등으로 이야기 나누기
④ 모둠에서 알고 싶은 질문과 해보고 싶은 활동을 투표로 선정하기
⑤ 선정된 질문들 모둠별로 발표하기
⑥ 해보고 싶은 활동을 위한 준비물 목록 모둠별로 작성하기
⑦ 탐구 실험 준비물을 교사와 모둠별 학생이 준비할 것으로 나눈다.

수업 의도 및 설명

배운 내용을 익혀서 더 알고 싶은 내용이나 삶과 연계하여 탐구할 수 있는 질문을 만들어 보는 단계이다. 우리 일상생활과 관련된 용액이 우리 주변에 또는 음식에서 흔히 볼 수 있는 내용이라 학생들의 관심을 끌 수 있는 활동이다. 우리 주변의 용액을 배운 과학적 개념과 실험을 통해 궁금증을 갖게 하고 어떻게 만들게 되고 왜 이렇게 되었을까를 물음을 통해 탐구 실험을 할 수 있는 계기가 될 수 있다. 어떠한 질문도 수용할 수 있고 모둠에서 함께 조사하고 실험해 볼 수 있는 질문들을 모둠원과 함께 선정하여 학생 스스로 탐구 과제를 계획하고 선정하게 된다.

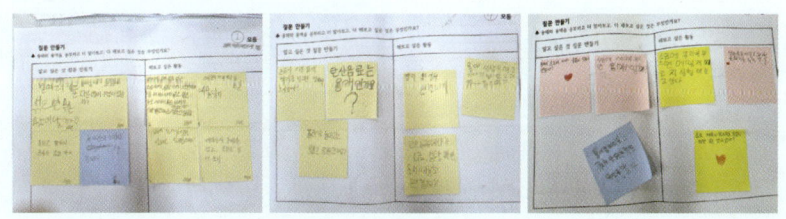

심화 질문 활동 결과물

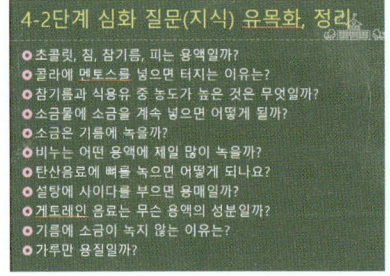 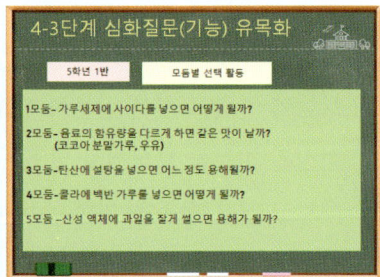

심화 질문 유목화 정리 (지식 및 기능)

- 성찰하기

    〈심화 질문 단계 성찰〉
    - **교사:** 학생들이 해보고 싶은 활동을 질문으로 만드니까 활동이 활발하게 이루어졌다. 일상생활과 연계된 내용을 학습경험으로 이루어져서 더 재미있어했다. 학급마다 해보고 싶은 활동을 전체 통일하는 반이 있는가 하면 모둠별로 다르게 활동하기를 원하는 반이 있었다.
    - **학생:** 진짜 실제로 실험할지 궁금했다. 몰랐던 것을 알게 되어서 좋았다. 교과서 외의 내용을 질문으로 만드니까 어려웠다. 평소 용액에 대해 궁금한 점을 질문으로 만들어서 관심이 생겼다. 독극물도 용액인지 궁금했다. 등

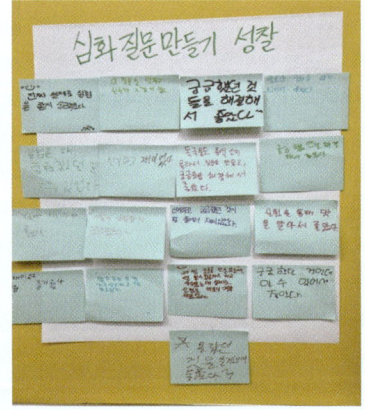

6. 탐구 조사하기(10차시)

- 학습목표 : 심화 질문에 대한 답을 해결하기 위해 조사 활동을 할 수 있다.
- 준비물 : 활동지, 스마트기기

- 교수·학습 활동 :

심화 질문의 지식과 관련된 것으로 스마트 기기를 활용하여 질문에 답을 해결하는 조사 활동을 모둠별로 실시하였다. 활동은,

① 모둠에서 선정한 질문 살펴보기
- 모둠에서 선정한 질문을 학습지에 작성한다.
- 선정한 질문을 살펴보고 수정, 통합할 것이 있는지 이야기한다.

② 모둠별로 심화 질문에 대해 조사 활동하기
- 개인별로 심화 질문에 대한 답을 조사한다.

③ 개인별로 조사한 내용을 모둠에서 공유하기
- 개인별로 조사한 내용을 모둠에서 이야기 나누고 잘 해결한 내용 선정하기

④ 모둠 발표 및 공유하기
- 모둠별로 조사한 내용 발표하기
- 모둠에서 나온 질문과 조사한 내용을 전체 학생들과 함께 이야기 나누기

수업 의도 및 설명

탐구 조사하기는 심화 질문 중에서 지식적인 질문을 해결하는 활동으로 모둠에서 탐구 조사할 질문을 선정하여 함께 조사하는 활동이다. 조사하기는 주로 인터넷의 사전이나 검색을 통해 이루어지며 5학년 학생이지만 어떻게 조사하는지 모르는 경우가 많다. 이러한 활동은 단순하게 질문에 대한 답을 해결하는 것이 아니라 정보를 검색하고 내용을 찾아 내용을 요약하는 정보화 교육도 함께 이루어진다.

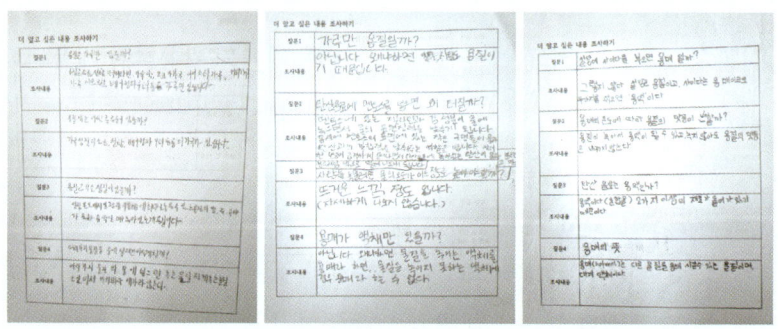

탐구 조사한 결과물

- 성찰하기

〈탐구 조사 단계 성찰〉
- **교사**: 학생들은 교과서의 내용보다 생활과 관련된 질문에 흥미롭게 조사활동에 참여했다. 용해와 용액에 관련된 과학적 지식을 이용하여 평소 알고 싶은 질문에 답찾기를 더 집중하고 이해가 빨랐다.
- **학생**: 핸드폰으로 조사하는데 어떻게 찾아야 할지 어려웠다. 내가 원하는 질문에 답 찾으니까 재미있었다. 우리가 만든 질문에 답 찾아보는 거 또 해보고 싶다. 등

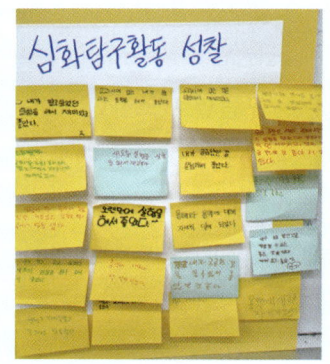

7. 탐구 실험하기(11차시)

- 학습목표 : 탐구 실험에 대한 가설을 설정하여 예상 결과를 유추하며 실험을 할 수 있다.
- 준비물 : 활동지, 모둠별 탐구 실험 준비물
- 교수·학습 활동 :

    학생들은 모둠별로 더 해보고 싶은 실험을 선정하여 미리 결과를 예상

해 보게 하고 예상대로 실험 결과를 기대하면서 수업에 관심을 가지고 활동하는 모습이 보였다. 배운 내용을 생활과 관련지어 경험을 재구성하는 시간을 가졌다. 활동은,

① 탐구 실험에 대한 가설 설정하기
　　- 모둠별로 탐구 문제 학습지에 적기
　　- 탐구 문제에 대한 예상 결과를 모둠별로 협의하여 기록하기
　　- 모둠별로 예상 결과 발표하기
② 탐구 실험하기 (전체 또는 모둠)
　　- 전체 또는 모둠별로 실험할 순서, 역할 정하기
　　- 안전에 유의하며 실험하기
③ 실험 결과를 학습지에 기록하기
④ 실험 결과를 모둠별로 발표하기
⑤ 공유하기
　　- 실험을 통해 알게 된 사실을 적고 함께 이야기 나누기

수업 의도 및 설명

탐구 실험하기는 학생들의 삶과 연계하여 탐구하고 싶은 내용을 실험하는 활동이다. 탐구 실험 전 과학적 개념을 활용하여 실험 결과를 유추하여 예상하고 실험하였다. 탐구 실험에서 반마다 내용과 방법에 있어서 자율성을 주고자 하였다. 그 결과 5학년 4개의 반마다 모둠별로 다른 실험을 하거나 모둠별로 같은 실험을 하는 반이 있었다. 학생들에게 자율성을 주니 학생 스스로 주도하여 실험하는 것이 보였다. 그리고 어떤 반은 탐구 조사를 하고 탐구 실험을 하였는데 또 어떤 반은 탐구 실험을 하고 난 뒤 탐구 조사를 하니까 후자의 활동이 학생들에게 관심을 더 가지는 것이 보였다. 탐구 실험을 통해 궁금한 내용을 탐구 조사에서 질문을 추가하여 조사하였기 때문이다.

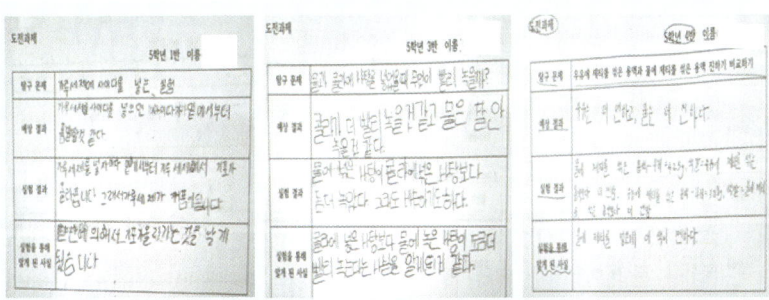

탐구 실험 결과 자료

• 성찰하기

〈탐구 실험 단계 성찰〉

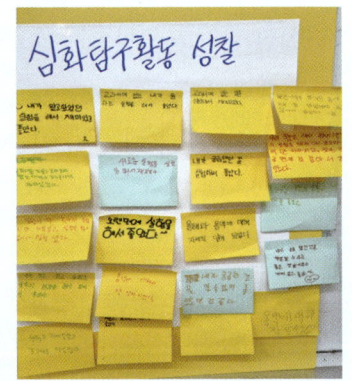

- **교사:** 평소 학생들이 우리 주변에 알고 있는 용해와 용액에 대해 궁금하고 관심이 있던 탐구 실험을 해서 재미있어했다. 모둠별로 다른 실험을 해서 교사가 준비해야 할 용액과 실험 도구가 많아서 한 시간 동안 바빴다. 탐구 조사를 한 후 탐구 실험을 한 반이 있는 반면에 탐구 실험 활동한 뒤 궁금한 내용이 생겨 탐구 조사를 한 반도 있어서 후자 활동을 한 반이 학생들에게 더 흥미가 있었다.
- **학생:** 궁금했던 것을 알 수 있어서 좋았다. 우리가 배운 내용이 일상생활과 연결되어 있어서 놀라웠다. 교과서에 없는 내가 원하는 실험을 해서 이해가 잘되고 좋았다. 등

초등 수업 나눔 　　도덕

그림책으로 시작하는 갈등 해결 프로젝트 수업

구분	도덕	단원	5. 갈등을 해결하는 지혜	대상	초5	구분	초
				수업자	문지영		

주제	모둠별 〈갈등 해결 설명서 만들기 프로젝트〉를 통해 협력적 의사소통 배우기
교육과정 성취기준	[6도02-02] 다양한 갈등을 평화적으로 해결하는 것의 중요성과 방법을 알고, 평화적으로 갈등을 해결하려는 의지를 기른다.
학습 성취 기준	1. 그림책을 읽고 갈등 해결의 지혜에 대한 DVDM 토론과 의사결정을 평화적으로 진행할 수 있다. 2. 모둠원들과 함께 갈등 해결 설명서를 만들어 발표할 수 있다.
수업 의도	초등 도덕 5단원은 타인과의 관계에 있어서 다양한 갈등이 일어났을 때 갈등을 평화적으로 해결하는 것의 중요성과 방법을 알고 갈등을 평화적으로 해결하려는 의지를 기르도록 하고 있다. 　평소 학생들과 감정 일기와 감사 일기 쓰기를 통해 비폭력대화의 방법인 '나-전달법' 대화로 자신의 감정을 표현하고 조절하는 연습을 꾸준히 해왔다. 그럼에도 여전히 갈등을 평화적으로 해결하는 것을 어려워하는 학생들이 많이 있고, 평화적으로 해결하는 것이 어떤 것인가에 대한 생각이나 기준이 서로 달라 오해와 갈등이 더 심화되는 경우가 많이 있어 갈등 해결에 대한 충분한 토론을 통해 모둠원들과 함께 갈등 해결 방법을 찾고 갈등 해결 설명서를 만들어 가는 과정에서 일어나는 갈등을 지혜롭게, 평화적으로 해결하는 경험을 갖도록 함으로써 갈등을 평화적으로 해결하는 역량을 기르도록 하였다. 이 과정에서 특히 충분한 토론과 의사결성 과정을 통해 참여와 민주성을 배울 수 있는 학습 경험을 제공하고 모둠 협력을 통해 협력적 의사소통 역량과 갈등 해결 역량을 기르도록 하였다.
수업흐름	1~2차시: 그림책 〈앵거 게임〉 함께 읽으며 갈등 해결의 방향 이해하기 3~4차시: DVDM토론으로 평화적인 갈등 해결 방법 탐구하기 5 차 시: 평화적인 갈등 해결 방법 선정하기 6 차 시: 갈등 해결 설명서 작성하기 7~8차시: 갈등 해결 과정 역할극으로 발표하고 성찰 글쓰기	**수업 설계 단계** ☐ 주제정하기 ☑ 비계제시하기 ☑ 시각화하기 ☑ 심화탐구하기 ☑ 과제해결하기 ☑ 성찰하기
성찰	• 모둠 발표 및 상호 평가 작성 • 성찰 글쓰기: 프로젝트 수업을 통해 새롭게 알게 된 것, 느낀 점, 좋았던 것, 생활에 실천할 것 등을 정리하여 글쓰기

〈갈등 해결 설명서 만들기 프로젝트〉 수업 설계 및 결과물

[1~2차시] 그림책을 함께 읽으며 갈등 해결의 방향 이해하기

도덕 4단원 - 5단원 살펴보기
4. 밝고 건전한 사이버 생활 <타인과의 관계>
• [성취기준(배워야 할 내용)] 사이버 공간에서 발생하는 여러 문제에 대한 도덕적 민감성을 기르며, 사이버 공간에서 지켜야 할 예절과 법을 알고 습관화한다.
• 질문: 사이버 공간에서 지켜야 할 것은 무엇일까?
5. 갈등을 해결하는 지혜 <타인과의 관계>
• [성취기준(배워야 할 내용)] 다양한 갈등을 평화적으로 해결하는 것의 중요성과 방법을 알고, 평화적으로 갈등을 해결하려는 의지를 기른다.
• 질문: 서로 생각이 다를 때 어떻게 해야 할까?

초등 5학년 도덕 4단원과 5단원의 영역은 '타인과의 관계'이다. 4단원은 사이버 공간에서 지켜야 할 예절과 법에 대해 다룬다면, 5단원은 사이버 공간을 넘어서 타인과 일어나는 갈등을 어떻게 해결해야 하는가에 대해 다루고 있다. 그래서 학생들에게 더 큰 배움이 일어나도록 4단원과 5단원을 연결하여 성취기준(배워야 할 내용)과 핵심질문을 확인하면서 학습 내용에 대한 이해를 높일 수 있었다.

1. 마음 열기

도덕 수업을 시작할 때는 마음 열기와 학습 동기 유발을 위해 배움 공책에 날짜와 함께 느껴지는 날씨를 적으면서 주변의 변화에 대한 민감성을 기르고자 하였다. 특히 감정 일기 쓰기를 통해 오늘의 행복지수를 나타내고, 그 이유로 일어난 일이나 일어날 일을 적고, 그에 대한 감정 단어를 3개 이상 적도록 하였다. 이것은 1학기 첫 시간부터 꾸준히 지도해 온 활동이다. 2단원 감정과 욕구를 배운 이후 자신이 쓴 감정 단어에 대해, 그런 감정을 느낀 원인으로 자신의 바람이나 욕구를 욕구 질문에서 찾아 적고, 이를 해결하거나 기대를 높이기 위해 해야 할 일을 찾아 적도록 하여 비폭력대화의 4단계 활동을 매주 연습하도록 하였다. 감정 일기는 짝 대화나 서클 활동을 통해 돌아가며 말하기를 한 후, 서로 감정을 읽어주고 격려와 응원의 말을 해 주도록 하였다. 1학기 3-5월에 서클로 감정 나누기를 계속 하였는데 대부분 30분 정도 소요된다. 7개 반을 수업하고 있는데 이번 5단원 수업에서는 학생들과 협의하여 가능하면 짝 대화로 진행하고, 전체적으로 말하고 싶은 학생들만 전체 발표를 할 수 있도록 하였다.

감정 일기를 쓰고 감정 나누기를 한 후, 학생들의 긍정적인 마인드 형성을 위해 감사 일기를 쓴다. 감사 일기는 지난 주 도덕 시간 이후 일주일 동안 있었던 일 중에서 한 가지를 골라 감사하는 마음으로 '~~해서 감사합니다'라고 적고, 짝 대화나 크게 소리 내어 읽도록 하여 긍정의 뇌를 갖도록 하였다.

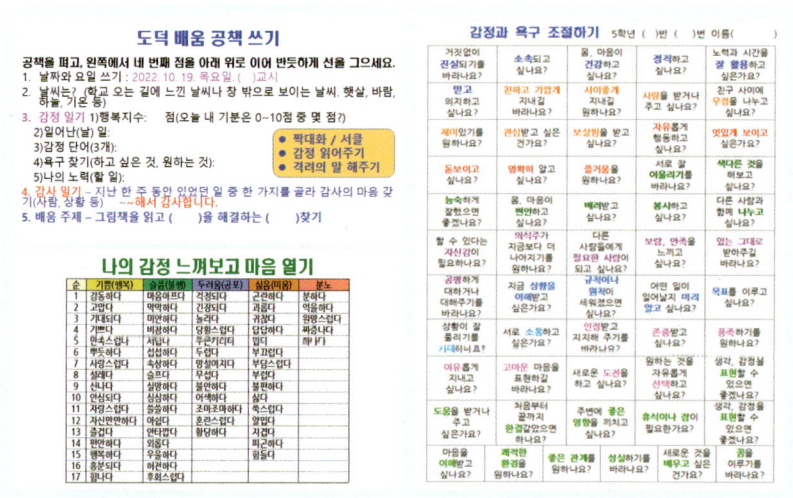

본 단원은 1학기 2단원에서 배운 감정 수업을 토대로 한다. 감정 수업에서도 분노의 감정을 조절하기 위한 방법을 배웠다. 이를 토대로 5단원에서는 갈등을 해결하기 위해 분노의 감정을 조절하고, 평화롭게 말하여 갈등을 지혜롭게 해결하는 역량을 기르는데 초점을 두고 있다. 이를 위해 본 단원은 모둠 활동을 통해 학습 활동 내에서의 갈등 상황을 경험하고, 이를 평화롭게 해결하는 경험을 통해 갈등 해결의 지혜를 스스로 터득할 수 있도록 하기 위해 수업을 다음과 같이 설계하고 안내하였다.

2. 단원 학습 안내

왼쪽의 배움1, 2, 3은 단위 차시 수업이 아니라, 단원 전체 학습 안내이다. 1차시는 배움 1, 2로 진행되나 배움 3에서 진행될 프로젝트의 준비 단계임을 안내하여 학습의 준비를 할 수 있도록 하였다.

배움1. 갈등에 대한 느낌과 경험 나누기

배움2. 단원 학습 계획 세우기

배움3. 그림책을 읽고 갈등을 해결하는 지혜 찾기 (질문 + 탐구 토론)

3. 비계 제시하기

교과서에 제시된 '여우와 두루미' 이야기를 살펴보면서 갈등을 지혜롭게 해결해야 함을 느끼고 갈등을 평화적으로 해결하는 방법을 배울 것을 인식하게 하였다. 여우와 두루미의 갈등을 해결하는 방법에 대해 학생들의 창의적인 의견들이 많이 나오기도 하여 수업에 대한 몰입감이 높아졌다.

배움 1을 통해 갈등과 갈등 해결에 대한 자신의 경험과 그때의 느낌을 떠올려보고, 친구들과 이야기 나누면서 갈등 해결에 대한 방향을 확인하고자 하

였다. 이를 통해 학생들은 갈등을 평화롭게 해결해야 함을 인식하고 평화롭게 갈등을 해결한다는 것은 어떤 것인지 배워야 하겠다는 마음을 갖도록 하였다.

이 과정에서 어느 학급에서는 상당히 많은 시간이 소요되기도 하였다. 그만큼 갈등과 갈등 해결에 대해 하고 싶은 이야기가 많았던 것 같았다.

4. 시각화하기

배움 2에서는 학생들과 함께 단원 학습 계획을 세우는 단계로, 학생들의 '갈등 해결'에 대한 이해도를 확인하기 위해 오른쪽과 같은 활동을 진행하여 전체 학습 계획 및 개인 학습 목표를 설정에 도움이 되도록 하였다. 다만, 학반에 따라 배움 1의 활동 시간이 오래 걸린 학반은 곧바로 학습 계획을 세우도록 하였다.

이 활동은 '사발통문'이라고 하는 활동으로, 원 안에 주제를 적고, 원의 가까운 곳에서 먼 곳으로 생각을 적는다.

학생들에게 '갈등을 해결하는 지혜' 하면 떠오르는 것을 '사발통문' 기법으로 모둠원들과 함께 이미 알고 있는 다양한 방법을 찾아보고, 투표를 통해 모둠원들의 생각을 모아보았다.

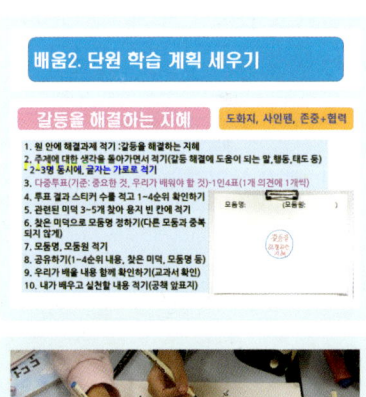

이 활동을 통해 갈등을 해결하는 방법에 대해 학생들이 얼마나 알고 있는지를 확인하였다. 학생들은 이미 좋은 해결 방법들을 충분히 알고 있었다. 다행히 폭력을 사용하지 않는다, 화를 내지 않는다, 협박하지 않는다 등과 같은 내용을 통해 갈등을 해결하기 위해서는 비폭력적인 방법, 즉 평화로운 방법으로 해결해야 함을 아이들도 인식하고 있음을 확인하였다. 다만, 이러한 방법들에 대한 깊이 있는 이해가 부족하다는 것을 느꼈다. 예를 들어, 모둠원들이 가장 좋다고 표시한 의견이 '같이 해결한다'인데 구체적으로 어떻게 해결하는지에 대한 내용은 없었다. 학생들에게 물어보아도 구체적인 해결 방법을 말하는 경우가 드물었다. 그래서 본 단원에서는 학생들이 구체적인 갈등 해결 방법을 탐구하고, 갈등 해결 설명서를 만들어 발표기를 프로젝트 과제로 정하고 수업-평가 계획을 수립하여 진행하였다.

실제 생활에서는 갈등을 평화롭게 해결하는 경우가 적어서 사소한 것에도 학교폭력 신고로 이어지는 경우가 많다. 가장 큰 원인은 평화로운 방법으로 갈등을 해결하는 구체적인 말과 행동이 미흡하고 습관화되어 있지 못하기 때문이다. 학생들은 서로의 의견을 존중한다, 상대방의 의견을 경청한다고 했지만 구체적으로 의견을 존중하는 방법과 경청하는 방법을 제대로 알지 못하고 실천하지 못하는 것이다.

학반에 따라 배움 1에서 활동 시간이 많이 소요되거나 이해의 속도가 느린 경우 사발통문 활동은 생략하고 간단하게 질문만으로 갈등을 해결하

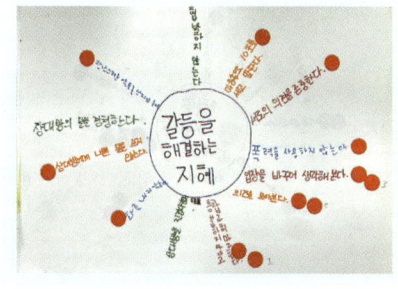 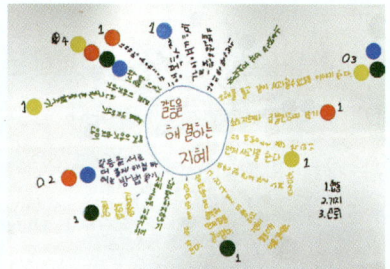

는 방법을 몇 가지 찾아보는 것으로 하고, 개인별 학습 계획을 세운 후 배움 3으로 진행하였다.

학생들 중에는 갈등을 평화롭게 해결하는 학생들도 있겠지만 그렇지 못한 경우도 많다. 설령 갈등을 평화롭게 해결하는 학생이라 할지라도 계속적인 실천을 위해 각자 본  단원을 통해 자신이 배우고 실천해야 할 내용이 무엇인지 생각해보고 개인별 학습목표를 적어보게 하였다. 이 활동은 학년 초에 양식을 인쇄하여 배부하고 도덕 배움 공책 앞표지 안쪽에 붙인 후 단원별로 학습 계획을 세우고, 학습 후 성찰을 하는 활동이다.

5. 심화 탐구하기

1학기 감정에 대해 배울 때는 그림책 〈화가 날 땐 어떡하지?〉를 함께 읽고 분노의 감정을 조절하는 방법들을 배웠다. 배움 공책에 기록한 그 내용들을 다시 보면서 배웠던 것을 떠올린 후 갈등을 평화롭게 해결하는 지혜를 배우기 위해 선정한 그림책 〈앵거 게임〉의 표지를 보여주며 OO 게임에 들어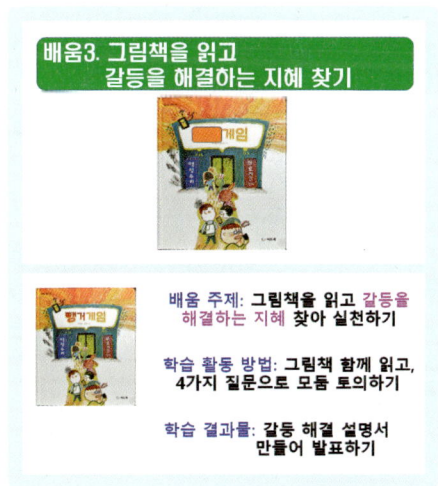

갈 단어들을 상상하고 유추하였다. 학생들은 재미있는, 사이버 등의 다양한 단어를 말했는데 표지 그림에 나온 인물들의 표정을 보면서 7개 학급 중 유일하게 1개 학급에서 '분노'라는 단어가 나왔다. 그림책 제목을 맞히는 것은 아니지만 제목을 확인하니 학생들이 내용을 궁금해했다.

그림책을 읽기 전, 배움 주제를 확인하고 이에 대한 학습 방법으로 4가지 질문(DVDM)으로 모둠 토의를 통해 함께 해결할 과제를 무엇으로 할지 학생들과 질문과 대화를 통해 함께 정하였다. 그리하여 갈등을 평화롭게 해결하는 방법을 배우고 알게 된 것을 정리하여 설명할 수 있도록 '갈등 해결 설명서 만들어 발표하기'를 하기로 정하였다.

▸ 그림책 〈앵거 게임〉의 주요 내용: 주인공 윤서해는 동생으로 인해 휴대폰이 고장 나자 화를 내는데, 되려 동생에게 화낸다고 엄마에게 혼나게 된다. 휴대폰을 수리한 후 '앵거 게임'이라는 앱이 새로 설치되어 있는 것을 발견하고 호기심에 실행을 누르는데 자신의 장난감 자동차를 고장 낸 동생에게 화가 나자 앵거 게임에서 화를 내며 공격하겠냐고 묻는다. '네'를 눌렀더니 자신도 모르게 동생에게 뾰족한 말이 튀어 나가고, 동생이 울자 엄마는 서해를 혼낸다. 서해는 항상 자신만 나무라는 엄마에게 화가 나자 또다시 앵거 게임에서 화를 내며 공격하겠냐고 묻고 '네'를 누르자 여지없이 뾰족한 말이 튀어 나간다. 그런데 화를 내며 공격할 때마다 휴대폰 사용 에너지가 줄어들더니, 미술학원을 가는 동안 마음이 가라앉자 에너지가 회복된다. 하지만 미술학원에서 친구 세윤이에게 이름으로 놀림 받고, 그림도 못 그린다고 놀림 받자 또다시 앵거 게임이 작동하는데 결국 한 번 더 '네'를 누르면 1일 동안 휴대폰을 사용할 수 없게 된다는 안내에 서해는 처음으로 '아니오'를 누르게 된다. 그랬더니 갑자기 세상이 멈추면서 알림창이 뜬다.

출처: 그림책 〈앵거 게임〉, 도덕 교과서 5학년 5단원 중에서

❶번 장면은 1학기 2단원에서 배웠던 호흡법이다. 호흡법을 따라 연습도 했었는데 기억하고 있는 학생은 생각보다 적었다. 몇 개월이 지난 데다 꾸준히 실천을 하지 않아서 그런 듯했다. 학생들에게 교과서에서 호흡법을 찾도록 했고, 37쪽을 펼쳐 배웠던 것을 다시 확인하였다. 그리고 우리도 다 같이 호흡법을 연습하면서 갈등을 평화롭게 해결하기 위해서는 화가 난 마음을 조절하는 것부터 해야 함을 확인하였다.

❷번 장면은 화가 난 이유를 알려 주는 것인데 이때 소중한 것은 내가 중요하게 생각하고 채우고 싶어 하는 욕구를 말한다. 1학기에 배운 욕구를 찾는 질문표를 꺼내어 주인공 서해의 욕구를 찾아보았다.

- 능숙하게 잘했으면 좋겠다.
- 인정받고 지지해 주기를 바란다.
- 돋보이고 싶다. 등

❸

비폭력대화(나-전달법)으로 표현하기

○○아, 방금 그림 못 그렸다는 말을 들었을 때 ➡ 1. 사실(내가 보고 들은 것)
정말 화가 났어. ➡ 2. 감정 단어 말하기
난 그림을 잘 그리고 싶어. ➡ 3. 욕구 말하기
그러니까 앞으로는 내 그림에 대해 바꾸면 좋을 ➡ 4. 부탁 말하기
점을 알려주거나 격려해 줬으면 좋겠어.

❸번 장면의 내용은 1학기에 배운 비폭력대화법이다. 연습도 했지만 실제로 비폭력대화법(나-전달법)으로 말하는 것은 결코 쉽지가 않다. 무엇보다 나-전달법에 대한 오해로 인해 잘못 말하는 경우가 많다. 많은 학생들이 '네가 ~~해서 내가 기분이 안 좋아.'와 같은 방식으로 말하는데 이것은 잘못된 것이며 오히려 좋지 않은 영향을 줄 수 있다. 이번에도 학생들에게 서해의 입장이 되어 나-전달법으로 말을 해보라고 했을 때도 같았다. 이 부분을 어떻게 지도해야 할지 고민스러웠고, 이 그림책을 통해 그 오류를 정확하게 짚어줄 수 있을 것이라 기대하였다. 상대가 무엇을 하였는지가 아니라, 내가 어떤 말을 듣거나, 어떤 일을 보고 화가 났는지 말로 표현하라고 하는 것이다. 내용은 같지만 표현은 분명 다르다. 이것은 바로 주인공 서해의 말에서 "네가 나에게 그림을 못 그렸다고 해서~"가 아니라, "나는 방금 그림 못 그렸다는 말을 들었을 때 정말 화가 났어."라고 하는 것이다.

우리는 서해의 말을 2~3번 이상 소리 내어 읽으면서 그 차이점을 느껴 보고 말하는 방식이 익숙해지도록 했다. 그리고 이 말을 들었을 때 상대의 반응을 통해 갈등을 평화롭게 해결하는 것을 확인하였다.

그뿐 아니라, 화를 잘 표현함으로써 갈등을 평화롭게 해결하여 화의 폭발적인 에너지를 오히려 자신의 에너지로 얻게 되면서 그림을 그리는 데 집

중할 수 있어 그림을 멋지게 완성할 수 있게 되었고, 모두의 인정을 받는 장면을 보며 우리가 어떤 방법으로 화를 표현해야 하는지를 배울 수 있었다.

그림 그리기에 인정을 받은 서해는 이제 마음의 여유를 가지고 오히려 친구 세윤이에게 그림 그리는 것을 도와준다. 집으로 돌아오는 길에 친구 세윤이는 서해에게 그림 못 그렸다고 한 것을 사과하고, 서해도 세윤이에게 돼지라고 놀린 것을 사과하고, 세윤이는 이름으로 놀리지 않겠다고 약속한다. 이렇게 서로 사과하고 화해하는 장면을 통해 갈등을 평화롭게 해결하고 관계를 회복한다는 것을 배울 수 있었다.

6. 과제 해결하기

그림책 〈앵거 게임〉에서 배운 내용에 대하여 사고력을 기르기 위한 질문법 중 문학작품이나 예술작품에 대한 감상 활동에 많이 적용하는 O-R-I-D 사고기법을 활용하여 모둠 친구들과 함께 생각을 나누고 정리하는 시간을 가졌다.

활동 방법은 PPT로 안내하고, 모둠별로 도화지, 네임펜, 포스트잇을 주고 15~20분 정도로 활동을 진행하였다.

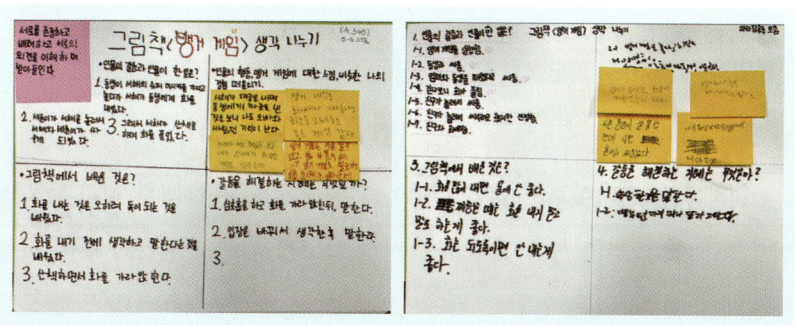

> **O-R-I-D**
> O(Objective) 객관적인 정보는 무엇인가?
> R(Reflective) 주관적인 감정, 경험은 무엇인가?
> I(Interpretive) 어떤 의미를 찾을 수 있는가?
> D(Decision) 어떤 결심, 결정을 할 것인가?

수업성찰 그림책을 읽으면서 갈등은 평화롭게 해결해야 함을 배웠다. 그리고 O-R-I-D 로 정리하는 활동 과정에서 모둠 친구들과 함께 의논하고 협력하여 생각을 나누며 의견을 모으고 정리하면서 갈등 해결에 대한 이해가 깊어지는 것을 느꼈다. 다만, 마지막 D 질문에서 갈등을 해결하는 지혜에 대해 그림책에 나온 내용 이외에도 더 많은 방법들을 찾을 수 있도록 충분한 시간을 주고 생각을 더 깊이 나눌 필요가 있으며, 그림책에 나온 것처럼 화를 조절하고 상대방에게 비폭력대화(나-전달법)로 말하는 것과 사과하는 대화도 연습할 수 있는 경험을 제공해 주어야 하겠다는 생각이 들었다. 이것은 다음 시간부터 모둠 과제로 해결하게 될 '갈등 해결 설명서 만들기' 활동에서 같이 진행하기로 하고 수업을 준비하였다.

[3~4차시] DVDM 토론으로 평화적인 갈등 해결 방법 탐구하기

1. 주제 정하기

지난 시간 함께 읽은 그림책 〈앵거 게임〉에서 갈등 해결을 평화적인 방법으로 해결할 수 있음을 확인하고 심화 탐구를 위해 학생들과 함께 갈등 해결에 대한 더 많은 방법을 찾아보기로 하고 주제를 〈DVDM 토론으로 평화적인 갈등 해결 방법 탐구하기〉로 정하였다.

2. 마음 열기

그림책 〈앵거 게임〉에서 나온 화가 난 마음을 가라앉히는 호흡법을 교과서에서 찾아보고 다 같이 해보았다. 장난기를 발휘하는 학생도 있었지만 많은 학생들이 호흡법을 통해 마음이 차분해짐을 느낄 수 있었다. 호흡법은 천천히 숨을 들이마시고 천천히 내쉬는 것으로 짧게는 세 번 정도 반복하지만 길게는 1분 이상 할 수도 있고, 눈을 감지 않고도 할 수 있다. 호흡법은 일상생활에서 명상법으로 활용하여 아침에 눈을 떴을 때나 밤에 잠들기 전에 해도 좋으므로 생활 속에서 꾸준히 실천할 것을 안내하고 실천을 약속하였다.

3. 비계 제시하기

1학기에 배운 화를 조절하여 내 감정과 욕구를 말하는 '나-전달법'과 그림책 〈앵거 게임〉에 나오는 감정과 욕구를 표현하여 상대에게 말하는 방법이 같음을 확인하고, 학년 초에 감정 단어와 함께 인쇄하여 나누어 주고 공책 앞표지에 붙인 〈공감대화법〉자료를 펼쳐서 공감대화법, 나-전달법의 대화는 갈등을 평화롭게 해결하는 데 도움이 되지만 마음을 상하게 하는 대화는 도움이 되지 않음을 확인하였다.

3. 평화롭고 행복한 소통의 공감대화법

공감대화 연습	A: 상대의 감정을 읽어주고 상대의 입장에서 마음 헤아려 주기(관심, 질문) B: 나-전달법으로 하고 싶은 말하기 A: 공감과 경청, 걱정하는 마음으로 격려와 응원해주기 B: 상대의 공감과 경청, 격려와 응원에 고마움 표현하기
나-전달법 (비폭력대화)	1) 사실 내용 말하기(일어난 사실만, 평가X, 판단X) 2) 나의 감정 말하기(일어난 사실에 대한 감정, 부드럽게) 3) 나의 욕구, 필요 말하기(진정으로 내가 바라는 상태) 4) 부탁처럼 말하기(바라는 상태를 이루기 위해 필요한 것)

*마음을 상하게 하는 대화: 비교, 비난, 비방, 비꼬기, 의심, 평가, 욕설 등

4. 시각화하기

그림책 〈앵거 게임〉에서 주인공 서해가 친구 세윤이에게 화가 났을 때 '나-전달법'으로 한 말을 공책에 필사하여 적어보았다. 그리고 두 번 소리 내어 읽어본 후, 짝끼리 서해와 세윤이 역할을 정하여 마주 보며 서해가 세윤이에게 직접 말해보고, 역할을 바꾸어서도 말해보았다.

이때 중요한 것은 '네가 나에게 그림 못 그린다고 해서 화가 났어.'가 아니라, '나는 방금 그림 못 그린다는 말을 들었을 때 화가 났어.'라고 말하는 것을 강조하여 상대를 탓하지 않고, 내가 보거나 들은 것을 말하여 갈등을 평화롭게 해결하는 대화 방법을 익히도록 하였다.

▶ 과정중심 평가 계획 수립

학기 초 본 단원에 대한 과정중심 평가 계획은 성취기준에 대한 평가 계획을 수립한 정도에 지나지 않았다. 그야말로 계획이다.

그러나 학생들과의 수업 진행 과정을 거치면서 본 단원의 과정중심 평가 계획을 구체적으로 수립하게 되었다. 특히 어떤 과제를 해결하도록 해야 보다 깊이 있는 배움을 얻을 수 있을 것인가에 대해 많은 고민을 하였는데 1차시에 갈등 해결의 지혜에 대해 사발통문 방법으로 생각해보게 했을 때 여러 가지 다양한 방법들을 지식적으로 알고는 있으나 그것을 행동으로 실천하는 역량이 미흡하여 여전히 생활 속에서 다툼이 많고 갈등을 제대로 해결하지 못해 관계에 어려움을 겪는 일들이 빈번하게 발생하고 있었기에 보다 구체적인 갈등 해결 방법을 알고 행동으로 실천할 수 있도록 도와주고 촉진하며 연습하는 학습 경험을 제공하는 과제를 선정해야 하겠다는 생각이 들었다.

이에 따라 〈갈등 해결 설명서 만들기〉를 과제로 정하고 이를 해결하는 과정을 평가 계획으로 수립하여 수업으로 진행하였다. 특히 학생들이 과제를 해결하는 과정을 모둠 활동으로 진행하도록 하여 모둠 내에서 과제를 수행하는 과정에서 발생하는 작은 의견 다툼의 갈등을 평화적으로 해결하는 경험을 쌓도록 하고 싶었다.

(5)학년 (2)학기 (도덕)과 과정중심평가 기준안 (1)

단원	5. 갈등을 해결하는 지혜		평가방법	서술형, 역할극, 자기평가
평가영역	타인과의 관계		교과서 쪽수	96-113
학습주제	갈등을 평화적으로 해결하는 설명서 만들어 발표하기			
성취기준	[6도02-02] 다양한 갈등을 평화적으로 해결하는 것의 중요성과 방법을 알고, 평화적으로 갈등을 해결하려는 의지를 기른다.			
교과역량	도덕적 대인 관계 능력, 도덕적 사고 능력, 윤리적 성찰 및 실천 성향			
창의적 평가요소	타인의 입장 이해, 경청·도덕적 대화하기, 올바른 의사 결정하기, 실천 의지 기르기			
평가문항	1. 그림책 〈앵그 게임〉을 읽고, 갈등 해결에 대한 DVDM 모둠 토론을 통해 갈등을 해결하는 지혜를 찾아봅시다. 2. 모둠원들과 함께 갈등을 평화적으로 해결하는 설명서를 만들어 발표하여 봅시다.			
예시답안	1. 그림책 〈앵그 게임〉을 읽으며 알게 된 내용을 토대로, 갈등 해결에 대한 DVDM 토론을 통해 갈등을 평화롭게 해결하는 방안을 찾고, 합리적인 의사결정을 통해 갈등 해결 방법을 선정한다. 2. 선정한 갈등 해결 방법으로 갈등을 평화적으로 해결하는 설명서를 만들고, 역할극으로 시연하며 발표한다. 그리고 갈등을 평화롭게 해결하고 있는지 자신의 생활을 돌아보고 실천을 다짐한다.			
채점 기준	잘함	1. 다양한 갈등을 평화적으로 해결하는 것의 중요성과 방법을 사례를 들어 설명할 수 있고, 다양한 문제 사례 해결과정을 탐구한다. 2. 갈등을 해결하는 평화적인 방법을 적극적으로 적용하여 해결하는 과정을 설명하고 발표하며 공감, 존중, 비폭력대화를 통해 갈등을 평화롭게 해결하고, 실천 의지가 높다.		
	보통	1. 다양한 갈등을 평화적으로 해결하는 것의 중요성과 방법을 파악하나 갈등 해결 사례가 구체적이지 못하거나 다소 적절하지 못하다. 2. 갈등 사례 해결과정을 통해 평화적으로 갈등을 해결하는 방법을 발표하며 공감, 존중, 비폭력대화를 통해 갈등을 평화롭게 해결하려 노력한다.		
	노력요함	1. 다양한 갈등의 평화적 해결 방법을 생각하였으나 평화적인 해결에 대한 이해가 미흡하다. 2. 갈등을 평화적으로 해결하는 방법이 다소 미흡하고, 공감, 존중, 비폭력대화를 통해 갈등을 평화롭게 해결하려는 실천 의지가 약하다.		

5. 심화 탐구하기

갈등 해결 설명서를 만들기 위하여 D-V-D-M 토론으로 '갈등 해결'에 대해 탐구하기를 진행하였다. DVDM 토론은 4단원에서 '사이버 예절'에 대해 탐구 토론을 한 경험이 있다. 그러나 DVDM 토론 질문을 만들기에는 어려워하여 PPT로 활동을 안내하였고, 모둠을 구성하여 모둠별 8절 도화지, 매직, 네임펜, 포스트잇을 나누어주고 모둠 탐구 토론을 시작하였다.

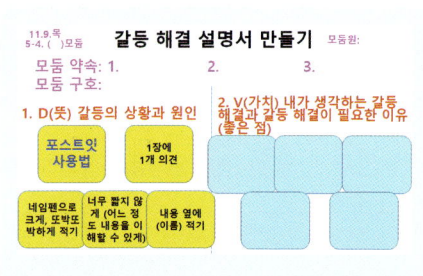

▶ DVDM 토론하기

1) D(Define 개념) - 갈등의 상황과 원인: 갈등이 일어났던 상황을 떠올려 보고, 갈등이 일어난 원인 찾아보기
(방법: 각자 자신의 갈등 상황을 떠올려 포스트잇에 적고 한 명씩 포스트잇을 내놓으며 이야기하기)

2) V(Value 가치) - 갈등을 해결하면 좋은 점과 갈등 해결이 필요한 이유 찾아보기
(방법: 각자 자신의 생각을 포스트잇에 적어 도화지에 붙인 후 비슷한 생각을 모아서 확인하기)

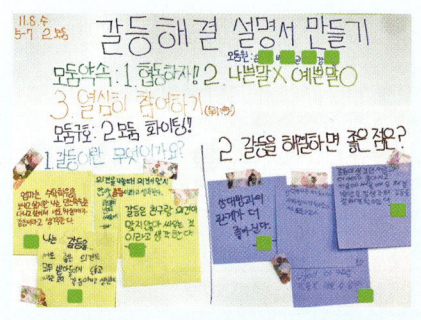

이 과정에서 의도한 것은 학생들의 주도성과 협력, 민주성이다. 그래서 먼저 모둠명, 모둠 약속, 모둠 구호를 정하며 모둠의 공동체성을 익히도록 하였다. 학급에 따라, 모둠에 따라 이 활동에 많은 시간이 소요되기도 하였다. 하지만 이것을 하지 않으면 모둠 토론과 과제 해결까지 이어지는 갈등 해결 설명서 만들기 프로젝트를 끝까지 해내기 쉽지 않을

것이기 때문에 시간이 걸리더라도 이 과정을 거쳐 모둠의 공동체성을 높이도록 하였다. 덕분에 6주간 계속 진행된 모둠 활동을 지속적으로 이어갈 수 있었다.

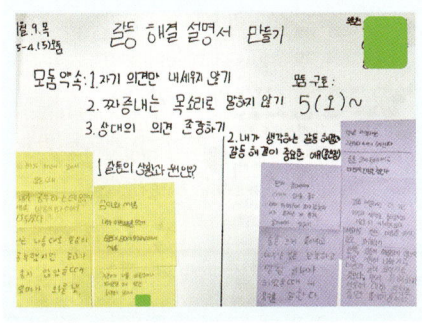

모둠 약속 정하기에 이어 D, V 활동을 하는데 처음 수요일 학반의 수업에서는 갈등이란 무엇인지, 갈등을 해결하면 좋은 점으로만 생각하여 진행하였다. 그랬더니 갈등 해결에 대한 의미와 개념이 서로 다름을 확인할 수 있는 시간이 없었다. 그래서 목요일 수업에서는 갈등이란 무엇인지 확인하는 질문을 갈등의 상황과 원인은 무엇인가?로 보다 구체적으로 변경하였고, 갈등을 해결하면 좋은 점을 찾는 질문으로 갈등 해결과 갈등 해결이 중요한 이유, 좋은 점을 찾도록 변경하여 생각을 구체화시켰다.

모둠 약속 만들기와 D - V 토론 활동을 40분 단위 1시간동안 진행하였다. 4차시에는 D - M 토론 활동과 의사결정 과정까지 진행될 수 있을 것으로 기대하였는데 의외로 D - M 토론에 시간이 많이 걸렸다. 아무래도 내용이 깊어지고, 많은 아이디어를 모으다 보니 시간이 많이 걸리는 듯했다. 학반에 따라 의사결정 과정을 한 경우도 있었지만 그렇지 못한 학반이 더 많았다.

(M) 갈등 해결 방법 찾기 활동에서 처음 수업을 설계했을 때는 해야 할 일, 버려야 할 일로 나누지 않고 그냥 갈등 해결 방법을 찾으라고 안내하였다. 당연히 힘들어하는 학생도 있었지만 생각들이 구체적이지 않은 내용들이 많아서 구체적으로 생각하도록 하기 위해 질문을 세분화하여 '해야

3. D(어려움) 갈등 해결의 어려움과 이유?

4. M(해결) 갈등 해결 방법, 노력, 실천

<활동 방법 안내>
1)갈등 해결 방법 많이 적기(최소 5개 이상)
- 브레인스토밍 4원칙 지켜가며 아이디어 내기
- 1명이 기록하고 나머지 모둠원은 갈등을 해결하는 지혜, 교훈에 배운 내용, 교과서 내용 찾아가며 의견 얹히기

브레인스토밍(아이디어 폭풍) 4원칙
1) 비판 금지 : 아이디어 비판, 평가하지 않기
2) 자유로움 : 다소 비현실적인 것도 인정하기
3) 다량 추구 : 아이디어를 많을 수록 좋음
4) 결합 개선 : 이미 나온 아이디어를 활용하여 새로운 아이디어 만들기

▶ DVDM 토론하기

3) D(Difficult 어려움) – 갈등을 해결할 때 어려운 점과 그 이유 찾아보기 (방법: 각자 자신의 생각을 포스트잇에 적어 도화지에 붙인 후 비슷한 생각을 모아서 확인하기)

4) M(Method 해결방안) – 갈등 해결 방법을 찾아보고 노력과 실천 방안 찾아보기(방법: 보다 많은 양의 아이디어를 내어 좋은 방안을 선정할 수 있도록 브레인스토밍 방법을 적용함. 기록자를 1명 정하고, 기록자를 포함하여 모두가 떠오르는 대로 아이디어 많이 내기)

할 일'과 '버려야 할 일(해서는 안 될 일)'로 나누어 적어보게 하니 훨씬 내용이 구체적이고 많은 아이디어가 나왔다. 그런데 버려야 할 일에서 나온 아이디어를 갈등 해결 설명서에 담으려니 결국 반대로 바꾸어야 하는 번거로움이 있음을 발견하게 되어 목요일 수업 학반에서는 학생들과 의논하여 갈등 해결 방법 찾기로 진행하였다.

갈등 해결 방법 찾기 활동은 많은 아이디어를 찾아보는 것이 중요하므로 브레인스토밍을 통해 모든 학생이 아이디어를 내며, 어떤 의견이라도 허용하여 더 많은 의견을 내도록 하였다. 그런데 가끔 모둠에서 1인 2개씩 의견을 내도록 할당 방식으로 진행하는 경우가 있는데 이렇게 역할 분담으로 하면, 협력적 의사소통과 집단 지성의 발휘가 어렵고 학생들의 자기 결정성을 약화할 수가 있어서 적어도 1인 1개 이상 의견을 내되, 서로 돌아가며 의견을 내면서 의견이 중복되지 않도록 다양하고 발전된 의견을 내도록 하였다.

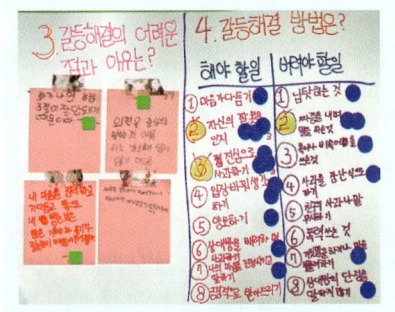
수요일 수업 학반의 결과물

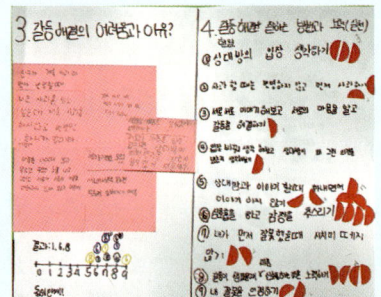
목요일 수업 학반의 결과물

수업성찰 모둠 약속 만들기부터 난항을 겪은 모둠도 있었지만 모둠 약속과 구호 만들기를 통해 모둠 비전을 세우고 협력적 의사소통 연습을 하였던 것이 출발이 좋았다. 학생들이 DVDM 토론을 처음 해보는 것이라 1시간에 2개 질문에 의견을 모으는 것으로 벅찼고, 갈등 해결 방법 선정을 위한 투표와 동의단계 활동에 1시간이 걸렸다. 다소 힘겨울 때도 있었지만 활발하게 소통하는 모습이 흐뭇했고 간단하게 배-느-실 성찰을 통해 학생들도 자신들이 작성한 결과물을 보며 뿌듯해하였다.

[5차시] 평화적인 갈등 해결 방법 선정하기

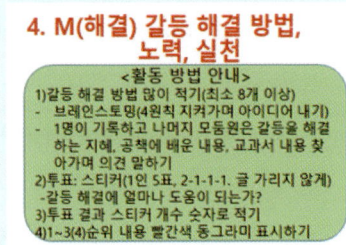

모둠별로 갈등 해결 설명서를 만들기 위해 M 토론 활동에서 갈등 해결을 위해 내놓은 많은 의견들 중 보다 더 좋은 해결 방법을 선정하기 위해 스티커로 1차 투표하기를 실시하여 가장 투표수가 많은 1~4순

위 의견을 중심으로 갈등 해결 설명서를 적을 수 있도록 안내하였다. 투표 활동은 학생들이 적은 의견에 스티커로 표시하였다. 투표는 1인 5개씩 스티커를 주고, 좋은 의견에 1표씩 스티커를 붙이되, 가중치를 주어 2표까지 붙여서 투표하였다. 각 의견별로 받은 스티커 개수를 확인하여 숫자로 적고, 가장 많이 나온 순서대로 3~4개를 선정하여 동그라미 표시를 하였다.

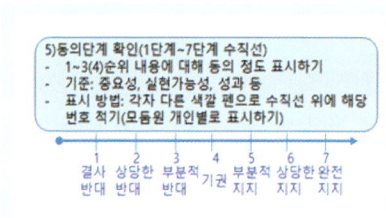

그런데 1차 투표 결과 갈등 해결에 좋은 방법이 있음에도 불구하고, 다소 거리가 있는 의견이 선정되는 경우가 발견되었다. 이때 교사는 퍼실리테이터로서 중립성을 지키면서도 학생들 스스로 문제점을 발견할 수 있도록 하기 위해서는 그것을 직접 지적하기보다 '동의 단계'를 통해 과연 그 의견이 얼마나 타당한지 한 번 더 검토하여 최종 의견을 선정하게 하였다.

이러한 과정을 통해 학생들이 감정에 휩쓸려 미처 생각하지 못했거나 혹은 자신의 의견을 충분히 생각하여 선택하지 못한 실수를 바로 잡을 수 있고, 학생들의 의견을 더 잘 반영할 수 있다. 특히 1차 투표 결과, 다수결에 의해 결정되는 경우 소수의 의견을 일방적으로 무시하는 경우가 있는데 동의 단계를 통해 민주성과 합리성을 확보할 수 있는 것이다.

동의 단계의 진행 방법은 다음과 같다.

① 1차 투표 결과 1~4순위로 선정된 내용에 대해 모든 구성원이 0점~7점으로 동의 점

수를 표시한다.

② 4점 기권, 3점 부분적 반대, 2점 상당한 반대, 1점 결사 반대가 나오면 그렇게 생각한 이유에 대해 그의 의견을 말할 기회를 주고, 모든 구성원은 열린 마음으로 경청한다.

③ 다수결의 투표 결과 내용이 과연 타당한지, 문제점은 없는지 구성원 모두가 다시 토론하여 의견을 수정하거나 보완하여 최종 의견을 선정한다.

이러한 동의 단계의 과정을 통해 학생들이 나와 다른 의견에 대해 어떻게 경청하고 존중하는지를 배우게 되고 학생 각각의 존재를 수업에 반영할 수 있게 되어 수업 민주주의 실현과 집단 지성, 학습자 주도성을 스스로 배우고 실현할 수 있게 되는 것이다.

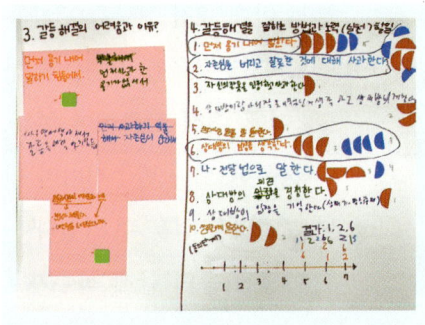

학생들은 자신들이 내놓은 의견들 중에서 갈등 해결 설명서로 만들 내용을 자신들의 손으로 직접 선정할 때 몇몇 학생이 원하는 것을 고르는 것이 아니라, 모둠원 각자의 의사를 반영하여 투표와 동의단계를 거쳐 선정하는 합의의 의사결정과정을 처음 해보는 것이어서 진행 방법을 안내하고 진행하는 것만으로 1시간이 소요되었다. 하지만 학생들이 스스로 의견을 고르고 검토하여 합의하는 과정에서 스스로 성취감과 공동체성을 느끼는 모습을 보면서 수업자로서 고맙고 뿌듯함을 느꼈다.

위의 학습 결과물에서 보이는 것처럼 동의 단계의 실제 활동의 진행은 1차 투표 결과를 기록한 아래에 동의 단계를 나타내는 수직선을 직접 그린 후 1~4(3)순위의 의견에 대해 얼마나 동의하는지 해당 점수 위에 의견

번호를 기록하게 하였다. 그리고 4점 이하 의견이 나온 경우 의견을 들어 보고 토론하게 하였다.

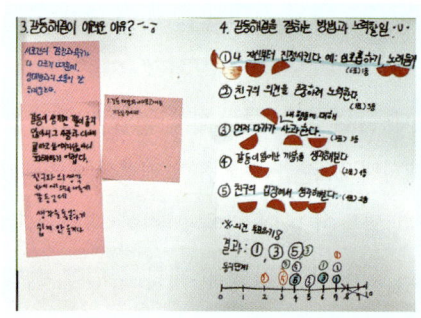

그런데 동의 단계 결과 왼쪽 결과물처럼 4점, 3점, 2점의 점수가 나온 모둠이 있었다. 자신들이 선정한 내용에 대해 동의하고 지지한다면 5, 6, 7점을 줘야 한다. 4점 기권도 엄밀하게 말하면 동의가 아니므로 그 이유를 들어봐야 하고, 3점 부분적 반대, 2점 상당한 반대는 반드시 그 이유를 말해보게 하고, 이에 대해 토론해야 한다. 이를 통해 보다 민주적이며 더 나은 결과를 얻을 수 있었다.

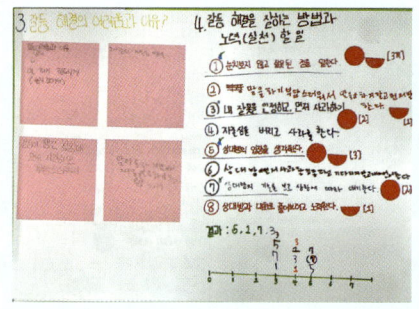

이렇게 동의 단계 점수가 4점 이하인 경우 이유를 물어보면, 학생들이라 가끔 실수로 잘못 표시한 경우도 있지만, 다시 생각해 보는 과정에서 의견에 확신이 줄어들었거나 문제점을 발견했거나 보완할 점이 필요함을 느낀 경우가 많다. 때로는 토론과 1차 투표 때는 스스로 용기가 없어 자신의 의견을 밝히지 못했거나 감정에 휩쓸려 충분히 생각하지 못한 경우도 있다. 어떤 이유에서건 모두 허용하고 그들의 의견을 수용하여 다시 토론을 거쳐 보다 나은 의견을 선정할 필요가 있다. 이를 통해 자신들의 실수를 바로 잡을 수 있고, 의견을 더 잘 반영할 수 있다.

수업성찰 갈등 해결 방법을 선정하는 의사결정 과정에서 1차 투표로만 선정하게 되면, 다수결에 의해 결정하게 되어 소수의 의견을 일방적으로 무시하는 경우가 있는데 2차로 동의 단계를 거치면서 소수의 의견도 들어 보며 모든 의견은 동등하다는 민주성을 몸소 배울 수 있는 시간이었다. 프로젝트를 마치면서 성찰 글쓰기를 했을 때 이 과정에 대해 언급한 학생들이 꽤 많았다. 일반적인 수업에서도 서로 의견을 충분히 나눈 후 의견을 선정하도록 하지만, 이처럼 투표와 동의 단계까지 거치면서 하지는 않았다. 학생들도 처음 해보는 경험에 다소 과정이 복잡하게 느껴지면서도 소수의 의견도 한번 더 들어보도록 하여 설령 그의 의견이 바뀌지 않는다 하더라도 최소한 자신의 생각을 말할 기회를 얻게 됨으로서 스스로 존중받았다는 느낌이 들어서 좋았다고 하였다. 앞으로도 이런 과정을 계속 반복하여 경험할 수 있도록 해야겠다는 생각이 들었다.

[6차시] 평화적인 갈등 해결 설명서 작성하기

6. 과제 해결하기

1) 모둠별 학습 목표 정하기

모둠별 DVDM 토론 중에서 갈등 상황과 원인에 대해 나온 의견들 중에서 갈등 상황을 선정하여 갈등 해결 설명서를 만드는 것이 학습 목표가 되므로 모둠마다 자신들의 학습 목표를 설정함으로써 학습자 주도성과 자기 결정성을 실천하였다.

2) 모둠별 갈등 해결 설명서 작성하기

갈등 해결 설명서는 글, 그림을 활용하여 갈등 해결 과정을 단계별로 나타낸다. 이때 '설명서'를 어떻게 만들어야 하는지 이해를 돕기 위해 비계 제시 단계로, 일상 생활에서 직접 사용한 장난감 조립 설명서 등 자신이 보았던 설명서를 떠올리고 설명서는 사용 순서대로 구체적이며 알기 쉽게 적혀 있음을 확인하여 갈등 해결 과정을 단계별로 상세히 기록하여야 함을 이해하도록 하였다. 특히, DVDM 토론에서 모둠원들이 말한 갈등 상황과 원인을 찾았던 내용을 다시 확인하고, 그 중에서 갈등 상황을 1가지 고른 후 그 갈등을 해결하는 과정을 말과 행동을 넣어 구체적으로 나타내도록 하였다.

3) 갈등 해결 설명서 내용 시연 준비하기

갈등 해결 설명서를 발표할 때 글만 읽을 것이 아니라, 갈등 해결 과정을 보다 잘 표현할 수 있도록 하기 위해 어떤 방법이 좋을까 하고 고민하였다. 그 결과 갈등 상황과 해결 과정을 역할극으로 같이 표현할 수 있도록 하였다. 이를 통해 학생들이 갈등 해결 과정에서 어떤 말과 행동을 해야 하는지 직접 경험하고, 갈등을 평화롭게 해결하는 말과 행동을 연습할 연습하였다. 발표와 역할극 역할 분담을 하고 역할을 나누어 같이 의논하여 역할극 발표를 준비하였다.

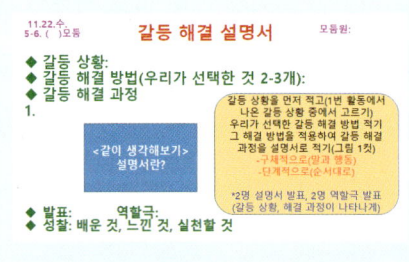

▶ 갈등 상황: 활동1. 갈등의 상황에서 나온 내용 중에서 1개 고르기

▶ 모둠에서 선정한 갈등 해결 방법으로 갈등을 해결하는 과정을 말과 행동을 넣어 순서대로 적기

▶ 갈등 해결 설명서 내용의 시연(역할극) 준비하기

▶ 발표자 2명, 역할극 2명 정도로 역할을 나누되 준비는 다 같이 의논하여 함께 준비하기
▶ 성찰: 갈등 해결 설명서 작성 과정에서 배운 것, 느낀 것, 실천할 것 적어보기

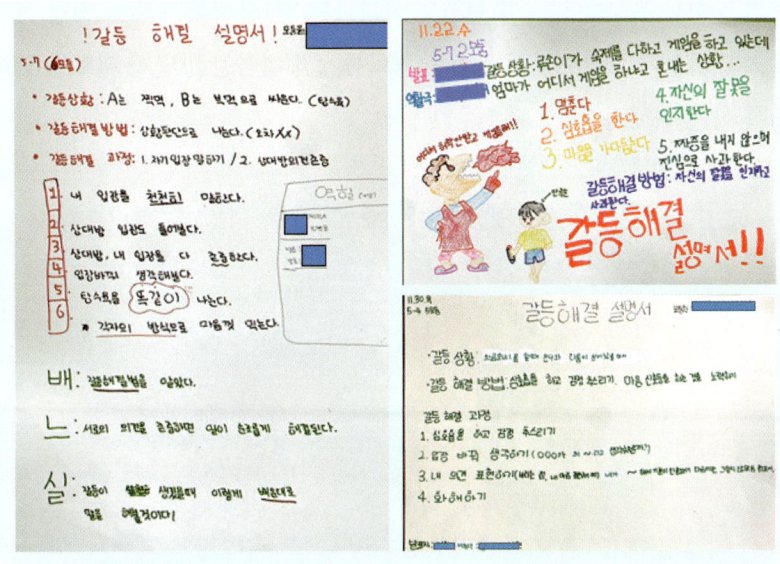

[7~8차시] 갈등 해결 과정 역할극으로 발표하고 성찰 글쓰기

4) 갈등 해결 과정을 역할극으로 표현하기
   ① 역할을 나누고 구체적인 말과 행동으로 대본을 만들어 연습하기
   ② 모둠별로 돌아가며 발표하기: 갈등 해결 과정을 설명하면서 내용에 맞게 역할극으로 표현하기
   ③ 갈등 해결 방법의 발표에 대해 어떤 관점으로 볼지 의논하기: 갈등 해결 방법이 평화롭고 지혜로운지 잘된 점 찾기(동료평가)

지난 시간 작성한 갈등 해결 설명서 내용에 대해 설명서 발표자, 역할극 시연자로 역할을 나누어 연습시간을 가졌다. 역할놀이가 아니라 역할극으로 한 이유는 역할극 대본 작성을 통해 비폭력대화의 나-전달법으로

나의 감정과 욕구를 말로 표현하고 사과하는 말, 용서하는 말을 직접 적어 보고 대화로 주고받으면서 갈등을 평화롭게 해결하는 방법과 태도를 익히 도록 하기 위해서였다.

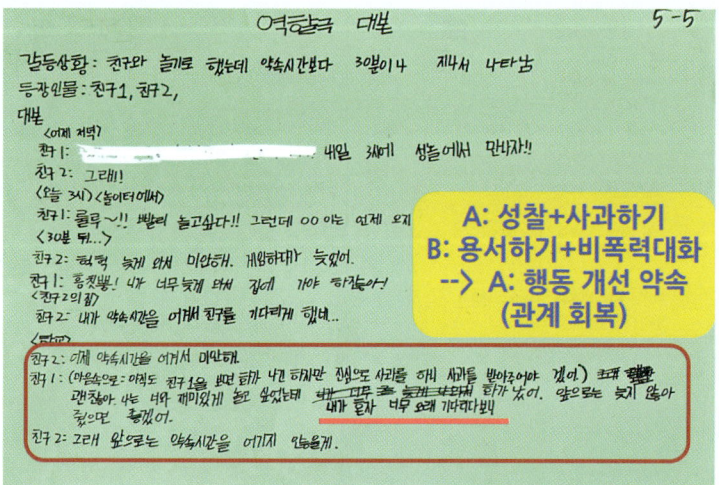

7. 성찰하기

① 모둠별 발표를 들으며 잘된 점 찾기
② 갈등 해결 설명서 만들기 프로젝트를 마치며 새롭게 알게 된 것, 느낀 점, 좋았던 것, 생활에 실천할 것 등을 글로 쓰기

〈갈등 해결 프로젝트〉 수업 성찰

▶ 8차시의 러닝퍼실리테이션수업으로 설계하고 갈등 해결 설명서 만들기를 위한 탐구 활동을 DVDM 질문 토론을 적용하여 진행하고 포스트잇을 활용하여 각자의 생각을 적고 각자의 의견을 들으며 존중이 있는 대화와 토론을 경험하였다. 또한 투표와 동의 단계를 활용하여 민주적인 의사결정과정을 경험하면서 학습 활동에 자신의 의견이 반영되고 동료의 의견을 존중하며 협력적 의사소통 역량의 기초를 다질 수 있었다.

▶ 모둠활동 시 갈등 예방을 위하여 모둠 약속 만들기와 모둠 구호도 만들면서 모둠 세우기를 하였으나 모둠 활동에서 크고 작은 갈등 상황이 발생하기도 하였다. 이때마다 학생들에게 우리는 서로 조금씩 다른 욕구와 의견을 가지고 있기 마련이므로, 소소한 의견 대립은 모둠 활동에서 일어날 수 밖에 없는 일임을 알려주면서 모둠 활동을 통해 갈등을 해결하는 과정을 몸으로 배우면서 갈등을 지혜롭게 해결하는 역량을 길러야 한다고 지도하였다. 또한 그림책에서 배운 나-전달법으로 감정을 말하고, 사과하고 용서하는 방법을 강조하였다. 이러한 안내 덕분인지 학생들은 갈등을 잘 해결해보자며 다시 힘을 내어 서로의 의견을 듣고, 양보하거나 타협하거나 사과하는 등의 방법으로 갈등을 해결해가는 모습을 볼 수 있었다.

▶ 특히 갈등이 많이 일어난 활동은 갈등 해결 설명서의 역할극 준비 과정이었다. 갈등 해결 방법을 정할 때는 투표와 동의 단계로 의사결정을 하니 오히려 결정이 쉬웠다. 그러나 역할극 대본을 만들고, 구체적인 말과 행동을 정하여 표현하는 과정에서는 사과나 용서의 기준이 서로 다른 것을 쉽게 해결하기 어려워 투표만으로는 해결하기 어려웠다. 작은 결정은 거수로 결정하였지만, 동의 단계에서 서로 의견을 들어본 것처럼 서로 의견을 들으면서 나와 다른 의견을 들어주려는 노력과 시간이 필요함을 경험하였다.

▶ 학생들의 프로젝트 성찰을 보면 갈등을 평화적으로 해결하는 다양하고 구체적인 방법을 배우게 되었으며 특히 팀워크를 배웠다는 학생도 있어 감사한 마음이 들었고 갈등 해결 설명서 프로젝트의 가치를 느꼈다.

초등 수업 나눔

교과융합

그림책과 회의로 풀어가는 토의 토론 수업 사회-국어 수업

구분	사회 국어	단원	사회: 3-(2). 지역문제와 주민 참여(9~10/15) 국어: 6. 회의를 해요.(7/8)	대상	초4	구분	초
				수업자	최영점		
주제	지역사회에서 발생하는 문제를 알아보고 이를 해결하기 위한 방법 의논하기							
교육과정 성취기준	[4사03-06] 지역사회에서 발생하는 여러 문제를 조사하고, 이를 해결하기 위한 민주적이고 합리적인 방법을 탐색함으로써 지역 문제에 대해 관심을 갖고 참여하는 태도를 함양하도록 한다. [4국01-02] 회의에서 의견을 적극적으로 교환한다.							
학습 성취 기준	- 지역사회에서 발생하는 여러 문제를 조사할 수 있다. - 지역문제를 해결하기 위한 방법을 회의를 통해 의논할 수 있다.							
수업 의도	4학년 사회과를 아이들과 공부해 보면 3-(2)지역문제와 주민참여 부분에서 아이들이 가장 즐겁게 참여하고 적극적인 것을 보았다. 그 이유는 아이들이 주체적으로 생각하고 행동할 수 있는 수업주제이기 때문이다. 그림책과 퍼실리테이션을 활용한 수업은 '퍼실리테이션' 연구를 시작하고 지속적으로 수업자가 고집해 오던 방식이다. 러닝퍼실리테이션이란 Learning과 Facilitation의 합성어로 '학습자'와 '동료상호작용'을 통해 학습을 촉진하고 문제를 해결하는 것을 말한다. 이를 수업에 적용한 교수법이 러닝퍼실리테이션 수업이다. 이 수업도 일련의 지역 문제해결과정을 살펴본 뒤 자신이 살고 있는 지역사회에서 실제로 발생한 문제를 찾아 해결해 보도록 한다. 이를 위해 이이들이 자신이 살고 있는 지역의 문제를 직접 찾아나서는 과정은 경험의 폭이 좁고 자기중심적 사고에서 벗어나지 못한 아이들에게는 쉬운 일이 아니다. 따라서 다양한 방법으로 조사할 수 있음을 알려주고 직접 탐방을 통해 찾아나서는 것은 효과적인 학습의 시작이라고 생각한다. 조사된 지역사회의 문제의 원인을 탐구하고, 그 중에서 해결하고 싶은 지역문제를 선정하는 과정을 통해 회의에서 의견을 적극적으로 교환하도록 설계하였다. 문제해결을 위한 정보를 수집하여 그 중에서 민주적이고 합리적인 방법으로 문제를 해결하는 방법을 알아보도록 하는 것에 그림책과 퍼실리테이션이 활용되고 있다. 그림책을 통해 어느 공동체나 문제가 생길 수 있고 그 문제를 해결하기 위해 노력하는 이야기로 우리 지역의 문제 또한 우리가 해결할 수 있다는 자신감을 갖게 하고 나아가 한 지역에 살고 있는 시민으로써 그 지역의 문제를 해결하고자 하는 세계관 확장으로 이어질 수 있음을 자연스럽게 알 수 있도록 하였고, 퍼실리테이션을 통해 학생들의 자발적 참여의 기회를 만들어 주고, 결정권을 부여하며 여러 사람의 의견을 존중하며 민주적 합의에 이르는 과정을 경험할 수 있도록 하였다.							

수업흐름	오늘 수업은 공동체 생활을 하는 우리들의 당면한 문제를 어떻게 해결할 것인가에 대해 생각해 보는 시간이다. **[배움1]**에서는 그림책 '목기린씨, 타세요!'를 읽고 이야기의 내용파악을 통해 그 마을 공동체에 어떤 문제가 있으며 그 문제를 어떻게 해결해 나갔는지를 살펴보도록 한다. 이 부분은 수업목표를 아우르는 내용이 포함되어 있어 수업 중 아이들에게 방향을 제시할 수 있도록 설계하였다. **[배움2]**에서는 지금 우리가 살고 있는 지역의 문제에는 어떤 것이 있는지(사전조사를 통해 알아 온) 같이 나누고, 조사해온 지역의 여러 가지 문제 중 우리가 해결해야 할 문제를 보팅을 통해 선정한다. **[배움3]**에서는 선정된 문제의 발생 원인을 이야기 나누어 본 후, 해결할 수 있는 방법을 교과서를 통해 찾아보도록 한다. 그 중에서 가장 민주적이고 합리적인 방법을 탐색해 보도록 매트리스 기법을 통해 의논하고 선택되어진 방법에 대해 전원 다같이 'Pist To Five'로 협의한다. 수업에 대해 어떤 느낌이 드는지 이야기해 보고 배움공책을 정리한다.	**수업 설계 단계** ☑ 주제정하기 ☑ 비계제시하기 ☑ 시각화하기 ☑ 심화 탐구하기 ☑ 과제해결하기 ☑ 성찰하기
성찰	• 배움의 과정을 통해 자신의 성장점 공유하기	

수업 설계안 및 수업 결과물

학생 주도 배움을 위한 러닝퍼실리테이션 수업

러닝퍼실리테이션이란 Learning과 Facilitation의 합성어로 '학습자'와 '동료상호작용'을 통해 학습을 촉진하고 문제를 해결하는 것을 말한다. 이를 수업에 적용한 교수법이 러닝퍼실리테이션수업이다. 그래서 수업의 주체는 학습자인 것이다. 학습자의 주도성과 자율성, 선택과 책임으로 이루어지는 수업인 것이다. 오늘의 수업도 일련의 지역 문제해결과정을 살펴본 뒤 자신이 살고 있는 지역사회에서 실제로 발생한 문제를 찾아 해결해 보도록 한다. 이를 위해 아이들이 자신이 살고 있는 지역의 문제를 직접 찾아나서는 과정은 경험의 폭이 좁고 자기중심적 사고에서 벗어나지 못한 아이들에게는 쉬운 일이 아니다. 따라서 다양한 방법으로 조사할 수 있음을 알려주고 직접 탐방을 통해 찾아나서는 것은 효과적인 학습의 시작이라고 생각한다. 자기주도적이 학습의 시작인 것이다.

수업에 앞서 사회과 4학년 1학기 3단원 성취기준과 국어 4학년 1학기 6단원 성취기준을 제시하여 무엇을 배울 것인지, 어떤 것이 궁금한지에 대한 질문을 만들어 봄으로써 수업에서 학생들이 주도적으로 참여할 수 있도록 하였다. 아이들의 질문을 바탕으로 교사는 수업을 어떻게 설계할 것인지 고민을 풀어보고 수업에 적용했다.

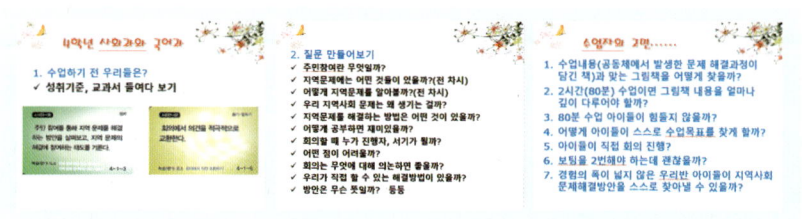

"목기린씨 타세요"는 일반 그림책들보다 글밥이 많은 책이어서 수업시간 내에 다 읽을 수 있는 내용이 아니기 때문에 국어시간을 이용해서 읽는 활동을 먼저 했다. 이때 인상깊은 장면이나 글을 미리 찾아서 써서 책 속 표지에 붙여두었다. 이것은 수업공개 본 차시에 배움1에서 함께 나누었다. 또 책을 읽으며 생기는 질문을 미리 만들어서 속표지에 붙여두었는데 이 질문은 본차시 수업에서 방향을 제시하는 초석이 되었다. 그리고 수업과 관련된 성취기준과 교과서를 들여다보고 성취기준을 통해 우리가 배울 내용을 '질문 만들어 보기'를 이용해서 학습순서와 방법에 학생들이 주도적으로 참여할 수 있도록 했다.

주제 정하기 및 확인하기

아이스브레이킹: 1~2교시 수업이라 분위기 환기 및 학습동기유발을 했다. 수업공개에 대한 부담감을 털어주고 분위기를 풀어주고자 자신의 기분을 100점을 기준으로 써 보고, 오늘 수업시간에 "경험해 보고 싶은 것"을 써서 돌아가며 발표하기를 했다. 선생님들께서 다 들어와 계셔서 그런지 긴장하며 시작했는데 자신의 기분과 경험해 보고 싶은 것을 발표하는 과정에서 분위기가 많이 부드러워졌다.

배움주제 확인 및 배움순서와 배움규칙 확인하기: 성취기준을 분석해 둔 질문과 교과서 124쪽과 128쪽을 살펴보고 오늘 수업시간에 무엇에 대해 배우고 싶은지 생각해 보고 배움문제를 찾아보고 발표를 하고 확인한 후 러닝퍼실리테이션수업에서 중요한 과정 중의 하나인 규칙확인하기를 통해 수업시간에 지켜야 할 규칙(Ground Rule)에 대해 안내했다. 이 규칙은 3월에 학급 세우기를 할 때 수업에서 지켜야 할 규칙을 다같이 의논해서 결정한 것이어서 학생들이 스스로 지키고자 노력하고 있으며 수업에 참여를 높이기 위한 효과적인 방법이다.

- Ground Rule -
모든 의견은, 동등하게, 귀중하다.
1. 먼저 듣기, 나중에 말하기
2. 순서와 시간 지키기
3. 즐겁고 활기차게
4. 큰소리로 또박또박 발표하기

-글을 쓸 때는-
1. 한 쪽지에 한 가지 생각
2. 글씨는 굵고 크게 쓰기
3. 자기가 좋아하는 색으로

비계제시하기(그림책과의 만남)

'목기린씨, 타세요'를 읽고 내용 파악하기: '목기린씨, 타세요'를 읽고 내용 파악을 위한 질문의 순서를 공동체에서 발생한 문제는 무엇이고, 그 문제를 해결하기 위해 화목마을에서는 어떤 일이 벌어지는가에 초점을 맞추었다. 이를 통해 어느 공동체에나 문제가 생길 수 있고 그 문제를 해결하기 위해 다같이 노력한다는 것을 질문에 대한 답을 찾아가는 과정에서 스스로 알아내도록 질문을 구조화시킨다. 인상깊은 장면이나 글을 이야기할 때는 책을 읽으며 메모해 두었던 것을 돌아가며 발표하는 형식으로 진행하였으며, 책을 읽고 질문만들기 한 내용은 질문을 칠판에 붙여서 서로 묻고 답하기를 하는 과정에서 서로의 생각을 나누고 우리가 경험하는 지역사회 문제 속으로 이어주는 고리역할을 학생들이 찾아내도록 했다.

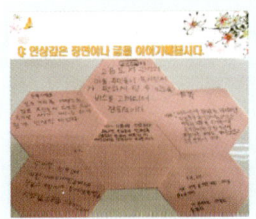
그림책

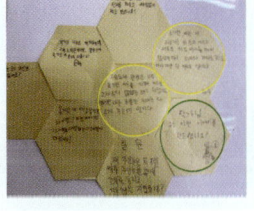
인상깊은 장면이나 글

책읽고 질문만들기

시각화하기

우리 지역 사회의 문제 알아보기: 우리 지역사회 문제를 확인하는 방법(지역 주민과 면담하기, 지역신문이나 뉴스 찾아보기, 시청 및 도청과 지역 사회 단체의 누리집 방문하기, 현장조사하기 등)을 알아보고 그 중에서 현장

조사하기를 통해 우리 지역사회에 어떤 문제가 있는지 직접 조사해서 배움공책과 아이톡톡 과제방에 정리해 온 내용 중에서 5가지를 뽑아서 다시 포스트잇에 정선해서 쓴 후 직접 앞에 나와서 발표하고, 내용을 유목화해서 정리해 보았다. 이 과정은 평소 러닝퍼실리테이션수업을 많이 해 온 아이들이라 어렵지 않게 할 수 있었다.

-우리 지역사회의 문제-
환경오염문제   안전문제
소음문제   주차문제
주택노후화문제   시설부족문제

① 톡톡클래스 과제방에 있는 내용을 붙임쪽지에 옮겨 적는다.
② 1명씩 나와서 쓴 내용을 발표하고 붙인다.
③ 모두 발표한 후 유목화한다.
④ 문제별로 제목을 붙여 스토리보딩한다.
⑤ 투표를 통해 우리가 해결해야 할 지역문제를 선정한다.

유목화된 내용 중에서 투표를 통해 우리가 해결해야 할 지역문제를 선정하는 활동은 국어시간 배운 회의진행 방법을 가져와서 아이들이 직접 회의해 보는 시간을 가졌다. 학생 중 한 명이 사회자를 맡아서 기준을 정해서 투표로 결정하는 방법이었다. 4학년 국어 6단원 회의를 해요를 통해 학급회의에 대해 배우고, 학교 다모임시간에 회의를 자주 해왔던 터라 아이들이 잘 진행되었다. 이 회의의 투표결과로 우리마을에서 해결해야 할 여러 문제(환경, 주택, 시설, 교통, 안전, 인구 등) 중에서 선택된 것은 '편의시설이 부족하다'로 선정되었다. 이것은 곧 우리가 해결해야할 심화탐구문제가 되었다.

  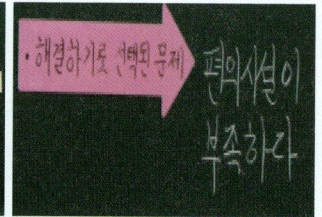

심화탐구 문제 정하고 과제 해결하기

지역문제의 해결방법 및 주민참여 알아보기: 해결방법 찾아보기에서는 해결해야 할 문제를 확인하고 그 문제가 발생한 원인이 무엇인지 의논해 보니 편의시설을 이용하는 인구가 적고, 그런 불편한 점을 인지하더라도 문제를 해결하고자하는 의지가 부족하기 때문이라는 의견이 나왔다. 그리고 이 문제를 해결하는 방법을 3명씩 2모둠으로 짜서 모둠별로 찾아서 포스터잇에 적은 후 화이트보드에 붙여서 발표해 보기로 했다. 교과서에 예시로 나와있는 문제를 해결하는 방법을 보고 그대로 정리해서 쓰고 있는 모둠이 있었다. 다시 모둠별로 다시 설명을 해 주었더니 한 모둠은 이해를 하고 바로 정리해서 의논한 후 방법을 찾아내었고, 한 모둠은 기록하기로 한 친구가 이해가 안 되어서 한참 동안 교사의 설명을 다시 듣고 도움을 받아야 했다. 이 과정을 통해 주민참여가 지역문제를 해결하는 과정에서 지역주민이 중심이 되어 참여하는 것이라는 것을 이해하게 되었다.

〈모둠별 해결방법 찾기 순서〉
① 교과서 119쪽, 124~125쪽 등 주어진 자료 참고해서 지역의 문제를 해결하기 위한 방법을 찾는다.
② 찾은 내용을 붙임쪽지에 쓰고 화이트보드에 붙인다.
③ 모둠별로 발표하고 칠판에 붙인다.

〈의사결정 매트리스 방법〉
① 선택기준 정하기(실현 가능성, 스스로 할 수 있는 것)
② 매트리스 위에 찾은 방법을 기준에 따라 놓아보기
③ 선택된 방법에 대한 동의여부를 Pist To Five)로 파악하기
④ 결정된 해결방법을 확인하기

해결방법 선택하기: 모둠별 활동이 끝난 후 발표해서 나온 의견 중에서 해결방법을 선택해서 실행해야 하는데 '의사결정 매트릭스'를 이용해서 기준을 정한 후 투표하고 동률이 나온 것 중 합의를 통해 해결방법을 선택하였다.

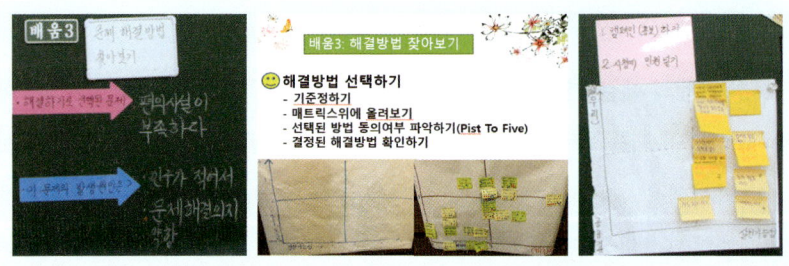

성찰하기(배움 정리)

정리된 칠판을 보면서 '목기린씨, 타세요'와 연관지어 학습내용을 정리하고 이때 질문할 사항이 있는지, 이해가 되지 않는 부분이 있는지 다시 한 번 확인한다.

새롭게 배운점, 느낀 점, 실천할 내용을 성찰하고 모두 발표한 후 다음 차시에 해야 할 내용이 무엇인지 학생 스스로 확인하고 발표하도록 한다.

학생성찰-배(우고), 느(끼고), 실(천할 것)

- 김○○: 서로의 의견을 듣고 가장 좋은 방법을 정하는 활동이 좋았습니다. 지역사회 문제해결 방법을 우리 스스로 정하는 것인 만큼 홍보활동도 하고 시청홈페이지에 글을 올리는 활동을 실천했으면 좋겠습니다.
- 윤○○: 국어시간에 했던 회의보다 우리 지역 문제해결을 위해 하는 오늘 투표가 더 어려웠던 것 같아요. 기준이 우리가 할 수 있는 방법을 정하는 것이라서 더 그랬던 것 같습니다. 그래도 여러 가지 문제해결 방법을 알게 되어서 좋고, 이것을 다음시간에 하나씩 실천해 나갈 텐데 우리반 친구들끼리 협동해서 잘 해 나가서 우리 지역이 좀 더 발전했으면 좋겠습니다.

- 김○○: 원래 제가 발표할 때 목소리가 큰데 선생님들께서 와 계셔서 긴장해서 목소리가 떨렸던 것 같아서 아쉬워요. 다음에는 더 발표 잘하도록 하겠습니다. 그래도 선생님들께서 많이 오셔서 기분이 좋았고요. 그림책이 재미있었고, 그림책에 나오는 내용 덕분에 지역사회 문제해결을 위한 힌트를 좀 얻을 수 있었던 것 같습니다.
- 손○○: 저는 오늘 수업시작 할 때 기분점수가 65점이었는데 수업이 잘 끝나서 80점으로 올라간 것 같아요. 심장이 너무 두근거렸어요. 오늘 새로 배운 것은 주민참여라는 말을 처음 들었는데 그 뜻을 알게 된 거에요. 우리도 지역을 위해서 할 수 있는 일이 있다는 것을 알게되어서 기뻐요
- 윤○○: 모둠활동할 때 어떻게 해야 할지 잘 몰랐는데 친구들이 도와줘서 잘 알게 되었어요.
- 박○○: 선생님이랑 같이 했던 활동이 처음한 것((의사결정 매트릭스))도 재밌었어요. 모둠활동 때는 기록하는 태○가 많이 힘들었을 것 같았어요. 지역에 홍보하는 활동을 하러 가기로 정해졌는데 홍보물을 잘 만들어서 다음 활동이 잘 되었으면 좋겠어요.

교사성찰-배(우고), 느(끼고), 실(천할 것)

■ 수업을 통해 내가 배운 점

- 우리 주변의 문제에 대한 진지한 고민: 사전에 우리 지역의 문제에 대하여 관심을 가지고 조사한 내용이 생각보다 구체적이어서 인상적이었음. 교과서의 내용을 바로 활용하는 것이 아니라 지역의 문제에 대하여 진지하게 고민하는 살아있는 수업이었음.

- 수업의 핵심을 잃지 않아 더욱 빛나는 그림책 연계 수업: 교과의 내용과 연계한 그림책을 찾기 위한 노력이 좋았음. 자칫 어렵게 느껴지고 우리와는 무관하다고 느끼는 지역문제에 대한 내용을 책과 연계하여 수업함으로써 아이들이 좀 더 학습의 주제에 쉽게 접근할 수 있는 기회를 주었다고 생각함.

- 러닝퍼실리테이션수업에 도움이 됨: 러닝퍼실리테이션을 공부하고 있지만 러닝퍼실리테이션은 참 어려운 수업이라고 생각함. 아이들에게 수업의 주도권과 자율성을 넘기는 것은 나에게는 참으로 어려운 일이기 때문임. 그림책으로 비계를 제시한 러닝퍼실리테이션 수업을 통해 지역 문제와 주민 참여를 자연스럽게 경험할 수 있게 한 점이 그나마 흥미롭고 성공적이지 않았나 생각함.

- 유목화하는데 어려움이 있을 때, 교사가 그냥 유목화하는 것이 아니라 반드시 아이들에게 먼저 물어보고, 또 그 글을 쓴 본인에게 확인하는 과정에서 한 사람의 의견도 놓치지 않으려고 노력함. 지역 문제를 해결하는 방법을 민주적이고 합리적인 방법을 찾기 위해 의사결정 매트릭스 방법으로 한 것이 좋은 시도였다고 생각함. 합의한 것을 실천하기 위해 다음 시간에 논의될 것이 기대되는 수업이었음.

■ 아이들 활동 중 알게 된 점

1. 퍼실리테이션에 대해 잘 모르지만 막연하게 '어른들의 영역'이라고 생각했었다. 그래서 수업과 접목을 시키는 것은 더욱 어렵고 요원해 보여 엄두를 내지 못하였다. 하지만 수업을 하고 나서 학생들도 충분히 해낼 수 있구나 하는 것을 느꼈고(마지막 활동이었던 매트리스 기법은 학생들이 이해조차 하지 못할 줄 알았는데, 제대로 해내는 것을 보고 사실 좀 놀랐다), 러닝퍼실리테이션 과정에서 가장 중요한 것은 학습자에 대한 믿음, 그리고 퍼실리테이터 개인의 역량이라는 것을 절실하게 느꼈다. 그래서 수업을 보고 나서 더 높은 벽에 부딪힌 느낌이 들기도 한다.

2. 그림책에 대한 이해가 높고 그림책을 읽고 오늘 공부할 주제를 찾을 수 있도록 연관을 잘 지음.

3. 수업을 위해 사전 준비가 잘 되었음(지역 문제 찾아오기)

■ 수업보신 참관자들의 느낀 점

1. 퍼실리테이션과 접목시키지 않았다면 쉽게 진행할 수 있었던 수업이라고 생각한다. 하지만 단조롭고 학습자가 배워가는 것이 별로 없는 수업이 되었을 것이다. 어찌보면 쉬운 길을 두고 굳이 어려운 길을 택해서 힘들게 가는 수업으로 보일 수도 있겠지만, 그 과정에서 학습자에게 일어나는 배움의 과정과 결과는 아주 큰 차이가 있을 것이라고 생각한다. 그리고 그 어려운 길로 학습자를 인도하는 수업자의 열정과 노력이 돋보였다.

2. 초등학교 수업을 정말 처음 보는 것 같습니다. 신기하기도 하고 어찌 보면 아주 쉬운(^^) 수업을- 이 말은 교사가 그냥 끌고 나가면- 아이들에게 돌려주어서 스스로 해결해 보도록 한 것이 아주 인상 깊었습니다. 작년부터 선생님께서 하시는 퍼실리테이션 회의에 참여해 본 저로써는 이것이 수업과 연관되어진다는 것이 신기하기도 하고 배울 점이 정말 많았다는 것입니다. 아이들의 자율성을 중시해 주시고 무엇보다 아이들이 스스로 질문을 하고 답을 찾아나가도록 계속해서 이끌어 나가주시는 부분에서 놀라움을 금치 못했습니다. 많이 배웠습니다.

■ 궁금한 점

Q. 러닝퍼실리테이션수업의 정해진 과정이 있을까요?

A. 경남토론교육연구회에서 연구를 통해 일련의 과정은 다음과 같습니다. 주제정하기→ 비계제시하기→ 시각화하기→ 심화탐구하기→ 과제해결하기→ 성찰하기의 단계입니다. 그러나, 그 틀에서 조금씩 가감할 수 있습니다. 본 수업에서는 주제정하기(배움목표)→ 비계제시하기(그림책 읽기)→ 개인 또는 모둠별 탐구목표 정하기(해결할 지역문제 선정하기)→ 심화탐구하기(지역문제 해결방법 찾기)→ 공유하기(칠판에 게시)→ 성찰하기 순으로 변형되어 적용되었습니다.

Q. 퍼실리테이션을 수업과 접목을 시킨다는 것이 상당히 까다롭고 때때로 높은 장벽을 마주하고 있는 것처럼 막막할 것 같기도 합니다. 4학년을 여러 해 동안 지도하시면서 같은 교육과정이지만 해마다 조금씩 다르게 운영하고 계신 것으로 아는데, 러닝퍼실리테이션을 적용하여 지도했을 때와 그렇지 않았을 때, 학습자에게서 또는 학습 결과에 어떤 차이점들이 보여지는지 궁금합니다.

A. 사실 쉬운 수업을 왜 이렇게 어렵게 하냐는 이야기를 들을 때가 있습니다. 교사가 다 정해주고 아이들에게 동의만 구한 후 그대로 한다면 너무나 쉽게 넘어갈 수 있는 수업입니다. 하지만 수업민주주의를 지향하는 저는 아이들이 사회에서 민주적으로 살아가길 바랄 뿐만 아니라 그 경험을 학교에서도, 수업시간에서도 하기를 바랍니다. 그래서 쉬운 길을 둘러서 가는지도 모릅니다. 러닝퍼실리테이션 수업을 하고 나서는 아이들이 스스로 수업(수업내용, 수업방법 등)에 대한 선택권과 결정권이 주어져서 수업에 대한 기대감과 책임감이 한층 높아진 것을 알 수 있었습니다. 같은 수업을 뻔하게 하지 않고 학습자에게 수업의 주도를 넘겨주는 일! 그것은 학습결과에 대한 책임도 학생들이 지게 되고 결국은 학습결과를 더 향상시키는 밑거름이 된다는 것을 알게 되었습니다. 시간이 많이 걸리더

라도 해나가야 할 수업이라고 생각되어집니다. 특히 2022 개정교육과정에서는 교사교육과정을 넘어 선택교과를 만들어 수업을 해야 합니다. 그럴 때 이 러닝퍼실리테이션 수업을 시도해 본다면 유의미한 결과를 가져올 것이라 여겨집니다. 이미 2022 개정교육과정을 연구학교로 운영한 학교에서 러닝퍼실리테이션 수업을 적용하고 이를 보고회에서 발표하는 것을 보고회 사례를 통해 알게 되었습니다. 경남에도 러닝퍼실리테이션 수업의 저변이 확대되기를 바랍니다.

초등 수업 나눔

그림책과 질문으로 만들어가는 전교생 토의·토론 수업

작은학교 교과통합수업

과목	교과통합	단원	1~6학년 국어교과 독서단원 및 통합, 사회, 도덕 관련 단원	대상	초1~6	구분	초
				수업자	최영점		
주제	그림책과 질문으로 만들어가는 전학년 토의·토론						
교육과정 성취기준	1학년	국어 [2국02-05] 읽기에 흥미를 가지고 즐겨 읽는 태도를 지닌다. 통합 [2슬05-01] 이웃과 더불어 생활하는 모습을 조사하고 발표한다.					
	2학년	국어 [2국03-02] 자신의 생각을 문장으로 표현한다. 통합 [2바07-02] 다른 나라의 문화를 존중하고 공감하는 태도를 기른다.					
	3학년	국어 [4국02-05] 읽기 경험과 느낌을 다른 사람과 나누는 태도를 지닌다. 사회 [4사02-06] 현대의 여러 가지 가족 형태를 조사하여 가족의 다양한 삶의 모습을 존중하는 태도를 기른다.					
	4학년	국어 [4국05-05] 재미나 감동을 느끼며 작품을 즐겨 감상하는 태도를 지닌다. 사회 [4사04-06] 우리 사회에 다양한 문화가 확산되면서 생기는 문제(편견, 차별 등) 및 해결 방안을 탐구하고, 다른 문화를 존중하는 태도를 기른다. 도덕 [4도03-02] 다문화 사회에서 다양성을 수용해야 하는 이유를 탐구하고, 올바른 의사 결정 과정을 통해 다른 사람과 문화를 공정하게 대하는 태도를 지닌다.					
	5학년	국어 [6국05-05] 작품에 대한 이해와 감상을 바탕으로 하여 다른 사람과 적극적으로 소통한다. 도덕 [6도02-02] 다양한 갈등을 평화적으로 해결하는 것의 중요성과 방법을 알고, 평화적으로 갈등을 해결하려는 의지를 기른다.					
	6학년	국어 [6국02-06] 자신의 읽기 습관을 점검하여 스스로 글을 찾아 읽는 태도를 지닌다. 도덕 [6도03-04] 세계화 시대에 인류가 겪고 있는 문제와 그 원인을 토론을 통해 알아보고, 이를 해결하고자 하는 의지를 가지고 실천한다.					
학습 성취 기준	- 읽기 경험과 느낌을 다른 사람과 나누는 태도와 쓰기에 자신감을 갖고 자신의 글을 적극적으로 나누는 소통적 역량을 지닌다. - 재미나 감동을 느끼며 작품을 즐겨 감상하는 태도와 다른 문화를 존중하고 공감하는 태도를 지닌다. - 올바른 의사결정과정을 통해 다양한 갈등을 평화적으로 해결하는 태도와 의지를 가지고 실천한다.						

수업 의도	독서토론교육은 누구나 어려워하는 수업 중의 하나이다. 전교생이 60명 이하인 작은 학교에서는 한 반에서 이루어지는 토론에 다양한 의견이 나오지 않아 어려움을 겪을 때도 있다. 따라서 이를 극복하고자 작은학교인 산내초등학교는 2019년 4~6학년 대상, 2020년 전학년을 대상으로 비경쟁독서토론을 도입하여 독서토론을 꾸준히 해 오고 있다. 1학년부터 6학년까지 이루어지는 독서토론이기 때문에 스토리가 있는 '그림책' 위주로 선정해서 전문적학습공동체에서 교사들이 공동연구를 해서 먼저 수업을 실연하고 난 후 이루어지고 있다. 2022년에는 전교사가 학교밖 전문적학습공동체 퍼실리테이션 모임인 '여우실꽃'에 가입하고 퍼실리테이션을 이용한 민주적 학교문화 형성에 힘쓰고 있으며 특히 퍼실리테이션을 수업에 접목한 러닝퍼실리테이션의 단계를 향해 나아가고 있다. 올해는 그림책과 러닝퍼실리테이션으로 펼쳐지는 토론수업으로 진화해 나가고 있다. 이번 그림책은 다문화 관련 그림책이다. 전학공 시간에 '다문화 수업의 어려운 점'과 '나만의 다문화수업 방법'에 대해 이야기해 보았다. 대부분의 교사들이 '다문화'라는 단어가 주는 언어적 위화감과 거리감을 느끼고 있었다. 그래서 다문화 수업을 '다름'에 대한 수업으로 확장에서 하는 편이라 배움목표도 '다문화 관련'이라는 단어를 삭제하기로 했다. 또한 학생들은 편견이 없는데 교과서에서 오히려 편견을 심어주는 방향으로 구성되어 있는 점을 들어 교과서 이외의 방법으로 자연스럽게 수업하는 방법을 고려해 보아야 한다는 의견들이 있었다. 수업방법으로는 문화체험, 음식, 동영상 등의 방법으로 하던 수업이 그림책을 이용한 수업으로 변화되어 온 것을 알 수 있었다. 학생들은 우리가 생각하는 것보다 더 보편적으로 이 책을 읽을 것이다. 다른 문화, 다른 음식, 또는 올바른 언어 사용, 배려, 학교폭력 등등.... 어떤 토론주제가 아이들의 질문 속에 숨어 있을지 기대되며 그 질문에 대한 다양한 의견을 내며 서로 성장해 나갈 학생들의 모습을 기대해 본다.
수업흐름	본 수업은 학생 다모임 시간을 이용한 전교생 독서토론 수업이다. 이 수업을 계획하는데에는 본교의 수업나눔교사 1인의 주도하에 각 학년 담임선생님과 전담선생님의 도움 및 6학년 육남매 리더들과의 사전 협의가 있었다. 본 수업은 그림책을 중심으로 한 퍼실리테이션을 접목한 토론수업이다. 본교 학생들의 수준과 각 학년별 수준차를 고려하여 설계되었다. 도입에서는 아이스브레이킹으로 〈그림책과 만나기〉를 통해 평소 생활에서 다문화감수성을 얼마나 느끼고 있는지 이야기나누기를 통해 학생들의 생각을 들어보는 시간을 가지고 배움1〈그림책과 친해지기〉에서는 PPT자료를 교사 1인이 읽어준 후 각 육남매별로 인상적인 장면, 기억에 남는 글을 포스트잇에 적은 후 돌아가며 이야기 나누기를 한다. 배움2〈질문있어요!〉에서는 책을 읽으며 생긴 의문, 독자, 작가에 대한 질문 등을 만든 후 육남매 안에서 나누고 전체에서 같이 이야기 나누고 싶은 질문 하나를 선택한다. 배움3〈토론해요!〉에서는 각 모둠에서 나온 6가지의 질문 중에서 토론하고 싶은 주제 하나를 정해서 육남매별로 토론하고 토론 내용과 느낀점을 발표하고 수업을 마무리한다.	**수업 설계 단계** ☑ 주제정하기 ☑ 비계제시하기 ☑ 시각화하기 ☑ 심화 탐구하기 ☑ 과제해결하기 ☑ 성찰하기
성찰	• 활동 소감 작성 – 학생: 수업을 통해 배운점, 느낀점, 실천할 점 – 참관 학부모: 느낀 점, 질문 작성하기	

수업 설계안 및 수업 결과물

주제정하기: 그림책과 질문으로 만들어가는 전교생 토의·토론 수업

■ **전교생 토의·토론 수업의 시작**

러닝퍼실리테이션 수업을 1학기 때 공개하고 2학기 때는 학부모공개수업을 전학년을 대상으로 하는 토의·토론수업을 하는 것은 어떨까 생각해 보았다. 산내초 교사들은 밀양행복교육지구 학교 밖 학습공동체 '여우실꽃'(퍼실리테이션 연구회) 회원이다. 1년 동안 퍼실리테이션 공부를 함께 해 오고 있는 동료들이다. 선생님들과 함께 학교에서 퍼실리테이션을 수업에 적용해 가고 있다. 특히 학생자치활동은 구성부터 운영 모든 면에 퍼실리테이션이 적용되고 있고 육남매(전학년을 섞어 만든 6개의 자치모둠)를 만들어 리더를 세우고 퍼실리테이터로 세워가고 있다. 그러던 중 작년 학부모 중 다자녀를 두신 분께서 학부모 공개수업 때 이 교실, 저 교실 가서 참관하는 것이 바쁠 때는 많이 힘들다고 하신 의견을 해결하기 위해 전교생을 대상으로 수업공개를 하기로 합의했다. 메인퍼실리테이터인 선생님 한 분 전체 진행을 하고 6분의 선생님께서 테이블퍼실리테이터로 육남매 모둠에서 지원하기로 했다.

■ **그림책 선정은 어떻게?**

전교생이 그림책 한 권으로 함께 수업을 한다는 것은 시작부터 삐걱대었다. 주제는 무엇으로 할 것인가? 주제에 맞는 그림책을 무엇으로 정할 것인가? 모든 학년 아이들에게 비계로 제시되었을 때 제대로 된 이해가 가능할까? 1~6학년까지 관련 성취기준을 모두 제시할 것인가? 그것을 바탕으로 새로운 성취기준을 만들 것인가? 등 질문이 쏟아졌다. 그래서 주제 정하기의 경우 교과서를 가져와서 공통 주제를 뽑아보기로 하고 정한 것이 '다문화 이해, 문화 존중, 세계화, 국어 독서단원의 작품감상, 문학 작품이해 등'으로 좁아졌고 그것을 엮어서 〈독서활동을 통한 서로 다른 문화 이해〉였다. 그 후 다문화수업의 어려움이 무엇인지, 자신만의 다문화 수업 방법을 서로 나누어 보았다. 그 방법 중에서 '그림책'을 비계로 제시하기로 하고 '샌드위치 바꿔먹기'라는 그림책을 선정하게 되었다. 학생들은 자신의 수준에 맞게 그림책을 읽고 해석하고 이해하고 나눌 것이라는 믿음 하에!

■ 성취기준 엮어보기

전교생 수업을 설계하다보니 학년별로 최소 2~3개의 주제 관련 성취기준을 발췌할 수 있었다. 그 성취기준을 나열하고 주제와 관련된 성취기준을 정리해 나갔다. 비슷한 것은 유목화하여 엮고, 지식, 기능, 가치(태도) 영역이 나타날 수 있도록 했다. 처음에는 성취기준을 다시 재구성한다는 것에 거부감을 느꼈지만 전문가로서 교사교육과정을 만들어가는 첫 걸음이라는 생각이 들었고 이 경험은 다음 수업에서 성취기준을 만들 수 있는 발판이 되었다.

배움 열기 및 주제 확인

■ **배움주제 확인 및 배움순서와 배움규칙 확인하기:** 전교생을 대상으로 하는 수업이고 학부모공개를 겸하는 수업이기 때문에 처음으로 러닝퍼실리테이션 수업을 접하는 학부모를 위해 퍼실리테이션과 퍼실리테이터에 대한 안내를 드린 후에 배움순서와 배움규칙을 확인했다.

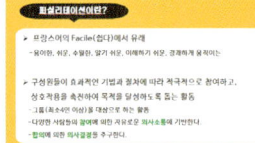
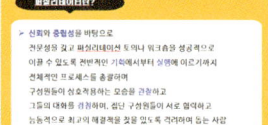
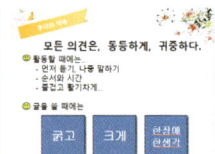

■ **동기유발하기(아이스브레이킹):** 그림책과 만나기

✓ 그림책 표지 만나기

글: 라니아 알 압둘라 왕비
  젤리 다푸지오
그림: 트리샤 투사
옮김: 신형건
출판사: 보물창고

- "샌드위치 바꿔 먹기" 표지 보여주며 생각열기
  - 표지(글, 그림)를 보고 알 수 있는 것(보이는 것, 느껴지는 것, 내용 추측 등)은 무엇인지 이야기 나누어 본다.
  - 샌드위치는 왜 바꿔먹을까? 이야기 나누어 본다.
  - 학생들이 자신의 생각을 이야기할 수 있도록 다양한 질문을 던진다.
- 다른 나라 음식을 먹어본 경험과 그때의 느낌을 모둠별로 한 명씩 돌아가면서 이야기 해본다.

이 과정에서 학생들은 비계로 제시되는 그림책을 통해 주제에 대한 호기심을 갖게 되고 표지를 보고 추측한 내용을 통해 배움에 대한 동기를 갖게 되는 것을 경험하게 된다. 무엇보다 책표지 읽기를 할 때는 다양한 생각들이 나올 수 있도록 '꼬리에 꼬리를 무는 질문(꼬꼬무)' 식으로 전개하면 다양한 아이들이 동시다발적으로 반응하며 참여하게 된다. 실제로 책표지 읽기를 통해 '왜 하필 샌드위치일까?/ 풀밭인 걸 보니 소풍을 나온 것 같다/ 두 친구를 친한 사이인 것 같다/ 샌드위치 때문에 더 친해진 것 같다/왜 남자아이는 없을까?/두 친구의 머리카락 색이 다른 것으로 보아 다른 인종일 가능성도 있다/글 쓴 사람의 경험을 가지고 쓴 책일 수도 있다' 등의 다양한 추측과 질문이 나왔다.

비계제시하기(그림책과의 친해지기)

- **'샌드위치 바꿔 먹기'를 읽고 내용 파악하기**

비계로 제시되는 그림책은 학습자에게는 배움에 대한 에너지를 제공하는 기초이다. 주제에 보다 쉽게 접근하게 하며, 흥미유발과 동시에 수업참여도 및 몰입도를 결정한다. 그림책을 비계로 정했던 만큼 그림책에 대한 몰입감을 더욱더 높이기 위해 도서관에서 도우미로 봉사하고 있는 학부모님께서 직접 '샌드위치 바꿔 먹기'를 읽어 주셨다. 이 때 각자 가지고 있는 자신의 그림책을 펼쳐서 글과 그림을 살펴보며 읽었다. 책을 읽은 후 샌드위치에 대해 잠깐 알아보는 시간을 가졌으며(샌드위치는 어느 나라 음식일까? 샌드위치 종류에는 어떤 것이 있을까? 책에서 나온 샌드위치는 어떤 종류였나?등) 읽은 내용의 줄거리를 간단하게 발표하도록 하고 대략적인 내용 파악한 후 모둠별로 책을 읽고 인상적인 장면 및 기억남는 글을 포스트잇에 각자 써 보고 돌아가면서 이야기 나누어 보는 과정을 통해 내용을 좀 더 들여다 보는 시각화의 첫 단계가 진행되었다. 이 과정에서는 서로 인상깊었던 부분을 공유하며 공감하고 서로의 생각이 다름을 이해하는 시간을 가졌다. 모둠별로 나온 의견을 모두에게 공유하는 발표 시간도 가졌다.

그림책 읽기

책읽고 인상깊은 장면 글 나누기: 모둠내 ➡ 전체

시각화하기(질문있어요!) 및 심화탐구 과제 정하기

■ 그림책을 읽고 질문 만들기로 시각화하기

비계(그림책)에서 제공된 자료를 정리해서 시각화하는 과정을 거쳤다. 주제에 관련된 이슈와 아이디어를 최대한 질문으로 꺼내어 놓고 개방형질문과 확산형 질문으로 주제의 맥락을 살피도록 했다.

학생들의 수준을 고려하여 책을 읽으면서 궁금한 부분, "왜 그럴까?" 하는 의심스러운 부분, 또는 작가나, 그림 속 주인공, 글을 읽는 독자, 스스로에게 질문할 내용이 있으면 쓰고 나누어 보도록 세분화해 주었다. 시각화 단계에서 사용되는 도구, 방법에 대해 학생들에게 안내하는 역할은 메인 퍼실리테이터가 진행하도록 하며 각 모두별로 학생들이 질문만들기를 할 때는 다양하게 나올 수 있도록 테이블퍼실리테이터들이 진행하고 이 때 테이블퍼실리테이터에게는 질문역량이 중요하게 작용한다.

각 모둠별로 나온 질문을 살펴보고 비슷한 질문들끼리 묶거나 내용질문, 생각질문, 성찰질문으로 다시 분류해보도록 한다. 유목화 작업이 끝나면 각 질문을 둘러보고 자신의 생각을 나누도록 한다.

질문만들기로 시각화하는 과정-모둠별

■ 시각화한 자료로부터 심화탐구 과제 정하기

각 질문에 대해 이야기를 나눈 후 토론하고 싶은 하나의 질문을 선정해서(스티커로 투표하거나 매직으로 점 찍기 또는 손들어 의사표시하기 등) 큰 포스트잇에 써서 붙여준 후 모둠별로 시각화한 질문만들기한 내용을 전체 공유하도록 한다. 시각화한 내용을 공유하는 것 또한 중요하다.

이 과정을 통해 학습자들은 비계제시를 통해 알게 된 것을 정리하고 목표지점을 눈으로 명확히 확인할 수 있으며 뭘 알고 뭘 모르는지 알 수 있고, 서로 배움을 나눌 수 있기 때문이다. 테이블퍼실리테이터들은 가르쳐줄 내용과 스스로 배울 것을 구별할 수 있도록 학생들을 지원한다.

질문만들기로 시각화한 내용-모둠별

과제해결하기(토론해요!)

■ 토론으로 심화탐구과제 해결하기

심화탐구하는 단계에서는 그림책을 읽고 질문만들기로 시각화를 통해 주제에 대해 정리가 되면 개인별, 모둠별 심화과제를 설정하고 탐구하여 전문적 지식 또는 생산적, 창의적 아이디어로 나아가는 단계이다. 즉, 경험을 재구성하고 일반화시키는 과정인 것이다.

이 수업에서는 육남매별로 구성된 모둠에서 선정한 토론 주제가 곧 심화탐구 과제가 되는데, 모둠에 따라 다양하게 나왔다. 따라서 주제에 맞는 퍼실리테이션 도구를 각 모둠별 테이블퍼실리테이터가 스스로 선택해서 적용하기로 했다. 우선 토론주제를 확인하고 자신의 생각을 정리해서 포스트잇에 쓴 후 돌아가며 발표한 후 내용을 확인하고 분류해서 유목화한다. 분류된 내용을 살펴보고 ①토론주제를 해결하기 위한 가장 좋은 아이디어 ②토론주제에서 맞게 가장 공감을 얻는 내용 ③모두의 의견을 연결한 생각 등 각 주제와 도구에 맞게 선택한 후 주먹오(FIST TO FIVE)로 동의를 구한 후 전체를 대상으로 공유한다.

토론으로 심화탐구하기-모둠별

■ 갤러리워크로 공유하기

토론하는데 예상보다 많은 시간이 소요되어 갤러리워크로 공유하는 방법을 선택했다. 갤러리워크를 하면서 아이들이 다른 모둠에서는 주제에 맞게 어떤 내용과 생각이 나왔는지 살펴보고, 참관하신 학부모님들과 작은학교에서 근무하시는 선생님들께서 같이 내용을 확인할 수 있었다.

갤러리워킹으로 공유하기-학생, 학부모, 참관교사

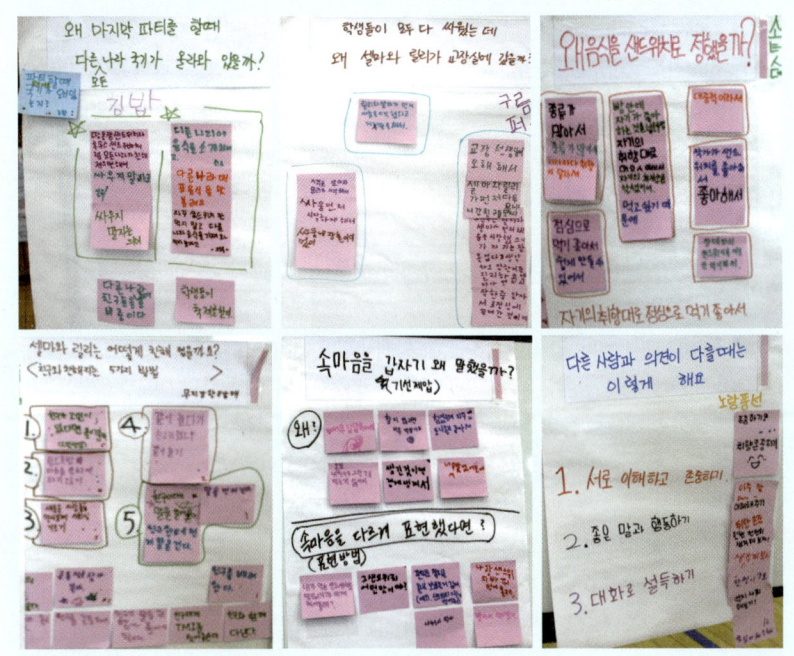

모둠별 토론용

배움 정리 및 성찰하기

■ **배느실로 배움내용 정리 및 성찰하기**

메인퍼실리테이터가 마지막 토론활동을 중심으로 전체 과정을 한 번 더 짚어주고 학생들은 나온 내용을 중심으로 배우고 느끼고 실천할 내용을 쓴 후 발표한 후 스티킷월에 붙이고 참관한 학부모와 교사들도 참관 소감을 써서 나누어 보았다.

- **학생 성찰 내용 요약 정리**
  - 후무스 샌드위치가 무엇인지 알게 되었고 여러 사람의 생각을 알 수 있어서 좋았다.
  - 우리 모둠에서는 '왜 음식을 샌드위치로 정했을까?'로 토론했는데 '자기 취향대로 먹을 수 있어서, 나라마다 취향이 달라서, 쉽게 만들 수 있어서, 대중적이라서' 등의 다양한 의견이 나왔는데 솔직히 다 하고 나니까 더 좋은 의견을 낼 걸 아쉽다라는 생각이 들었다.
  - 서로 존중하면서 하는 것이 좋았고 새로운 문화에 대해 편견을 갖지 말고 도전해야겠다는 생각이 들었다.
  - 겉모습만 보지 말고 친구한테 좋은 말을 사용해야겠다는 생각이 들었고 단체활동이 재미있었다.
  - 육남매와 함께해서 즐거웠고, 사람은 누구나 겉과 속이 다르다는 것을 알게 되었다. 편견을 가지고 사람을 대하지 말아야겠다는 생각이 들었다.
  - 재미있었고, 우리 육남매가 제일 잘 한 것 같아서 기쁘다. 그림에 나와있는 땅콩 샌드위치가 맛있어서 보여서 갑자기 배가 고파졌다.
  - 다같이 책을 읽고 이야기하니깐 재미있었다.
  - 먹고 있는 음식에 대해 비난하지 말자라는 생각이 들었다.
  - 힘들었고 재미있었다. 속마음을 다르게 표현하는 사람에 대해 좀 더 이해해야겠다는 생각이 들었다.
  - 친구와 친해지는 방법 5가지를 정할 때 다양한 의견이 나왔는데 내 의견이 제일 표를 많이 받아서 기분이 좋았다. 친구가 고민이 있다면 물어보고 잘 들어주어야겠다.

- **퍼실리테이터 교사 성찰**
  - 자연스럽게 질문을 만드는 것이 쉽지 않았다. 질문의 기술을 익혀야 겠다. '백만가지 아이들, 백만가지 생각들' 그 모두를 존중하고 이해하기 위해 노력해야겠다.
  - 학부모 참여 수업을 구성하여 아이들의 학습 활동을 이해하고 교육활동에 대해 더 호감을 가질 수 있는 계기가 되었다.
  - 아이들은 저마다의 생각과 느낌이 있고, 그것은 항상 존중받아야 한다.
  - 아이들의 생각이나 느낌이 신선하고 1~6학년이 함께 하는 그림책 토론이 의미가 있었다.
  - 육남매의 토론주제가 모두 달라서 의견이 다양하게 나와서 좋았고, 다른 모둠에서 토론한 내용을 보면서 이런 주제로도 토론이 가능하구나. 이렇게도 생각할 수 있구나.라고 생각할 수 있는 기회가 되었다.

- 학부모님들께서 많이 오셔서 좋았다. 수업이 많이 바뀌고 있다는 것을 인식하는 계기가 되었다는 말씀에 나도 동의한다. 시대는 다변화되어가고 아이들도 바뀌어 가고 있으므로 예전의 방식을 고집하기보다 그것을 바탕으로 좀 더 고민하고 발전하는 수업이 되었으면 좋겠다. 학생중심수업을 넘어 학생주도 수업으로 나아가는 첫 걸음이 되기를 바래본다.
- 아이들의 의견은 모두가 소중하다는 것을 알게 되었다. 러닝퍼실리테이션 수업은 2시간이 어떻게 지나가는지 모를 정도로 후딱 지나가고 참 어렵지만 하고 나면 뭔가 뿌듯하고 또 해야 겠다는 생각이 든다.

• **작은학교 근무 교사의 수업 참관 소감**
- 그림책과 퍼실리테이션으로 이루어진 토의·토론 수업이 학생들의 사고확장과 민주적 의사결정에 도움을 주었다고 생각됩니다. 우리학교에서도 전학년을 대상으로 이런 수업을 해 볼 수 있으면 좋겠습니다.
- 러닝퍼실리테이션 수업을 하기 전에 퍼실리테이션 공부를 먼저 해야겠다는 생각이 들었고, 소개해 주신 책들을 읽어보고 수업에 접목해 보아야겠다는 생각이 들었다.
- 같은 작은학교에 근무하는 입장으로 항생 학부모공개수업을 어떻게 할까? 고민하다가 기존의 수업방식을 그대로 할 경우가 많았는데 이런 좋은 수업방법을 알게 되어서 눈이 번쩍 뜨이는 느낌입니다. 물론 선생님들께서 전학공시간에 퍼실리테이션 공부를 열심히 하셨다는 것을 듣고 모두가 같이 한 방향을 향해 나아가기 위해서는 비전과 가치를 공유하는 것이 먼저 구나 라는 생각을 했습니다. 좋은 배움이었습니다.

• **학부모 수업 참관 소감**
- 수업이 다 좋았고 전교생이 활동하는 모습이 예뻤어요. 이런 독서토론이 (퍼실리테이션이 뭔지 설명 들어도 잘 모르겠지만 ^^) 자신의 주관과 창의력 향상에 도움이 되는 것 같습니다.
- 전학년이 참가하여 토론, 발표하는 모습이 좋았습니다. 산내학교 애들 모두 배려심과 존중하는 모습이 감동적이었습니다.
- 지시사항을 잘 따르고 능동적으로 잘 참여하고 모둠원과 소통이 잘 되는 모습이 보기 좋습니다.
- 학년별로 할 때는 참관 인원이 없어서 힘들었는데, 모든 학년이 모둠형태로 수업하는 모습이 아름답습니다. 새로운 수업방식이 신선합니다.

- 다른 사람과 의견이 다를 때 서로의 의견과 취향을 '존중'하고 이해와 배려가 필요하다는 것을 우리 아이들 스스로 찾아내고 토론한 것이 기특합니다.
- 서로 다름을 항상 생각하겠습니다. 단체로 활동하는 모습이 아름다웠습니다. 육남매 활동하는 모습을 보니 흐뭇했어요. 수고하셨습니다.
- 전학년이 참여하는 토론발표수업이 좋았습니다. 앞으로도 즐겁게 수업해 주세요. 발표하는 모습 중 서로의 눈높이를 맞추어주느라 까치발을 들거나 무릎을 굽혀 주는 배려심에 깊은 감동을 느꼈어요. 아름다웠습니다.
- 선생님들 수고 많이 하셨구요. 아이들 이야기 하나하나에 귀기울여 주셔서 감사합니다.
- 앞으로도 토론수업 같은 좋은 수업 많이 보여 주세요.
- 연령도 다르고 생각도 다른 아이들 데리고 토론하시느라 수고하셨습니다. 소중한 시간 만들어 주셔서 감사합니다.

초등 수업 나눔

교과융합

질문 만들기로 꾸려가는 토의·토론 도덕-사회 수업

구분	사회 국어	단원	사회: 2.통일한국의 미래와 지구촌의 평화 도덕: 5.우리가 꿈꾸는 통일 한국	대상	초6	구분	초
				수업자	김종갑		
주제	질문으로 만들어가는 우리가 꿈꾸는 통일 한국							
교육과정 성취기준	[6사08-02] 남북통일을 위한 노력을 살펴보고, 지구촌 평화에 기여하는 통일 한국의 미래상을 그려본다. [6도03-03] 도덕적 상상하기를 통해 바람직한 통일의 올바른 과정을 탐구하고 통일을 이루려는 의지와 태도를 기른다.							
학습 성취 기준	- 바람직한 통일의 올바른 과정을 탐구하고 통일을 이루려는 의지를 질문을 통해 그릴 수 있다. - 질문 만들기를 통해 질문을 해결하고 내용을 발표한 뒤 그 내용을 다양한 형식으로 정리할 수 있다.							
수업 의도	바람직한 통일의 올바른 과정을 탐구하고 통일을 이루려는 의지와 태도를 기르기 위해 통일과 관련한 학생의 질문을 기초로 사회와 국어 단원을 통합한 프로젝트 수업을 설계하였다. 통일과 관련한 학생의 입장을 개인별 질문 5개 제출, 이를 분류하여 1인 2개의 주제를 선택하여 발표하는 과정으로 구성하였다. 그동안 배웠던 '퍼실리테이션' 기법을 활용하여 학생의 가족 구성원(학부모, 형제자매)의 통일 의식도 함께 조사하고 수학교과에서 배운 원그래프를 활용하여 시각화할 수 있도록 하였다. 학급의 지향점인 '눈으로 보고 손으로 써서 마음에 새기고 실천하는 교실'(이하 눈손마실)에서 1일 1글쓰기의 주제로 통일 관련된 글쓰기 과제를 사전에 제시하여 질문을 미리 생각할 수 있는 기회를 주었다. 동시에 학생들의 조사 결과를 공유하여 배움 동료 뿐만 아니라 설문에 참여한 학부모도 과정과 결과를 공유할 수 있도록 설계하였다.							
수업 흐름	1 차 시: 프로젝트 주제 공유 및 안내 2~3차시: 질문과 과제로 풀어가는 배움수업 4 차 시: 리치픽쳐로 통일에 대한 생각 및 정의 알아보기 5 차 시: T-차트를 활용한 통일의 긍정적인 점과 부정적인 점 토론하기 6~7차시: 심화탐구1-통일 이후의 한반도 상상하기 8 차 시: 심화탐구2-통일에 대한 가족의 생각 알아보기 설문 9 차 시: 심화탐구3-통일 후의 군대갈까? 및 배움 정리와 성찰	**수업 설계 단계** ☑ 주제정하기 ☐ 비계제시하기 ☑ 시각화하기 ☑ 심화 탐구하기 ☑ 과제해결하기 ☑ 성찰하기						
성찰	• 배움의 과정을 통해 자신의 성장점 공유하기 - 배움 내용 되돌아보기 - 배움의 전 과정에서 자신의 역할 바라보기							

수업 설계안 및 수업 결과물

1. 프로젝트 주제 공유하기(1차시) 및 안내
- 통일에 대한 가족구성원의 의견 조사를 통해 통일에 대한 생각 나누기

2. 수업 설계와 관련한 연계 교육과정 활동
가. 매일 글쓰기 과제로 통일에 대한 글쓰기 제시로 통일에 대해 생각할 수 있는 분위기 조성
- 통일에 대한 솔직한 자기 생각 적어보기
- 통일에 대한 5가지 질문 적어보기

나. 생태전환 실천하기 슬로건인 "Thinking Globally, Acting Locally" 가치를 통일에 대해 적용하기
- 지구촌의 개념 알기 및 지구촌의 문제 고민하기
- 실천할 수 있는 과제를 현재, 지금, Now의 관점으로 제시하기

3. 질문과 과제로 풀어가는 배움 수업(2~3차시)
가. 네이버 카페에 올린 글쓰기 공유하기
- 통일에 대한 자신의 생각 함께 공유하기

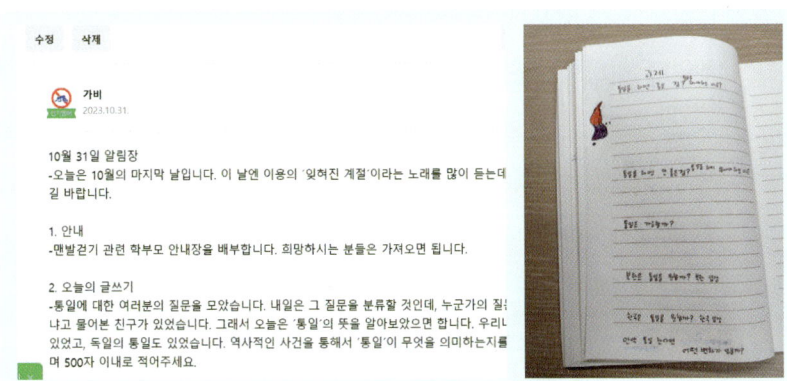

통일에 대한 자신의 생각 글쓰기 결과물

나. 통일 질문 공유 및 분류-유목화하기
- 통일 질문 5가지 공유하기
- 붙임쪽지(포스트잇) 사용법 안내 및 약속하기
- 붙임쪽지에 5가지 질문 적기 및 분류하기

통일에 대한 5가지 질문 및 유목화 결과

다. 유목화를 통한 배움 주제(방향) 정하기

   - 배움 주제(방향) 설정 및 역할 분담하기

배움 방향			방법	역할 분담
공통주제-통일이란, 통일에 대한 정의			리치픽쳐	공통
통일의 긍정적인 측면과 부정적인 측면			T-차트	공통
심화탐구1	통일 이후의 한반도 상상하기	화폐	PPT 활용 발표	3인-1모둠 발표 발표 주제 2가지
		교육		
		역사		
		정치		
		나라 이름		
심화탐구2	통일에 대한 가족의 생각 알아보기		그래프	공통
심화탐구3	통일 후 군대에 대한 생각 알아보기		글쓰기	공통

4. 리치픽쳐로 통일에 대한 생각 및 정의 알아보기(4차시)

가. 사전 글쓰기 과제 제시하기

   - 통일에 대한 정의하기

     ; 다양하고 폭넓은 관점 제시하기

        (지구촌, 역사, 헌법 등을 현재적 시각으로 접근)

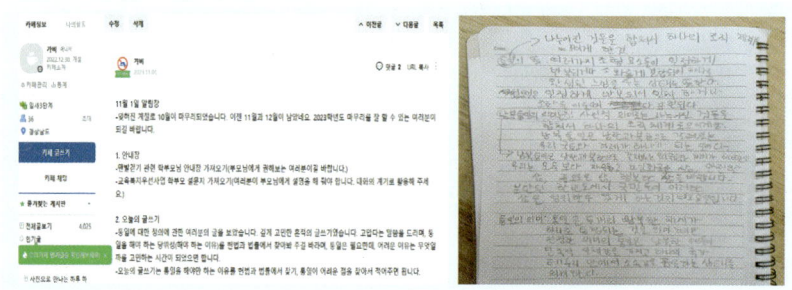

자신이 생각하는 통일에 대한 정의 글쓰기 안내 및 알아보기 결과

나. 통일의 정의 발표 및 이해하기
　　- 리치픽쳐 기법을 활용한 통일의 정의 알아보기 및 발표하기

통일의 정의를 색깔로 표현한 학생 그림

참고 사이트: https://cafe.naver.com/mj202306

다. 통일의 법률적 정의 알아보기
　　- 헌법이나 법에서 말하는 정의 확인하기(사전 글쓰기 활동과 연계)

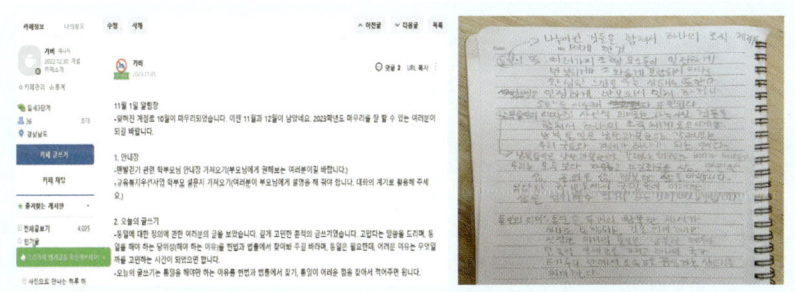

자신이 생각하는 통일에 대한 정의 글쓰기 안내 및 알아보기 결과

5. T-차트를 활용한 통일의 긍정적인 점과 부정적인 점 토론하기(5차시)

가. 사전 글쓰기 과제 제시하기
　　- 통일이 되면 긍정적인 면과 부정적인 면에 대한 글쓰기

나. T-차트를 활용한 통일의 긍정/부정 토론하기
  - 1:1 짝 토론, 2:2 모둠 토론하기

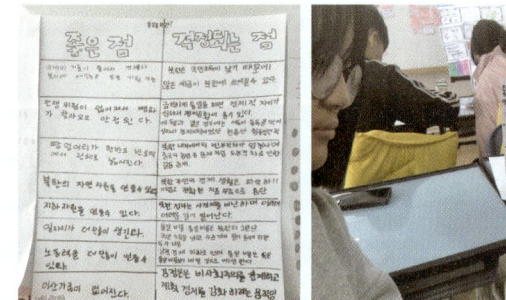

T-차트를 활용한 긍정/부정 토론 결과

다. 배움 활동 1차 정리하기
  - 통일 질문을 배움과정을 통해 얻은 정보를 바탕으로 정리하기

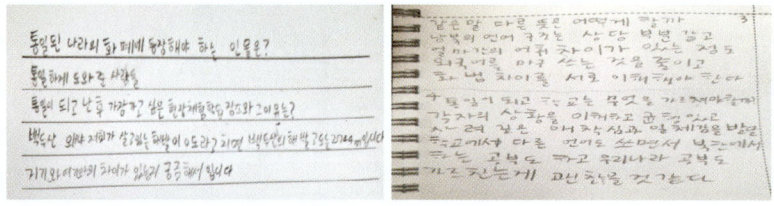

통일질문 정리 결과

6. [심화탐구 1] 통일 이후의 한반도 상상하기-개별 과제 발표(6-7차시)

 가. 3인 1모둠 2개 주제 발표하기
   - PPT, 전지 활용, 설문조사 및 정리 등의 방법으로 자료를 가공하고 변환하여 발표하기

통일 이후 한반도 상상하기 발표 모습

나. 심화 탐구에 대한 질문하기 및 보충하기
- 발표를 듣고 질문하고, 미흡한 답변에 대해 보충하여 답하기(2회)

7. [심화탐구 2] 통일에 대한 가족의 생각 알아보기(8차시)
가. 사전 글쓰기 과제 제시하기
- 대상 및 질문 정하고 '눈손마실 카페'에 공유하기

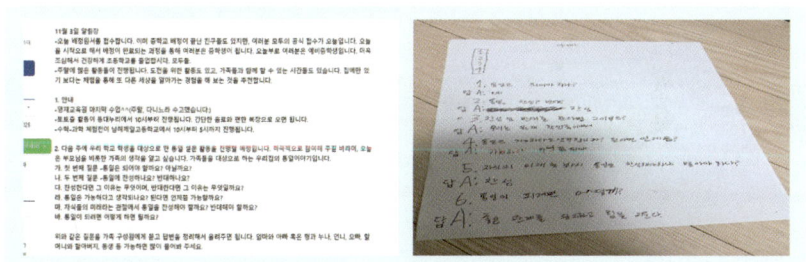

통일에 대한 가족의 생각 공지 및 결과

나. 답변 자료 정리 및 그래프로 시각화하여 공유하기
- 답변 자료의 정리 및 자료의 가공을 통한 그래프화하기(시각화)
- 시각화한 자료를 카페에 공지하여 공유하기

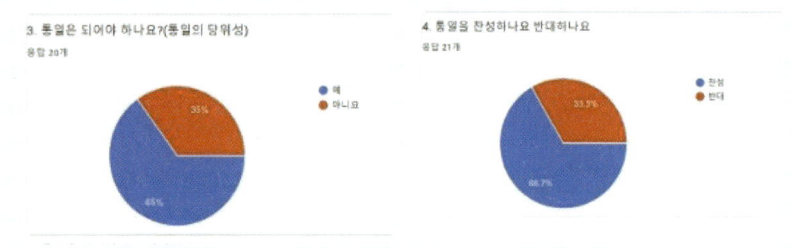

통일에 대한 가족의 생각 시각화 결과

참고자료: https://cafe.naver.com/mj202306

8. [심화탐구 3] 통일 후 군대에 대한 생각 알아보기 및 배움 정리(9차시)

가. 사전 글쓰기 과제 제시하기

- 「통일 이후, 군대에 가야 하는가?」에 대한 생각 적기

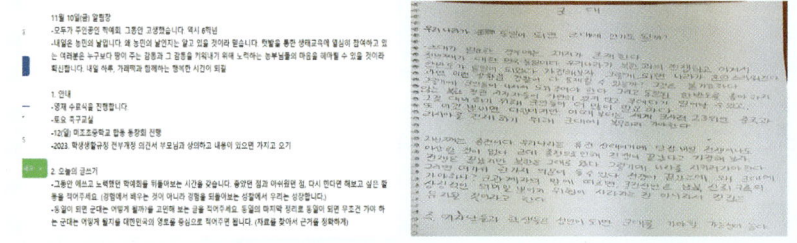

통일 이후의 군대에 대한 생각 적기 공유 및 결과

나. 생각 발표 및 공유하기

- 「통일 이후, 군대에 가야 하는가?」에 대한 생각 공유하기

다. 배움 정리하기

- 헌법적 관점에서의 통일을 해야 하는 이유 공유하기
- 통일에 대한 다양한 생각이 있을 수 있지만, 통일이 주는 긍정적 가

치를 인식하고 통일에 대한 긍정적 태도 갖기
- 통일에 대한 질문과 질문에 대한 답을 찾는 과정 속에서 친구와의 협업 및 발표의 방법 이해하기
- 평화적 통일을 전제하지 않고, 흡수 통일식 사고 및 현재의 북한 체제에 대한 이해 부족으로 평화통일 이후의 북한을 아직도 김정은 체제로 생각하고 있음을 확인하기
- 헌법에서 밝히고 있는 평화통일에 의한 세계평화 기여라는 사명을 이루기 위해 북한 바르게 알기 및 서로에 대한 소통이 이루어져야 한다는 큰 틀에서의 합의 이루어내기

라. 교사의 배움 성찰하기
- 통일에 대한 현실적인 다양한 찬반의 입장과 평화통일을 지향해야 하는 당위성 사이에서 학생의 입장을 질문으로 열고, 그 질문을 통해서 통일을 알아가는 질문형 배움의 전개가 좋았음.
- 「왜 통일을 해야 하는가?」에 대해 학급에서 운영 중인 1일 1글쓰기 주제와 연계한 활동을 통해 선개념을 이해하고, 학급에서 다시 주제와 연결된 배움활동으로 안정적이고 대안이 있는 프로젝트 배움이 진행되었음.
- 가족들의 통일에 대한 설문 및 설문 결과 공유를 통해 우리의 가족들은 통일을 어떻게 생각하는지를 알 수 있었고, 이러한 자료의 결과는 우리 국민들이 통일에 대해 어떻게 생각하는지의 결과와 유사한 결과를 보여줘서 학생들이 많이 신기해함.
- 러닝퍼실리테이션 수업의 형식 및 진행이 어렵지만 질문을 통한 접근, 퍼실리테이션 기법의 활용을 통한 이해 등은 학생의 배움을 촉진하는 결과를 보여줌.

2장

중등 수업 나눔

국어

▎질문만들기로 함께하는 국어수업

과목	국어	단원	1. 표현의 즐거움 소단원 3. 감동과 즐거움을 주는 글 쓰기	대상	중1	구분	중
				수업자	김형태		

주제	'우리 할머니는 외계인'을 읽고 기초 질문과 핵심 질문을 만들 수 있다.
교육과정 성취기준	[9국03-05] 자신의 삶과 경험을 바탕으로 하여 독자에게 감동이나 즐거움을 주는 글을 쓴다.
학습 성취 기준	- 기초 질문 만들기를 통해 모르는 어휘의 의미를 추론하고, 텍스트의 내용을 파악할 수 있다. - 핵심 질문 만들기를 통해 텍스테에서 전달하는 주제를 파악하고 감동을 주는 부분을 파악할 수 있다.
수업 의도	하나의 작품을 읽기를 힘들어하는 학습자들이 많다. 알지 못하는 어휘를 작품 속에서 발견하거나, 내용을 파악하지 못하면 작품 전체 읽기를 포기하기 때문이다. 학생들이 질문 만들기를 통해 자신의 부족한 부분을 파악하고, 전체 내용을 파악하는 몰입을 경험하며 하나의 작품을 읽었으면 한다. 작품의 내용을 바탕으로 작가가 말하고자 하는 바를 파악하는 의문이 생길 것이다. 이를 질문으로 만들고 모둠에서 함께 답을 찾는 과정을 통해 감동을 주는 글을 감상했으면 한다. 이 경험을 바탕으로 학생들 역시 감동을 주는 글쓰기 활동까지 확장되면 좋겠다.
수업흐름	1. 수업 주제(목표), 흐름 설명 2. 함께 세세하게 읽기 3. 모둠 활동을 통해 기초 질문, 핵심 질문 만들기 4. 모둠에서 만든 기초 질문, 핵심 질문을 공유하기(각 모둠별 발표) 5. 멀티보팅을 통해 학생들이 함께 활동할 질문을 파악하며 수업 마무리.	**수업 설계 단계** ☑ 주제정하기 ☐ 비계제시하기 ☐ 시각화하기 ☐ 지식심화탐구하기 ☑ 공유 및 성찰하기
성찰	• 학생들이 온전히 텍스트에 몰입할 수 있는 방법 연구가 필요함. • 함께 읽기를 하더라도 몰입하지 못하는 학생들이 있음. • 소리 내어 읽기를 힘들어 하는 학생들에 대한 지도 방법 연구가 필요함.

수업 설계안 및 수업 결과물

1. 수업 진행에 대한 설명 후 학생들이 읽을 페이지를 정함.
2. 페이지를 정해서 읽기를 통해 학생들이 읽기에 집중하도록 함.

3. 세세하게 읽기를 통해 모르는 단어를 파악하고, 텍스트의 내용을 파악함.

4. 모둠을 통해 기초 질문, 핵심 질문을 모둠에서 만듦.

5. 모둠별로 만든 기초 질문, 핵심 질문을 모둠 칠판을 활용해 발표함.

6. 멀티보팅을 함으로써 자신이 만든 기초 질문과 핵심 질문을 성찰하며 수업을 마무리함.

중등 수업 나눔

도덕

삶의 소중함을 깨닫기 위한 실천적 도덕수업

구분	도덕	단원	3. 삶의 소중함	대상	중3	구분	중
				수업자	윤해순		

주제	삶의 소중함을 깨닫기 위한 심화 탐구 활동하기
교육과정 성취기준	[9도04-03] 삶과 죽음의 문제를 도덕적으로 성찰하고, 평정심을 추구하며 자신의 삶의 의미를 구성할 수 있다.
학습 성취 기준	삶의 소중함을 주제로 한 학습 목표를 만들고 이를 달성하기 위한 심화 과제를 정해 실천하고 성찰함으로써 의미 있는 삶을 살기 위해 노력할 수 있다.
수업 의도	이 수업을 통해 학생들은 교과서 내용을 모둠별로 마인드맵과 비주얼 씽킹으로 정리하면서 단원의 학습 내용을 확인한다. 이를 바탕으로 하여 우리가 달성하고 싶은 반 전체의 학습 목표를 정하고, 심화 과제를 정하여 실행계획서를 작성한 후 일상생활에서 실천하기 위해 노력한다. 이러한 학습의 과정들을 통해 학생들은 자기주도성, 포용성과 창의성을 바탕으로 협력적 소통 역량, 공동체 역량, 자기관리 역량 등 미래 교육이 지향하는 핵심 역량을 기르게 된다.
수업흐름	1 차 시: 교과서 내용 정리하고 공유하기 2 차 시: 학습 목표와 심화 과제 정하기 3~4차시: 실행계획서 작성하고 공유하기 5 차 시: 과제 실행 후 성찰하기	**수업 설계 단계** ☑ 주제정하기 ☑ 비계제시하기 ☑ 시각화하기 ☑ 심화탐구하기 ☑ 과제해결하기 ☑ 성찰하기
성찰	● 학생 성찰 - 활동 소감 작성하기 - 활동을 통해 좋았던 점, 아쉬웠던 점, 개선할 점을 포스트잇에 쓰고 공유하기 ● 교사 성찰

도덕과 교수·학습 설계안

1. 주제 정하기

삶의 소중함을 깨닫기 위한 심화 탐구 활동하기

2. 비계 제시하기(1차시)

- 지식채널e〈평범한 하루〉영상을 보고, 모든 학생이 돌아가면서 마이크를 잡고 기억에 남는 장면이나 느낀 점을 번개 토론으로 생각 나누기를 하였다.
- 교과서의 삶의 소중함 단원 내용을 비계 자료로 제시하였다.
  ① 무엇이 나의 삶을 소중하게 만드는가?
  ② 죽음을 어떻게 생각해야 할까?
  ③ 삶을 의미 있게 살아가기 위해 무엇을 할 것인가?

3. 시각화하기(1차시)

- 학습 목표 : 교과서를 읽고 마인드맵과 비주얼 싱킹으로 내용을 정리할 수 있다.
- 준비물 : A3용지, 사인펜, 색연필
- 교수·학습 활동
  ① 모둠 안에서 한 명씩 돌아가며 한 단락씩 교과서를 읽으며 단원 내용 파악하기
  ② 모둠원들이 소단원 범위를 나누어 A3 용지에 해당 내용을 마인드맵으로 정리하고, 비주얼 싱킹으로 표현하기
  ③ 모둠 안에서 모둠원들이 한 명씩 돌아가며 발표하고, 수정 보완하기

④ 옆의 모둠에게 우리 모둠의 활동지를 넘기고, 다른 모둠 활동지의 내용을 읽어보고 칭찬 또는 공감의 별을 그려주면서 공유하기(자기 모둠 활동지가 돌아올 때까지 계속 활동하기)

시각화하기(마인드맵&비주얼 싱킹)

4. 학습 목표와 심화 과제 정하기(2차시)

- 학습 목표: 단원 정리한 내용을 바탕으로 우리 반의 학습 목표를 정하고, 심화 과제를 정할 수 있다.
- 준비물: 포스트잇, 사인펜, 이젤 패드
- 교수·학습 활동
  ① 교사의 설명을 통해 학습 목표의 의미와 구성요소를 이해하기
  ② 모둠원들과 의논하면서 각자 우리 반의 학습 목표를 포스트잇에 작성하여 칠판의 이젤패드에 붙이기
  ③ 학생들과 함께 비슷한 학습 목표를 분류하고 통합하여 유목화하기

④ 모둠별로 나와서 학습 목표를 읽어보고 우리반의 학습 목표가 되길 원하는 내용에 별 그리면서 투표하기(1인당 별 5개, 1순위 3개-2순위 1개-3순위 1개)
⑤ 가장 많은 표를 얻은 내용을 우리 반의 학습 목표로 정하기
⑥ 선정된 학습 목표를 달성하기 위한 심화 과제를 각자 포스트잇에 적어서 이젤 패드에 붙이기
⑦ 학생들과 함께 비슷한 학습 목표를 분류하고 통합하여 유목화하기
⑧ 유목화한 심화 과제별로 모둠 구성하기

학습목표와 심화 과제별 모둠 구성하기

5. 심화 탐구하기(3~4차시)

- 학습 목표: 학습 목표를 달성하기 위해 내가 실천할 심화 과제의 구체적인 실행계획서를 작성하여 발표할 수 있다.
- 준비물: 4절 도화지, 사인펜, 색연필

• 교수·학습 활동
  ① 심화과제별로 모둠을 구성하여 모둠원과 의견을 나누면서 실행계획서 작성하기
  ② 실행계획서 내용
     - 왜: 학습목표를 달성하기 위해 자신이 이 심화과제를 선택하게 된 이유는 무엇인가?
     - 무엇을 어떻게: 심화과제를 언제 어디서 누구와 무엇을 어떻게 실천할 것인가?
     - 예상문제 & 해결방안: 심화과제를 실행는 과정에서 예상되는 문제나 어려움, 방해요소는 무엇이고, 어떻게 해결할 것인가?
     - 기대효과: 심화과제를 실행했을 때 학습목표와 연관지어 예상되는 기대효과는 무엇인가?
  ③ 실행계획서 작성 내용을 모둠 안에서 한 명씩 돌아가며 발표하기
  ④ 친구들의 실행계획서 발표를 듣고 피드백(좋은 점, 개선할 점, 추가할 점 등) 작성하기
  ⑤ 실행계획서 내용을 비주얼 싱킹으로 표현하기
  ⑥ 둘 가고 둘 남기 방법으로 발표하기
     - 모둠 안에서 발표 팀과 관객 팀을 나누기
     - 종소리에 맞춰 관객 팀이 다른 모둠으로 이동하여 발표를 듣고 질의 응답하기
     - 발표를 마치면 감사의 박수와 칭찬 별 그려주기
     - 관객이 다른 모둠 전부 다 돌고 나서 발표 팁 전수 주고받기
     - 발표 팀과 관객 팀은 역할을 바꾸어 반복하기
  ⑦ 실행계획서를 교실에 게시하고 일주일 동안 자신의 심화과제를 실천하기 위해 노력하기

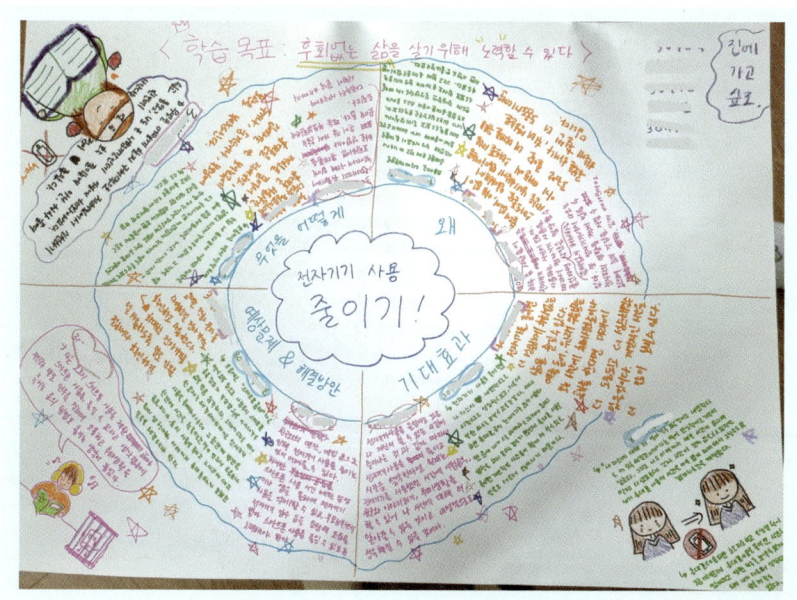

심화과제(실행계획서 작성) 결과물1

심화과제(실행계획서 작성) 결과물2

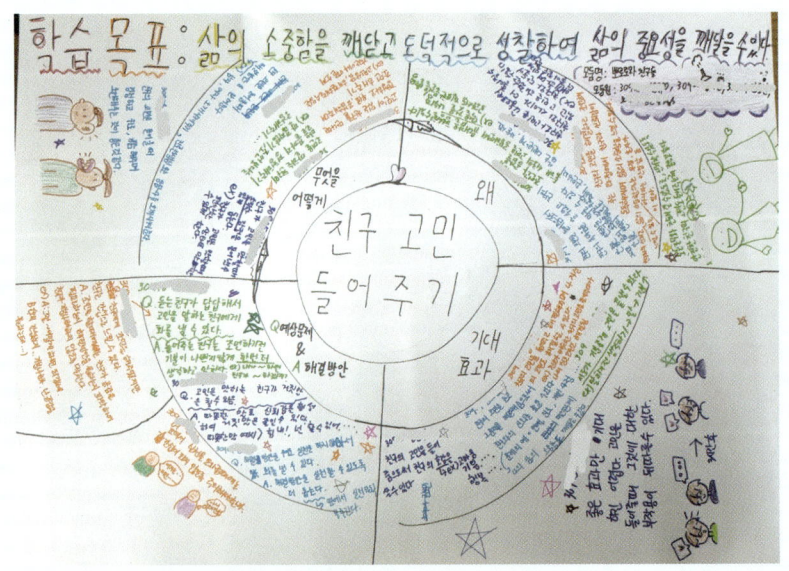

심화과제(실행계획서 작성) 결과물3

6. 성찰하기(5차시)

- 학습목표: 수업 활동과 심화과제 실천의 과정을 성찰하는 글을 작성할 수 있다.
- 준비물: 포스트잇
- 교수·학습 활동
  - 수업 활동과 심화과제 실천의 과정 전체를 되돌아보고 좋았던 점, 아쉽거나 어려웠던 점, 개선할 점을 포스트잇에 적고 나서 전체 대상으로 발표하기

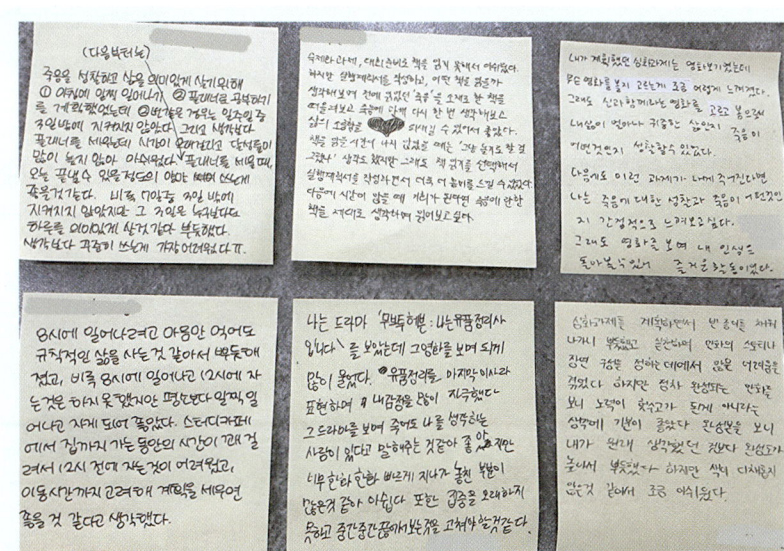

학생의 성찰 내용

    영상과 교과서로 비계를 제시하고 학생들의 생각을 나누게하였는데, 삶과 죽음에 관한 다양한 이야기들이 나와서 좋았다. 교과서를 소리내어 읽고 마인드맵으로 정리하는 시각화를 하면서 교과서 내용에 대해 핵심 문장이나 단어를 찾아 정리하는 학습이 좀 더 체계적으로 반복 학습을 할 필요가 있다고 느꼈다. 우리 반 전체의 학습목표를 정하고 자신이 실행할 과제를 정해 실행계획서를 작성할 때 각 소주제를 이해하지 못하는 경우가 많아서 교사의 설명과 피드백이 충분해야 할 것 같다고 깨달았으며 그럼에도 불구하고 모둠원들과 끝없이 토론하면서 완성시켜나가는 모습이 뿌듯했다. 일주일의 실천 기간 후에 작성한 활동 소감에서 학생들이 삶의 소중함을 느끼고 학습목표에 따른 실천과제를 달성하기 위해 노력한 과정이 드러난 부분이 흐뭇했다.

교사의 성찰 내용

중등 수업 나눔

범교과

▍학생이 주도하는 질문 연속체 프로젝트 러닝퍼실리테이션 수업

구분	환경 (범교과)	단원	1단원 환경과 인간	대상	중1	구분	중
				수업자	배종용		
주제	학생이 주도하는 질문 연속체 프로젝트 러닝퍼실리테이션 수업							
교육과정 성취기준	[9환01-01~06] 성취기준 요약: 환경의 다양한 의미, 환경에 대한 관점을 표현한다. 긍정적, 부정적 사례 조사로 환경과 인간의 관계, 역할과 책임을 토의하고 환경 체험, 환경 탐구 결과를 다양한 방법으로 표현한다.							
학습 성취 기준	- 학습 내용을 파악한 뒤 스스로 질문을 만들어 질문 연속체(기초-핵심-심화-성찰)을 구성하고 질문을 풀 수 있다. - 학생이 자신의 역량 중심 학습 목표를 정할 수 있다. - 과제 설정, 과제 실행 계획서 작성, 과제 실행한 후 그 결과를 발표할 수 있다. - 자신의 학습 과정을 성찰할 수 있다.							
수업 의도	모든 교과 수업에 적용할 수 있는 질문 만들기 수업을 계획하였다. 수업 열기는 2~3교시로 질문 만들기에 대한 이해 활동으로 진행되고 그 이후 교과 수업을 진행하였다. 학생 스스로 학습 자료를 파악한 뒤 질문을 스스로 만들고 푸는 학습 과정을 진행하면서 퍼실리테이션의 도구와 기법을 활용해 기초-핵심-심화-탐구-성찰로 이어지는 질문연속체로 정교화시키며 집단 지성이 발현될 수 있도록 하였다. 그다음 학생들이 지식, 기능, 가치와 태도의 역량 중심의 학습 목표를 정하고 이를 바탕으로 과제 설정, 실행 계획서, 실행 결과 발표를 할 수 있도록 진행하였다. 이러한 과정에서 학생들의 질문 생성 능력을 향상시키고 더불어 미래핵심역량인 비판적 사고, 의사소통 능력, 협업 능력, 자기 관리력, 창의력과 과제 설정 능력이 향상되어 삶의 학습 전이를 통해 스스로 삶을 사유하고 성찰할 수 있도록 설계하였다.							
수업흐름	1. 수업 열기: 질문 만들기의 중요성 이해 2. 교과서 읽기(학습 자료 검토) 3. 개인 질문 만들기 4. 모둠 질문 연속체 만들기 5. 유목화로 전체 질문 연속체 만들기 6. 기초-핵심, 심화 질문 풀어 공유하기 7. 성찰 질문 만들기와 풀기 8. 학생들이 정하는 학습 목표 9. 과제 실행 계획서 작성 및 발표하기 10. 과제 실행하고 결과 발표하기	**수업 설계 단계** ☐ 주제정하기 ☑ 비계제시하기 ☐ 시각화하기 ☑ 심화탐구하기 ☑ 과제해결하기 ☑ 성찰하기						
성찰	• 질문 만들기 중요성을 이해하고 수업에 적극 참여하는 학생이 많아 수업 진행이 잘 됨 • 질문 만들기 수준을 높이는 것, 역량 구성 요소인 가치와 태도가 학생들이 정하는 학습 목표에 명징하게 드러나도록 하는 것이 이후 해결 과제. • 주 1회 수업이라 수업 이어가기에 유의해서 진행할 필요가 있음. • 성찰 질문 만들고 풀기를 현재보다 더 자주 할 필요가 있음.							

수업 설계안 및 수업 결과물

1. 수업 열기: 질문 만들기의 중요성 이해

학년 첫 수업부터 3차시까지 질문의 중요성을 다룬다. 질문 만들기 수업이 원활하게 진행되기 위해서는 학생들이 질문의 중요성에 대해 이해하고 공감하는 과정이 선행되어야 한다. 2016년부터 질문 만들기 수업을 해 보니 과목이나 학년에 따라, 학급 분위기에 따라 질문을 이해하는 수준과 과정이 약간씩 차이가 나기 때문에 해마다 첫 수업 열기의 내용을 어떻게 구성하나 고민을 한다.

작년(2023년)에는 여고에 3년 근무하다 현재의 중학교에 와서 1학년 환경 과목을 맡게 되었다. '수업의 주인인 누구인가?'라는 질문으로 제시한 뒤 퍼실리테이션 도구와 기법을 활용하여 학생들이 수업에 대한 질문을 만들고 답하기, 중학교에서 가장 하고 싶은 일, 수업 약속, 생활 약속 정하기를 한 뒤 교과 내용에 대한 질문 만들기를 하면서 교과 수업으로 이어지게 하였다. 이렇게 수업을 설계한 까닭은 질문은 교과 내용을 이해하는 도구일 뿐만 아니라 개인 삶의 방향, 좋은 공동체 형성에도 활용될 수 있음을 학생들이 경험해 보고 공감할 수 있는 계기를 마련하고 싶었기 때문이다.

올해에는 작년의 과정을 성찰해 보니 학생들의 실제 삶과 질문의 관계를 좀 더 강조하는 것이 질문 만들기 필요성을 잘 이해할 수 있을 거라고 판단하여 질문과 '높은 수준의 사고' 관계를 이해하는 데 중점을 두었다.

올해 첫 수업의 내용은 철학자 최진석 교수의 동영상 강연 내용을 차용하여 '이 세상을 둘로 나누면 어떻게 나눌 수 있을까?'라는 질문으로 시작하였다. 이어서 '세상을 자연과 문명으로 나눈다면 나누는 기준이 무엇일까?'라는 질문을 하였다. 그다음 질문은 '사람은 무엇으로 문명을 만들었을까?'이었다. 이 질문에 대한 답으로 '사람의 생각'이라고 말하는 학생은 두 반에 한 명 정도 되었다. 다시 질문을 하였다. '문명을 만든 사람의 생각은 어떤 생각인가? 이 연필을 처음 만든 사람은 어떤 생각을 하였을까?' 새로운 생각이라고 답을 하는 학생들이 있었다. '새로운 것을 만드는 새로운 생각은 어떻게 시작되는가?' 학생들은 발견, 경험, 창의성, 발명 등을 대답하였으나 질문이라고 답하는 학생은 드물었다. 새로운 생각을 만드는 것의 시작은 질문이다. 왜냐하면 이 세상에 없는 것을 만들거나 찾아내려면 물어야 하기 때문이라고 설명하였다. 질문은 새로운 방향을 설정하고 목표와 목적, 과제를 만들고 결국에는 답을 만들어 이 세상을 만들어 간다고 설명하였다.

다시 학생들에게 물었다. '사람을 나이가 들어감에 따라 어린이, 청소년, 어른으로 구분한다. 이 셋의 결정적 차이는 무엇일까?' 나이, 능력, 지식, 인정, 책임, 하는 일 등등 답을 말하였고 생각 수준 차이라는 답도 나왔다. 학생들에게 이렇게 설명하였다. 여러분이 말하는 대부분의 내용은 질문의 답이 된다. 이 여러 가지 답 중에 책임과 생각 수준의 차이를 강조하려고 한다. 이제 중학교 1학년이 된 여러분은 어린이에서 청소년이 되었다. 어린이와 청소년의 차이를 찾아보면 어린이는 보호, 감독이 필요하지만 청소년은 자아 정체성과 독립성을 추구하고 더 많은 자유와 책임을 갖게 된다라고 한다. 이러한 차이는 결정적으로 생각 수준의 차이에서 비롯되며 생각 수준을 높이는 것이 성장이라고 설명하였다. 중학생 교실에 다툼이 많이 일어나는 이유는 학생들 사이에 생각의 차이가 크기 때문이다. 예를 들면 교실 바닥의 쓰레기를 처리하는 수준이 생각 수준이다. 스스로 쓰레기를 줍는 사람, 교사가 쓰레기 주워라고 시키면 줍는 사람, 내가 버린 쓰레기가 아닌데 내가 왜 줍느냐고 하는 사람으로 나눌 수 있는데 이것이 생각 수준의 차이이다. 사람은 생각한 대로 행동하고, 그 사람이 하는 걸 보면 생각 수준을 알 수 있다. 학생 여러분의 생각 수준은 어느 정도인지 가늠해 보길 바란다라고 설명하였다.

왜 질문을 해야 할까? 학생 여러분은 걸어갈 때 목표와 목적 없이 걸어가는 경우가 있는가? 처음 걸음마를 배울 때는 목표나 목적이 없을 수도 있었을 것이다. 질문이 없다는 것은 삶의 목표와 목적을 스스로 정하지 않고 걷는 것과 비슷하다고 할 수 있다. 남 따라 걷거나, 남이 시키는 대로 걷는 것이다. 이제 여러분은 질문으로 스스로 삶을 가꾸어야 하는 시기가 되었다. 그래야 청소년이라고 할 수 있다.

'생각 수준을 높이려면 어떻게 해야 할까?'라는 질문을 하였다. 생각의 수준을 높이려면 새로운 생각을 하여야 한다. 기존의 생각과 다른, 새로운 생각은 앞에서 말했듯이 질문에서 시작된다. 그래서 노벨물리학 수상자인 리차드 파이먼은 '모든 학습은 질문을 하는 것에서 시작된다.'라고 하였고, 미국의 유명한 문화 평론가 닐 포스트먼은 '우리가 가진 모든 지식은 질문의 결과이다. 질문하기는 인간이 가진 가장 중요한 지적 도구이다. 이 중요한 지적 기능을 학교에서 가르치지 않는다는 것이 이상하지 않은가?'라고 하였다. 학생 여러분은 아마도 학교에서 질문하라는 소리는 많이 들었지만 수업 시간에 질문을 어떻게 하는지 질문 만들기를 배워 본 경험은 많지 않을 것이다. 앞으로 환경 수업 시간에는 여러분들이 직접 질문 만드는 것을 아주 많이 강조할 것이다. 그래서 지금 질문 만들기가 왜 중요한지 강의를 하고 있는 것이다. 〈삶을 변화시키는 질문의 기술〉이란 책에서는 '질문을 바꿔라, 인생이 달라진다. 위대한 결과는 위대한 질문에서 비롯된다. 문제를 푸는 최선의 방법은 더 훌륭한 질문을 찾아내는 것이다.'라고 하였다. 질문 만들기는 학습뿐만 아니라 생각의 수준을 높이므로 삶의 수준을 높인다.

　학생 여러분들은 어떤 질문이 좋은 질문이라고 생각하는가? 좋은 질문은 학습을 더 잘 할 수 있게 하고 삶의 수준을 결정하는 생각의 수준이 더 잘 높아지도록 이끈다. 생각을 더 넓고 깊게 하도록 이끄는 질문, 답이 정해져 있기보다는 스스로 답을 만들어 가는 질문, 삶을 가꾸어 성장할 수 있는 질문이 좋은 질문이라고 할 수 있다. 이를테면 이제 청소년이 된 중학교 1학년 여러분에게는 '학교에 왜 오는가?' '수업을 왜 하는가?'와 같은 질문이다. 여러분이 어린이였을 때는 당연하게 학교에 가야 하는 것이고, 당연하게 수업은 들어야 하는 것일 수 있다. 청소년으로서 자아 정체성, 독립성, 책임감을 가지려면 하루 중에 가장 중요한 곳인 학교와 학교에서 가장 중요한 일인 수업에 대해 좋은 질문을 가지는 게 기본적인 과정이라고 할 수 있다. '학교에 왜 오는가?'라는 질문을 하는 학생과 학교에 대한 질문이 없는 학생은 학교생활의 차이가 날 수 밖에 없다. 한 번쯤 이런 질문을 한 학생과 지속적으로 이런 질문으로 답을 바꾸어가는 학생도 학교생활에 차이가 날 수밖에 없다. 지속적으로 질문하여 답을 바꾼다는 것은 변화한다는 것이고 이런 질문을 통한 변화는 대부분 긍정적인 성장이다. 그러므로 질문은 삶의 방향을 결정할 때 기본 과정이므로 학생 여러분의 진로와 질문은 떨어질 수 없는 관계라고 할 수 있다. 고등학교에서 시행되고 있는 고교학점제 등을 볼 때 중학교 과정에서 자신의 진로에 대해 깊이 사유하는 과정이 필요하다. '나는 무엇을 원하는가? 나는 무엇을 좋아하는가?' 같은 질문으로 자신이 어떤 삶을 살고 싶은지 생각 수준을 높일 필요가 있다. (* 영상 자료 시청: EBS 지식채널 〈위대한 질문〉)

　학교에서 학생이 하는 일 중에 가장 중요한 수업을 할 때에도 질문은 없어서는 안 될 필수 요소이다. 수업에 관한 질문을 할 때 가장 먼저 제시하는 질문은 '누가 수업을 하는가?'라는 질문이다. 학생들은 대부분 교사가 수업을 한다고 한다. 그럼 학생들은 무엇을 하는지 물으면 수업을 듣는다고 한다. 그럼 다시 묻는다. '수업의 주인은 누구인가?' 교사라고 했다가 학생이라고 답을 바꾸는 학생도 있다. 수업은 교사와 학생의 상호작용 과정이라고 할 수 있지만, 학생들이 스스로 수업을 한다고 생각할 때 진정한 학생 주도 수업이 이루어질 수 있을 것이다. 학생들이 수업의 주인이 되게 하는 방안 중 하나는 수업에 대한 질문을 만들어 보게 하는 것이다.

다음 사진은 2024년 중학교 1학년 환경 수업에서 수업에 대한 질문 만들기와 수업 질문에 답하기 활동 결과 사진이다.

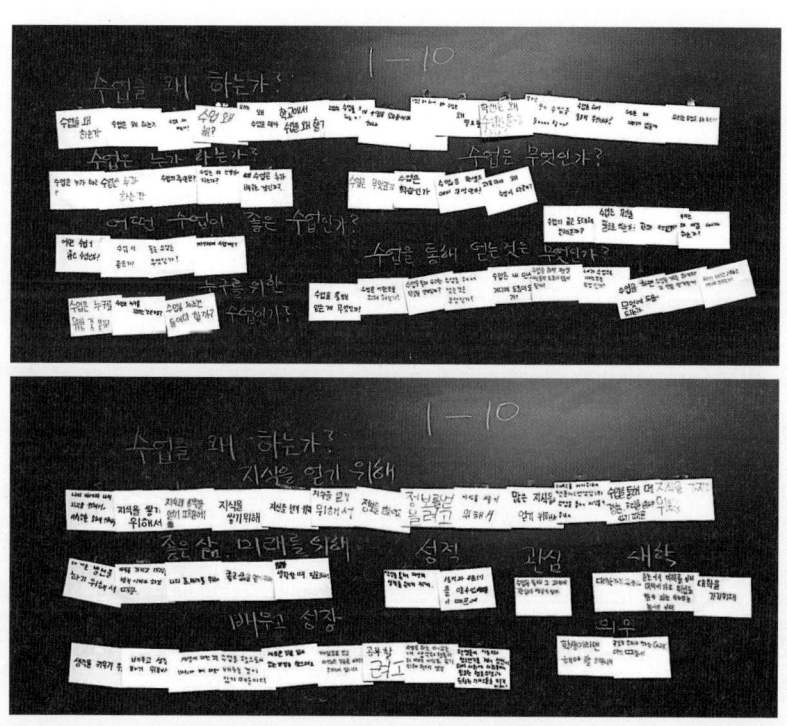

수업에 대한 질문을 만들어 친구들과 공유하고, 이를 유목화하여 공동의 합의된 질문으로 만든다. 이 질문에 대한 답을 공유하고 다시 이를 유목화하여 공동의 합의된 답을 만들어 봄으로써 질문을 통해 학생들이 수업의 주인으로서 '수업 공동체'의 '집단 지성'의 경험을 할 수 있도록 수업을 설계하였다.

2024년 중1 환경 수업 열기에서는 질문의 중요성을 생각의 수준과 삶의 수준, 진로, 수업과 관련지어 인식하고 이후 수업에서 질문 만들기에 자발적 동참이 가능하게 하기 위한 과정으로 3차시에 걸쳐 진행되었다.

2. 교과서 읽기(학습 자료 검토)

학생들은 수업 시간에 배울 단원을 다음과 같은 방법 중 선택해서 읽는다.

① 모둠에서 한 문장씩 돌아가며 읽는다.
② 지명받은 학생이 교과서 한 문장 또는 한 문단씩 소리 내어 읽는다.
③ 소리 내지 않고 개인별로 읽는다.

이 두 방법 중에서 모둠 활동이 잘 되고 분위기가 차분한 반에서는 ①의 방법으로, 산만한 학생이 많거나 어수선한 분위기로 모둠 활동이 원활하지 않은 경우에는 ②의 방법으로 읽기를 한다. 과학 교과서의 경우 탐구 활동이나 보충 자료, 그림 설명 등 내용 이해에 도움이 되는 글은 모두 읽는다. ③의 방법은 학습 자료의 내용을 대략적으로 파악할 경우에 적용한다. 올해 1학년 환경 수업은 대단원 1. 환경과 인간(14쪽~25쪽)을 수업 범위로 설정하여 소리 내지 않고 개인별로 읽기를 하여 학습 내용을 파악하도록 하였다.

3. 개인 질문 만들기

읽은 교과서의 내용에 대해 개인 질문을 만든다. 처음 질문 만들기에 익숙하지 않은 학생들은 몇 개를 만들어야 하는지 갈피를 잡지 못하는 학생들이 있다. 자신이 중요하다고 생각하는 내용에 대해 질문을 만들도록 안내하고 그래도 어려워하는 경우에는 교사가 예상하는 기초 질문과 핵심 질문 수를 합해서 만들도록 안내한다. 과학 과목의 경우 소단원의 내용을 읽고 2~3개의 질문을 만든다. 이때 그냥 질문을 만들게 하면 개인의 차이와 분위기에 따라 시간이 늘어지므로 타이머로 질문 만드는 시간을 배정하고 진행 상태를 파악하여 가감한다. 올해 1학년 환경 수업에서는 범위가 대단원이고 처음이라 반에 따라서 20~30분 정도 진행되었다.

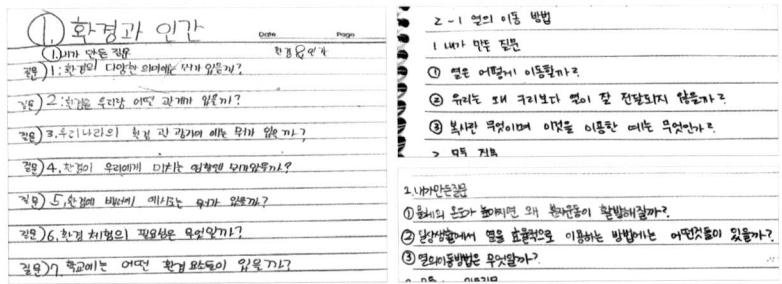

4. 모둠 질문 연속체 만들기

질문 연속체에 대한 안내 자료를 나누어 주고 기초, 핵심, 심화 질문을 설명한 뒤 개인 질문을 모아 모둠 활동으로 질문 연속체를 만들게 한다. 다음은 학생들에게 나눠주는 질문 연속체 안내 자료이다.

• 질문 연속체란?

학생이 스스로 정보를 수집하고, 이를 분류하며, 결론을 도출하고, 그 결론을 뒷받침할 수 있는 증거를 제시하는 탐구 활동으로 자신의 생각을 형성하기 위해 만드는 연속 질문이다. 질문 연속체는 학생이 새로운 지식과 상호 작용하여 그 지식을 깊이 이해하고 새로운 지식 탐구를 돕는 강력한 도구이다.

1. 기초 질문이란?

학습할 내용에서 새롭게 알아야 할 개념이나 학습을 위해 정리하거나 확인해야 할 내용에 대한 질문
예) 원자란 무엇인가?, 언어폭력이란 무엇인가?

2. 핵심 질문이란?

성취기준과 관련된 질문이다. 성취기준이란 학생들이 교과를 통해 배워야 할 내용과 이를 통해 수업 후 할 수 있거나 할 수 있기를 기대하는 능력을 결합하여 나타낸 수업 활동의 기준이다. 핵심 질문은 학생들의 다양한 질문을 분류 통합하여 교과 단원의 성취기준과 관련된 내용들로 구성한다. 대부분 교과서나 학습 자료를 활용해서 해결할 수 있는 질문이다.
예) [9수01-01]소인수분해의 뜻을 알고 자연수를 소인수분해할 수 있다. ⇒ 소인수분해란 무엇이며 자연수를 어떻게 소인수분해할까?
[영중9211-2] 학교생활이나 지역 사회 활동에 관하여 주요 내용을 묻고 답할 수 있다. ⇒ 학교생활이나 지역 사회 활동의 주요 내용은 무엇일까?

3. 심화 질문이란?

심화 질문은 수업하는 단원의 교과서 내용으로 바로 해결하기 힘든 질문으로 전에 배웠던 내용이나 다른 교과와 연결되거나 사회, 미래의 삶과 연결되는 등의 분석, 종합, 평가와 같은 상위 인지적 사고나 가치화, 조직화, 성격화 하는 정의적 영역의 활동과 관련된 질문이다.
예) 생물의 6차 대멸종을 막기 위해서 어떻게 해야 할까? 인공원소는 어떻게 생성되며 어떤 것이 있을까?

4. 성찰이란?

질문, 탐구 활동을 하면서 느끼고 생각한 것에 대해 질문하고 답하는 활동이다. 더 탐구하고 싶은 것, 재미있거나 유익한 것, 깨달은 점, 개선할 점 등에 관한 활동이다. 이를 통해 삶의 학습 전이를 할 수 있다.

자료를 보게 한 뒤 기초, 핵심, 심화 질문을 보충 설명한다. 기초 질문은 건물을 지을 때 기초와 같다. 건물로 세우려면 기초가 튼튼해야 하듯이 학습해야 할 내용의 바탕이 되는 것에 대한 질문이다. 1차 방정식을 배울 때는 방정식이 무엇인지 먼저 알아야 하고 분수 계산을 할 때 분수란 무엇인지 먼저 정리해야 하는 것과 같다. 핵심 질문은 학습에서 꼭 알아야 하는 것, 할 줄 알아야 하는 것에 관한 질문이다. 학교 시험에 꼭 나오는 내용이라고 할 수 있다. 학습 목표(성취 기준)와 연결되는 질문이라고 할 수 있다. 기초 질문과 핵심 질문의 답은 교과서나 교사가 내어준 학습 자료에 답이 있다. 심화 질문은 교과서에 나오는 내용 중에서 교과서 밖에서 더 탐구해야 하는 질문이다. 우리 삶이나, 사회, 미래와 연결되는 질문으로 경험과 다른 교과의 내용으로 범위를 넓혀 평가하고 종합하여 문제를 해결하는 질문이다. 예를 들면 '환경 오염을 어떻게 줄일까?'라는 질문이 핵심 질문이라면, 현재 과학자들 중에는 6차 대멸종이 시작되었다고 하는 이들이 있는데 '6차 대멸종을 막기 위해서는 어떻게 해야 할까?'는 심화 질문이라고 할 수 있다.

모둠에서 각자 만든 질문을 발표하고 기초, 핵심, 심화 질문을 모둠 토의로 만들도록 한다.

```
2. 모둠 질문
2-1 기초질문
1. 환경은 어떻게 변하고 있나?

2-2 핵심질문
1. 환경은 무엇이며, 나와 어떤 관련이 있는가?
2. 환경은 어떻게 변하고 있고 우리가 지킬수 있는건 무엇인가?
3. 환경은 왜 있는것이고 왜 우리가 지켜야 하는가?
4. 환경은 언제부터 있었던 것이고 환경에는 어떤 의미가 담겨있나?
5. 환경 기념일은 무엇이 있고 우리가 할수 있는것은 무엇인가?

2-3 심화질문
1. 환경이 악화되는걸 막기위해서 어떻게 해야할까?
```

5. 유목화로 전체 질문 연속체 만들기

  모둠 활동으로 만든 질문 연속체(기초-핵심-심화)의 질문 하나를 쪽지 한 장에 써서 칠판에 붙이도록 한다. 질문을 영역별로 유목화(분류하여 제목 붙이기)하여 전체 질문을 정리한다. 질문 만들기 초기에는 학습 범위를 벗어나거나 엉뚱한 질문을 만드는 경우가 있다. 이런 경우 유목화에서 제외시키면서 그 이유를 설명한다. 핵심 질문을 기초로 하거나 기초 질문을 핵심에 붙이는 경우에도 바로 옮겨 붙이며 설명한다. 이 과정을 거치면서 제대로 이해하지 못한 학생들은 질문 연속체를 다시 한번 이해할 수 있다.

  핵심 질문은 단원의 성취 기준(학습 목표)와 연계하여 만든다. 질문 만들기 초기에는 핵심 학습 내용에 대한 질문이 누락될 경우가 있는데 이럴 경우 학생들에게 누락된 내용을 찾아 질문을 만들게 하거나 교사가 질문을 수정 보완하여 제시한다.

  심화 질문의 경우 질문 만들기 초기에는 핵심 질문을 심화 질문이라고 붙이거나 학습 범위를 벗어난 질문이 대부분이다. 심화 질문이 없는 경우 기초와 핵심 질문을 정리하여 질문 풀기를 한 후 다시 심화 질문 만들기 활동을 하면 심화 질문을 좀더 쉽게 만들기도 한다. 처음 질문 만들기를 하는 경우에는 학생들이 만든 질문 중에 심화 질문이 하나도 없는 경우가 많다. 이럴 경우를 대비해서 교사가 단원에 적합한 심화 질문을 1~2개 준비한다. 이를 제시하여 심화 질문을 제대로 이해하도록 하고 이후에 심화 질문을 만들 수 있도록 진행한다.

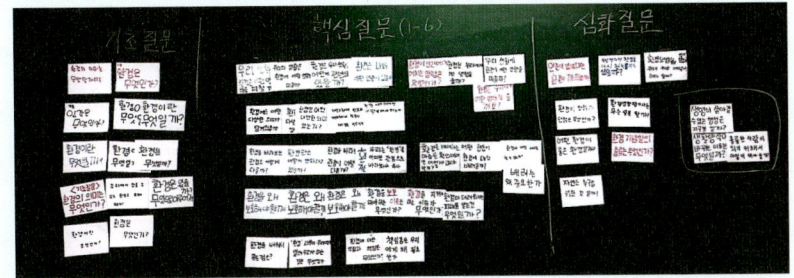

중1 환경 수업 질문 연속체 만들기 사례

1. 기초 질문
가. 우리 몸을 이루는 원소는 무엇인가?
나. 지각을 이루는 원소를 무엇인가?
다. 광물이란 무엇인가?
라. 규산염 사면체란 무엇인가?
2. 핵심질문
가. 탄소와 규소는 우리 몸과 지각의 이루는 화합물의 중심 원자가 되는 이유는 무엇인가?
나. 규산염 사면체 구조의 결합 방식은 무엇인가?
다. 규산염 사면체의 구조의 종류와 특징은 무엇인가?
라. 규산염 광물은 어떻게 생성되는가?
3. 심화 질문
가. 산소가 지각과 생명체에서 구성 비율이 높은 이유와 지각과 대기를 구성하는 산소의 차이점은 무엇인가?
나. 지각에서는 규소의 비율이 높고 생명체에서는 탄소의 비율이 높은 이유는 무엇인가?
다. 비규산염 광물은 어떻게 결합하는가?
라. 인류는 광물을 과거와 현재 어떻게 이용하고 있는가?
4. 성찰 질문
가. 학습 내용은 내게 어떤 가치가 있는가?
나. 학생 스스로 질문을 선택하여 정리하기

고1 통합과학 수업 질문 연속체 만들기 사례

6. 기초-핵심, 심화 질문 풀어 공유하기

기초 질문과 핵심 질문을 공책(학습지)에 적어 모둠 토의로 질문을 푼다. 심화 질문은 학생들이 처음에 만들기 어렵고 풀기도 어려우므로 다시 질문 만들어 풀기를 한다.

공유하는 방법은 둘 가고 둘 남기, 월드 까페, 갤러리 워크, 패들렛 등의 도구를 활용할 수 있으나 가장 기본적인 방법이라고 볼 수 있는 4절지에 적어 게시하고 발표로 공유하기와 순서를 정해 발표로 공유하기 두 가지를 먼저 적용할 수 있다.

① 4절지에 적어 게시하고 발표로 공유하기

모둠별로 4절지에 답을 작성한 뒤 게시판에 붙인 다음 순서를 정해 모둠의 한 학생이 발표한다. 전체 발표가 끝나면 발표한 내용에 대해 학생, 또는 교사가 수정, 보완할 내용을 말한다. 수정, 보완 내용을 들으며 학생들은 자신의 공책에 쓴 답을 수정 보완한다. 심화 질문을 다시 한번 만들어 본 뒤, 미흡할 경우 교사가 심화 질문을 수정 보완하여 제시한다.

② 순서를 정해 발표로 공유하기

이 방법은 기본적인 경청 태도가 형성되어 있고, 학습 내용을 이해하는 것이 중요할 때 진행한다.

㉠ 발표자 정하기

모둠 발표 순서 정하기 플래시(모둠 발표)나 번호 뽑기 플래시(개인 발표)를 활용하거나 수행 평가 체크리스트 등을 활용하여 모둠이나 개인을 정한다. 모둠의 경우 모둠 안에서 정한 순서대로 발표한다.

㉡ 발표하기 전에 경청하여 전체 공유가 될 수 있도록 수업 분위기를 정리한다. 작성을 미처 다하지 못한 학생들이 토의하거나, 핵심 질문을 다 풀었다고 생각하는 학생들의 잡담 등으로 어수선할 때는 교사가 "발표를 들어 봅시다. 들을 준비가 되었나요?"라고 해서 발표에 집중하여 전체 공유가 될 수 있도록 환경을 만드는 것이 중요하다. 대부분의 학생들은 발표에

익숙하지 않아 목소리가 작거나, 분명하지 않거나, 빠르게 말하는 경우가 많다. 어수선하고 집중되지 않으면 전체 공유가 잘 안되므로 수업이 진행이 어렵다.

ⓒ 교사는 학생들의 발표 내용으로 연결짓기를 한다. 일반적인 경우에는 질문에 대한 답으로 30~70% 정도의 내용을 발표한다. 이럴 경우에는 다음 모둠 발표 학생을 지명하여 '연결짓기' 즉 '반복하고 덧붙여' 발표하도록 한다. 이때 덧붙여 발표하여도 내용이 나아지지 않는다면 전체 학생 중에서 스스로 발표할 학생을 찾고 발표한 학생에게는 수행 평가 가산점을 주도록 한다.

핵심 질문에 대한 답이 발표에서 나오지 못하는 경우에는 교사가, 또는 전체 토의로 발표를 진행하고 먼저 푼 모둠에 수행 평가 가산점을 주도록 한다.

ⓔ 연결짓기를 할 필요가 없는 경우가 발생하기도 한다. 처음 발표하는 학생이 질문에 대한 답을 모범 답안처럼 발표하였다면 연결짓기가 되지 않는다. 이러한 경우는 수업에서 질문에 대한 모범 답안을 한번 읽어주는 것과 같다. 이렇게 되면 한 번 듣는 것으로 내용을 이해하지 못하는 학생들은 이해할 수 있는 기회를 놓치게 된다. 이럴 경우에는 듣기(경청)의 중요성을 강조하면서 다른 학생을 지명하여 들은 내용이 무엇이었는지 발표하도록 하여 다시 한번 발표 내용을 전체 공유한다.

ⓜ 교사는 연결 짓기로 질문의 답이 완성되어 발표한 뒤에 무작위로 학생을 선정하여 다시 한번 더 발표하게 하고 경청하게 하여 전체 공유한다.

7. 성찰 질문 만들기와 풀기

러닝퍼실리테이션 수업에서는 자기 결정성과 자기 주도성을 강조하는데 이와 바로 연결되는 것이 성찰이다. 성찰을 통해 배움의 내면화, 삶의 학습 전이가 이루어지고 더 높은 수준으로 성장을 도모하게 된다.

학생들은 자신을 평가하는 것이 서툴다. 성찰이라고 하면 자신이 잘못한 것, 즉 반성을 떠올린다. 고칠 점과 개선해야 할 점을 찾아야 한다고 생각하는 것 같다.

그래서 성찰의 필요성과 중요성에 대해 설명하였다. 평가는 크게 타인이 하는 평가, 자신이 하는 평가로 나눌 수 있다. 지금까지 우리는 타인이 하는 평가, 객관적인 평가 즉 잣대를 들이대어 잘했다, 못했다라고 평가하는 데 익숙하고 이것을 중요하게 생각했다. 특히 1등부터 줄을 세워 몇 등 하느냐가 정말 중요한 목표였다. 몇 등이냐라고 하는 것이 잘했다 못했다 기준이 되었다.

그러나 삶에 있어서 몇 등이냐, 잘했느냐, 못했느냐가 중요하지 않을 때가 많다. 특히 배움을 통한 성장에서는 더욱 그러하다. 사람은 맛있는 것을 먹을 때, 좋아하는 것을 할 때 행복을 느끼지만 자신이 성장했다고 느낄 때, 더 나은 사람이 되었다고 느낄 때 더 질 높은 행복을 느낀다고 한다. 자신의 성장을 몇 등이냐, 잘했느냐, 못했느냐로 따지기는 어렵다. 성찰은 자신을 자세하게 들여다보는 일이다. 자신이 무엇을 하고 싶어 했는지, 무엇이 나아졌는지, 무엇을 중요하게 하였는지 등과 같이 어디에, 어떻게 자신이 성장하고 있는지 살피는 것이다. 성찰 질문 참고 자료를 활용하여 성찰 질문을 만드는 것이 자신의 성장에 도움이 될 것이다.

성찰 질문 참고 자료

수업 내용은 내게 어떤 가치가 있는가?
학생들 간의 활발한 의사소통으로 구성원 모두가 토의에 적극적으로 참여하였는가?
맡은 역할에 충실하였으며, 자신감을 가지고 발표하였는가?
문제를 해결하기 위해 다양한 의견을 제시했는가?
발표 내용을 이해하기 쉽게 잘 전달하였는가?
이 과정에 집중하고 능동적으로 참여하였는가?
교과서를 읽고 스스로 질문을 만들었는가?
모둠 토의로 모둠 정리 질문을 만들었는가?
핵심 질문을 정리하고 답을 제대로 정리하였는가?
핵심 질문 답을 구하는 과정에 참여하였는가?
심화 질문을 쓰고 답을 썼는가?
심화 질문의 답을 구하는 과정에 참여하였는가?
모둠 친구에게 묻거나 대답하였는가?
모둠 질문을 열심히 만들었는가?
연결짓기를 잘 하였는가?
자발적으로 발표하였는가?
심화 질문 만들고 풀기에 기여하였는가?
경청을 잘 하였는가?
어떤 수업태도가 개선되었는가?
모둠 친구에게 묻거나 대답하였는가?
교과서 질문을 풀었는가?
스스로 만든 질문을 발표하였는가?
모둠 정리 질문 토의에 참여하였는가?

■ Feel-Learn-Do
- 무엇을 느끼셨나요?
- 무엇을 배우셨나요?
- 무엇을 실천하실 것인가요?

■ Stop-Still-Start
- 지금 당장 멈춰야 할 것은 무엇인가요?
- 멈추지 않고 지속해야 할 것은 무엇인가요?
- 앞으로 새롭게 시도해야 할 것은 무엇인가요?

■ 본. 깨. 적
- 강의 시간에 본 것 중 기억에 남는 것은 무엇인가요?
- 강의 시간에 깨달은 것은 무엇인가요?
- 강의 내용 중 적용하고 싶은 것은 무엇인가요?

■ Do & Don't
- 해야 할 것은 무엇인가요?
- 하지 말아야 할 것은 무엇인가요?

■ 1 change
- 지금 당장 나에게 필요한 한 가지 변화는?

■ DVDM
주제에 대한 생각을 정리하기에 좋은 방식. 교육 도입부에 활용하여 주제에 대한 학습자의 현재 수준과 상태를 확인할 때 활용할 수 있음.
Definition: 00의 정의는 무엇입니까?
Value: 00이 중요한 이유는 무엇입니까?
Difficulty: 00이 어려운 이유는 무엇입니까?
Method: 00을 할 수 있는 방법은 무엇입니까?

■ KWLM
지식과 스킬 중심 교육에서 활용 가능한 방식. 시작 단계에서 교재를 참고하여 프리뷰(PreView)로 K, W를 진행하고 과정 마무리에서 리뷰(Review)로 L, M을 진행한다.
K단계: Know 이미 알고 있는 것은 무엇입니까?
W단계: Want to know 앞으로 알고 싶은 것은 무엇입니까?
L단계: Learn 수업을 통해 배우고 싶은 것은 무엇입니까?
M단계: Want to know More 앞으로 더 배우고 싶은 것은 무엇입니까?

2024년 1학년 환경 수업에서는 첫 성찰 질문으로 '배,느,실'을 제시하였다. 먼저 성찰의 경험을 제공하고 싶었기 때문이다.

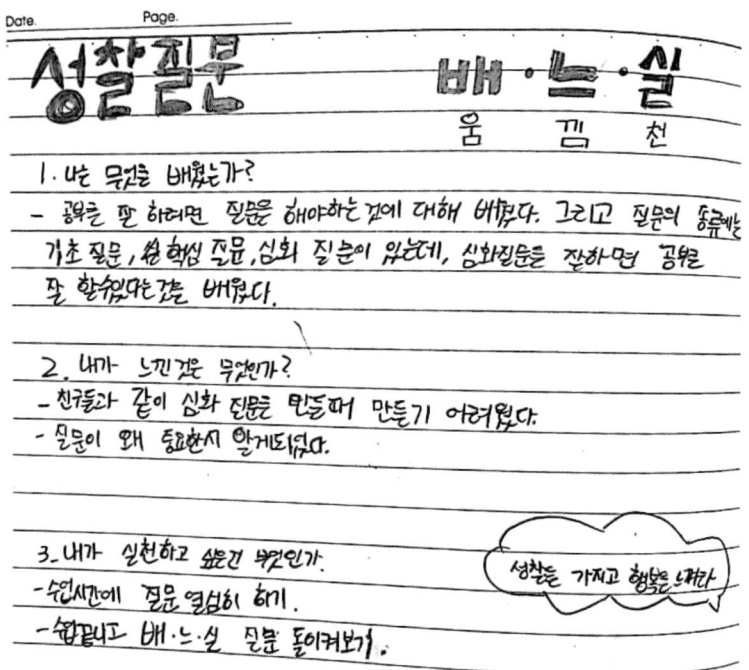

8. 학생들이 정하는 학습 목표

러닝퍼실리테이션 수업에서 학생들의 자기 결정성, 자기 주도성, 집단지성을 잘 반영할 수 있는 학습 활동이 학생들이 학습 목표 정하기 활동이다. 진정한 학습, 깊이 있는 학습이 이루어지려면 학습자들이 학습 목표를 세우는 것은 당연한 일이다. 특히 학습에 능동적 참여가 이루어지려면 더욱 그러하다. 그런데 학습 초기에는 학습 내용을 제대로 파악하지 못하고 있으므로 학습 목표를 세우기 어렵다.

학생들의 학습 목표는 학습 자료 시각화하기 이후부터 할 수 있으나 핵심 역량을 기를 수 있는 깊이 있는 학습이 되려면 핵심 질문 풀기 다음 과정에 진행하는 것이 좋겠다. 중1 환경 수업에서는 심화 질문 풀기 이후에 학습 목표 정하기 활동을 하였다. 학생들이 수업의 학습 목표를 정해본 경험이 거의 없으므로 역량이 무엇인지 먼저 설명하고 국가 수준의 성취기준을 제시하여 지식, 기능, 태도와 가치를 찾아보며 설명한 뒤 학습 목표 정하기를 하였다.

역량이란 무엇을 해낼 수 있는 힘을 뜻하는 말인데 여기서는 보다 복잡한 일을 해내는 능력을 뜻한다. 예를 들면 줄넘기를 잘하는 것, 자전거를 잘 타는 것의 역량을 넘어서 환경 캠페인을 잘 해내는 것, 빵 100개를 잘 판매하는 것과 같이 좀 더 복잡한 일을 해내는 것을 뜻한다. 이러한 역량이 중요한 이유는 21세기의 시대 변화 때문이다. 21세기를 4차 산업 혁명 시대라고 하기도 하고 '뷰카(VUCA)시대'라고도 한다. 디지털과 AI(인공지능) 기술의 급속한 발전으로 인간의 역할은 달라지고 있고, 변동성(Volatile), 불확실성(Uncertainty), 복잡성(Complexity), 모호성(Ambiguity)이 사회 전반에 걸쳐 광범위하게 전개되고 있는 '뷰카(VUCA)시대'에서는 어떤 환경에서나 문제해결능력과 창의성을 갖춘 사람을 원하고 있기 때문이다. 예전에는 학생들에게 물고기를 잡아주지 말고 잡는 방법을 가르쳐라고 했지만 이제는 학생들이 물고기 잡는 방법을 자신에게 맞게 개발해야 하는 시대가 되었기 때문이다. 역량은 21세기라는 새로운 시대를 잘 살아가기 위한 기초 체력에 해당된다고 할 수 있다. 역량에 대한 여러 가지 견해가 있지만 교육계에서는 대체로 역량은 지식, 기능, 가치와 태도로 구성된다고 본다. 지식은 물고기, 기능은 잡는 방법, 가치와 태도는 물고기를 잡으려는(잡는 방법을 개발하려는) 의지에 비유할 수 있다. 역량을 구성하는 이 세 가지

중 어느 것을 더 중요하게 다룰 것인가 하는 문제는 교육의 특성에 따라 달라지겠지만 학습자 입장에서 어느 것이 우선하는가를 생각해 볼 필요가 있다. 학습의 목적이 학교 성적과 성적을 통한 합격이라면 지식을, 어떤 일을 성공시키는 능력을 바란다면 기능을, 삶에 대한 의미와 가치관을 통한 행복을 바란다면 가치와 태도가 우선한다고 생각할 수 있겠다. 하지만 어떻게 하는 것이 학습 성취를, 역량을 통한 성장을 도모하는 것인가라는 관점에서 본다면 가치와 태도가 우선이라고 할 수 있다. 예를 들어 수학 공부를 잘하려고 하는 경우, 수학에 대한 지식, 수학 문제를 푸는 기능이 높아지려면 수학에 대한 태도와 가치가 확고하고 진정성이 강해야 할 것이다. 역량이 높아지려면 태도와 가치의 수준이 높아야 하고 이는 학생의 학습에 대한 사고 수준과 연결된다. 사고 수준을 높이는 방안으로 학생이 하려는 것에 대한 질문 만들기 활동을 적극 권장한다.

  학생들의 역량을 키우는 학습 목표 정하기 활동을 위하여 학생들에게 학습 단원의 성취기준과 과제 예시를 나누어주고 성취 기준 하나 하나씩 읽으면서 지식, 기능, 가치와 태도를 찾아보는 활동을 하였다. 그다음 공책에 1. 알고 싶은 지식은 무엇인가요?, 2. 익히고 싶은 기능은 무엇인가요?, 3. 하고 싶은 과제(가치와 태도)는 무엇인가요? 4. 학습 목표 작성하기를 3줄 간격을 두고 적게 한 뒤 자료를 참고하여 작성하도록 하였다.

과제 정하기 예시 자료

1단원 성취기준

[9환01-01] 환경의 다양한 의미를 비교하고, 환경이 '나'와 어떻게 연결되는지를 설명한다.

[9환01-02] 환경을 바라보는 다양한 관점을 비교하고, 환경에 대한 자신의 관점을 표현한다.

[9환01-03] 우리의 일상생활이 환경에 미치는 긍정적·부정적 사례를 조사하고 이를 통해 인간과 환경의 관계를 이해한다.

[9환01-04] 인간과 환경의 관계에서 우리의 역할과 책임에 대해 토의한다.

[9환01-05] 오감을 활용한 환경 체험을 통해 환경 속에서 살아가는 자신을 발견하고, 자신의 느낌을 다양한 방법으로 표현한다.

[9환01-06] 학교 환경에 대한 탐구 수행 결과를 지도, 사진, 그림, 보고서 등 다양한 결과물로 표현한다.

중1 환경 국가 수준의 성취 기준 분석하기 사례

1. 알고싶은 지식은 언가요?
   환경의 다양한 의미가 환경이 우리에게 미치는 영향.

2. 익히고 싶은 기능은 무엇인가요?
   환경을 잘 이해하고 나누는 기능.

3. 하고싶은 과제나 태도·가치 는 무엇인가요?
   학교에 있는 ● 식물들 책에서 잘 조합해 그림을 그리고 싶다.
   학교에 있는 환경요소로 캐릭터 그리기.

4. 나의 학습 목표.
   학교에 있는 환경과 식물들을 이해하고 우리에게 어떤 영향을 미치는지 알아보기!

중1 환경 수업 학생이 정하는 역량 중심 학습 목표 정하기 사례

'하고 싶은 과제(가치와 태도)는 무엇인가요?' 라는 질문을 제시한 이유는 국가 수준의 교육과정 성취기준을 보면 가치와 태도가 적다. 가치와 태도는 과제를 실행할 때 잘 드러난다고 보고, 과제를 선택하여 실행 계획서를 작성할 때 가치와 태도가 반영될 수 있도록 하였다.

'학습 목표 작성하기'는 1, 2, 3번 질문에 대한 답을 문장으로 구성하도록 하였다.

9. 과제 실행 계획서 작성 및 발표하기

학생들이 선택한 과제를 쪽지에 써서 칠판에 붙이고 유목화하여 하고 싶은 과제를 선택하게 하여 모둠을 구성하였다. 실행 계획서는 1. 무엇을 어떻게(누가, 언제, 어디서, 무엇을 어떻게, 얼마나 많이) 2. 왜, 3. 예상되는 문제점과 해결 방안 4. 기대 효과 이렇게 네 가지 항목을 공책에 적게 한 다음, 모둠(3~4명)별로 과제 실행 계획서를 작성하도록 하였다. 모둠 토의로 작성한 과제 실행 계획서는 4절지에 적어 발표하여 전체 공유하고 모둠별로 계획서를 수정 보완하도록 하였다. 다음 사진의 실행 계획서는 2023년 중1 환경 수업에서 한 것이다.

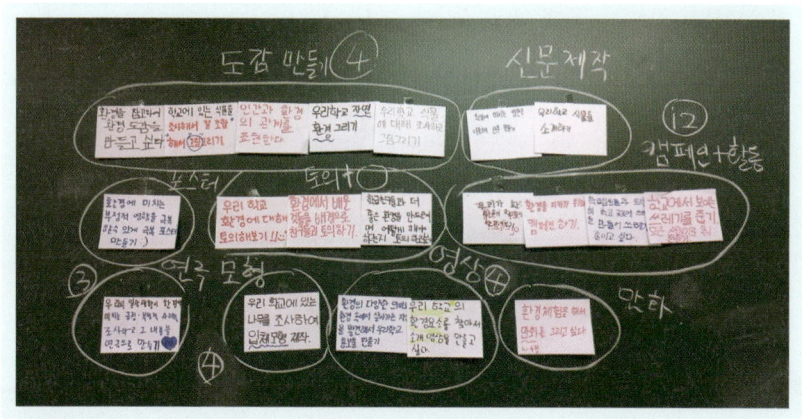

10. 과제 실행하고 결과 발표하기

과제를 실행하고 그 결과를 패들렛에 올려 발표하였다. 다음 사진의 실행 결과는 2023년 중학교 1학년 환경 수업에서 한 것이다.

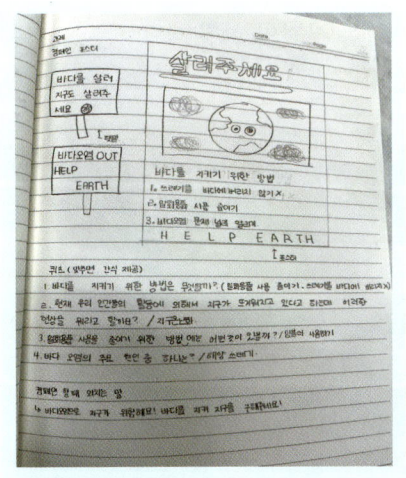

3장
고등 수업 나눔

국어

■ 질문 만들기로 꾸려가는 토의·토론 국어수업 [수업]

과목	문학	단원	2. 문학의 수용과 생산 (1) 문학 작품의 내용과 형식	대상	고2	구분	고
				수업자	최가령		

주제	핵심 질문 및 심화 질문 만들기를 통한 시 감상하기
교육과정 성취기준	[12문학01-01] 문학이 인간과 세계에 대한 이해를 돕고, 삶의 의미를 깨닫게 하며, 정서적·미적으로 삶을 고양함을 이해한다. [12문학02-04] 작품을 공감적, 비판적, 창의적으로 수용하고 그 결과를 바탕으로 상호 소통한다. [12문학04-01] 문학을 통하여 자아를 성찰하고 타자를 이해하며 상호 소통하는 태도를 지닌다. [12문학04-02] 문학 활동을 생활화하여 인간다운 삶을 가꾸고 공동체의 문화 발전에 기여하는 태도를 지닌다.
학습 성취 기준	- 작품을 읽고 핵심 질문을 만들 수 있다. - 모둠 협의를 통해 질문을 선정하고 이에 대한 답을 찾을 수 있다.
수업 의도	감상보다는 암기를 하기에 급급한 문학 수업을 학습자의 삶으로 연계하여 진행하고 싶었다. 이를 위해 매 시간, '시'를 읽고 궁금한 내용을 질문으로 만들고, 이러한 질문에 대해 모둠별로 탐구하는 수업의 형태로 진행하였다. 이러한 과정에서 문학 감상 능력을 향상시킬 수 있고, 작품을 자신의 삶과 연계하여 생각해봄으로써 학습 전이가 일어난다. 또한 협업능력과 문제해결능력 등 미래 교육이 지향하는 핵심 역량을 기를 수 있다.
수업흐름	1. '화자의 상황'과 '정서'를 생각하며 소리내어 읽기 2. 화자의 상황과 정서 파악하기 3. 각자 질문 만들기 4. 모둠이 질문을 선택하여 탐구한 후 함께 공유하기	**수업 설계 단계** ☑ 주제정하기 ☑ 비계제시하기 ☑ 시각화하기 ☑ 지식심화탐구하기 ☑ 공유 및 성찰하기
성찰	• 시에 대한 자신의 생각 말하기 • 활동을 통해 배운 점, 느낀 점, 실천할 점을 포스트잇에 쓰고 공유하기

수업 설계안 및 수업 결과물

단계 및 차시	핵심 질문 및 심화 질문 만들기를 통한 시 감상하기 (1차시)
학습목표	• 작품을 읽고 핵심 질문을 만들 수 있다. • 질문에 대한 답을 찾을 수 있다.
교수·학습 활동	● 시 낭송하며, 화자의 상황과 정서 생각하기 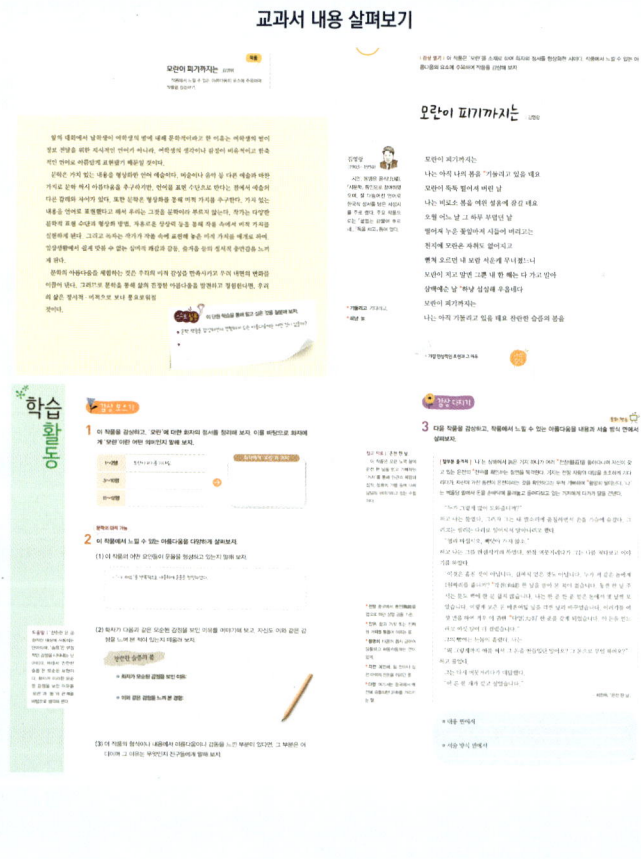

284

활동지 살펴보기

✎ 「모란이 피기까지는」 - 김영랑 (교과서 12쪽)

1. **(읽기 전)** 제목의 의미는?

2. **(읽기 중)** 필수 질문을 생각하며 읽어 보자.
   (1) 화자가 처한 상황은?

   (2) 화자의 정서 및 태도는?

- 필수 질문을 정해놓은 의도; 고등학교 수업은 시험이나 수능을 외면할 수가 없다. 문학의 경우 '다양한 감상'에 대해 언제나 고민이 많다. 시험을 위해서는 어느 정도 답이 정해져 있는 감상이 많기 때문이다. 학생들이 작품에 근거를 두고 감상하되, 아예 다른 차원(?)으로 가는 것을 막기 위해 필수 질문을 정해 놓았다.

● 핵심 질문 만들기
- 시와 관련된 질문을 개인별로 만든다.
- 모둠에서 질문지를 돌리며, 좋은 질문에 표시를 한다.

활동지 살펴보기

3. **(읽기 후)** 질문을 만들며 감상해 보자.
   (1) (각자) 최대한 많은 질문을 만들어보자.   ★질문은 다다익선.

질문내용	유형	선택

   (2) (모둠) 모둠 질문을 2가지 선정하자.
   - 질문을 돌려보며, 좋다고 생각하는 질문에 ♥표시
   - 표시를 참고하여 질문 선정

- 질문은 다다익선: 질문 만들기에 대한 부담을 덜어주기 위해 '좋은' 질문보다는 '많은' 질문을 만들 것을 학생들에게 안내하였다. 많은 질문을 만드는 과정에서 양질의 질문을 만들어내는 연습이 이뤄질 수 있다고 보기 때문이다.
- 다른 친구들의 질문을 꼼꼼하게 보게 하기 위해서 모둠 질문을 돌려보면서 표시를 하게 했다.

교수 · 학습 활동

◉ 핵심 질문 분류하고 구조화하기
- 모둠에서 선정한 질문 2~3가지를 적어서 칠판에 붙인다.
- 비슷한 질문끼리 유목화한다.

활동 살펴보기

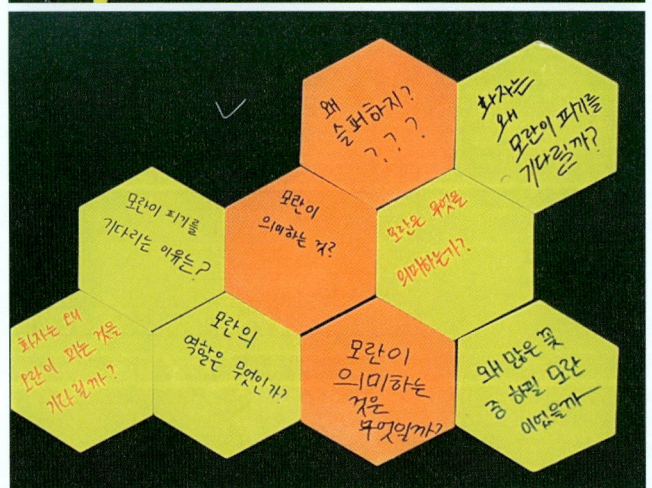

- '개인 질문 → 모둠 질문 → 학급 질문'으로 선택한 후, 이를 모둠이 선택하여 탐구하게 하였다.

교수・학습 활동

◉ 모둠별로 질문을 선정하여 풀기
• 질문을 선정하여 답을 해결한다.

◉ 발표 및 공유하기
• 질문과 그에 대한 답을 발표한다.

교수·학습 활동

학생들의 발표

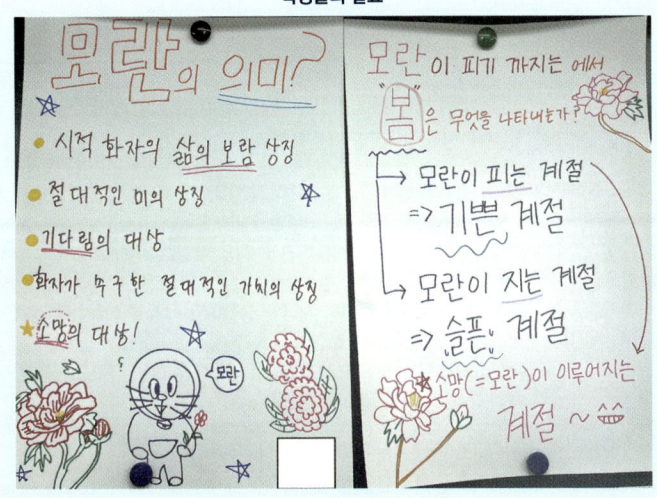

[준비물] 교과서, 학습지, 전지, 사인펜, 육각보드, 보드마카

고등 수업 나눔

국어

질문 만들기로 꾸려가는 토의·토론 국어수업 [수행평가]

과목	문학	단원		수행평가	대상	고2	구분	고
					수업자	최가령		

주제	핵심 질문 및 심화 질문 만들기를 통한 소설 감상하기
교육과정 성취기준	[12문학01-01] 문학이 인간과 세계에 대한 이해를 돕고, 삶의 의미를 깨닫게 하며, 정서적 미적으로 삶을 고양함을 이해한다. [12문학02-04] 작품을 공감적, 비판적, 창의적으로 수용하고 그 결과를 바탕으로 상호 소통한다. [12문학04-01] 문학을 통하여 자아를 성찰하고 타자를 이해하며 상호 소통하는 태도를 지닌다. [12문학04-02] 문학 활동을 생활화하여 인간다운 삶을 가꾸고 공동체의 문화 발전에 기여하는 태도를 지닌다.
학습 성취 기준	- 작품을 읽고 핵심 질문을 만들 수 있다. - 모둠 협의를 통해 질문을 선정하고 이에 대한 답을 찾을 수 있다.
수업 의도	문학 작품을 감상하면서 질문을 만들고, 이에 대해 모둠별로 탐구하는 수업을 수행평가에도 적용하여 '질문하기'와 '모둠 대화'를 1학기 동안 계속 연습할 수 있도록 하고 싶었다. 이러한 과정을 통해 문학 감상 능력, 협업 능력을 기를 수 있고 학습 전이가 일어난다고 생각한다.

수업흐름	1. 슬로리딩
	  - 수능에 출제된 작품 중 모둠 작품 선정
	  - 천천히 읽으며 '꼬리에 꼬리를 무는 단어 탐구, 내 마음에 들어 온 구절과 이유, 궁금궁금 질문 만들기'
	2. 모둠대화
	  - 모둠질문 선정하기
	  - 대화기록하기
	  - 자신의 생각 정리하기
	3. 주제탐구활동
	  - 모둠질문을 확장시켜, 주제를 정하고 탐구하기
	  - 발표하기
		수업 설계 단계
		☑ 주제정하기
		☑ 비계제시하기
		☑ 시각화하기
		☑ 지식심화탐구하기
		☑ 공유 및 성찰하기

성찰	• 활동을 통해 배운 점, 느낀 점, 실천할 점을 포스트잇에 쓰고 공유하기

수업 설계안 및 수업 결과물

단계 및 차시	핵심 질문 및 심화 질문 만들기를 통한 소설 감상하기 (10차시)
학습목표	• 작품을 읽고 핵심 질문을 만들 수 있다. • 모둠 협의를 통해 질문을 선정하고 이에 대한 답을 찾을 수 있다.
교수·학습 활동	● 천천히 읽으며, '꼬리에 꼬리를 무는 단어 탐구, 내 마음에 들어 온 구절과 이유, 궁금궁금 질문 만들기' 활동을 하기 슬로리딩지 • 매 시간, 읽은 부분에 대해 질문을 10개 이상 만들어 보도록 했다.

교수·학습 활동

● 모둠 대화
• 작품과 관련된 질문을 개인별로 만든다.
• 모둠에서 질문지를 돌리며, 좋은 질문에 표시를 한다.
• 선정된 모둠 질문을 가지고, 대화를 한다.

모둠질문 선정하기

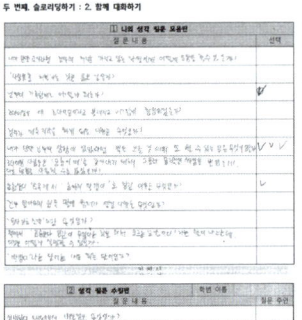

모둠 대화

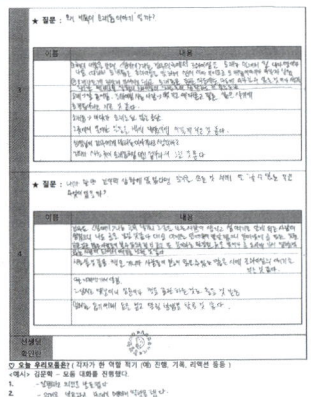

자신의 생각 정리하기

• 자신이 만들었던 질문 중 10가지를 골라서 질문지에 적게 했다. 이후, 질문판을 돌려보며, 모둠 질문을 선정하게 했다.
• 모둠 대화 후, 자신의 생각을 정리할 시간을 가지기 위해 질문 정리하기의 시간을 가졌다.

고등 수업 나눔

통합사회

지속가능한 발전을 위한 지역문제 탐구 프로젝트

과목	통합사회	단원	3. 생활공간과 사회 9. 미래와 지속가능한 삶	대상	고1	구분	고
				수업자	한민경		
주제	지역사회에서 경험한 문제 탐색, 지리조사 단계에 따른 모둠별 조사활동, 실내(또는 야외)조사 활동 및 통계자료 분석활동, 보고서 작성을 통한 해결 방안 찾기							
교육과정 성취기준	[10통사03-01] 산업화, 도시화로 인해 나타난 생활공간과 생활양식의 변화 양상을 조사하고, 이에 따른 문제점을 해결하기 위한 방안을 제안한다. [10통사03-02] 교통·통신의 발달과 정보화로 인해 나타난 생활공간과 생활양식의 변화 양상을 조사하고, 이에 따른 문제점을 해결하기 위한 방안을 제안한다. [10통사03-03] 자신이 거주하는 지역을 사례로 공간 변화가 초래한 양상 및 문제점을 파악하고 이를 해결하기 위한 방안을 제안한다. [10통사09-01] 세계의 인구 분포와 구조 등에 대한 자료 분석을 통해 현재와 미래의 인구 문제 양상을 파악하고, 그 해결 방안을 제안한다. [10통사09-02] 지구적 차원에서 사용 가능한 자원의 분포와 소비 실태를 파악하고, 지속가능한 발전을 위한 개인적 노력과 제도적 방안을 탐구한다. [10통사09-03] 미래 지구촌의 모습을 다양한 측면에서 예측하고, 이를 바탕으로 자신의 미래 삶의 방향을 설정한다.							
학습 성취 기준	- 지역문제 탐구 프로젝트를 통해 모둠별 토의 및 경청 자세를 익힌다. - 지리정보의 분석 및 종합 활동을 통해 정보처리 역량 및 공동체 역량을 기른다. - 보고서 작성 방법을 익히고, 발표 및 공유과정을 통해 문제 해결을 위한 방안을 제안한다.							
수업 의도	교과 교육과정이 성취기준 내용 분석을 통해 학생의 수준(학교외 상황)을 고려하여 지역문제 탐구 프로젝트 주제 선정 및 성취기준을 재구성하고자 하였습니다. 학생들의 경험(삶)과 연계한 주제 선정, 적절한 탐색 방법과 평가 방법을 디자인하고, 교실에서 실천하여 피드백할 수 있도록 수업 차시를 한 학기 동안 수행평가 영역으로 계획하였습니다. 학생의 학습 능력 향상과 성장을 지원하고자 타교과 및 창의적 체험활동과 연계하여 수업을 진행하고자 하였습니다. 모둠별 수행 과정과 문제점에 대한 해결 방안을 찾는 과정을 통해 핵심 역량을 기르고자 하였습니다.							
수업흐름	1-2차시: 오리엔테이션 및 모둠 구성 3-4차시: ❶ 조사주제 선정 5-6차시: ❷ 실내조사 및 야외조사 7-9차시: ❸ 통계자료 분석 및 자료조사 보완 10-13차시: ❹ 탐구보고서 작성 및 발표 14차시-15차시: ❺ 지역문제 탐구 프로젝트 공유회			**수업 설계 단계** ☑ 주제정하기 ☑ 비계제시하기 ☐ 시각화하기 ☑ 심화탐구하기 ☑ 과제해결하기 ☑ 공유 및 성찰하기					
성찰	• 모둠 발표 및 활동 소감 작성 • 프로젝트 수업을 통해 배운점, 느낀점, 실천할 점(지역기관에 부탁할 점), 후배/선생님께 조언 및 제안점을 포스트잇에 작성하기							

→ 수업 설계안 및 수업 결과물

[1-2차시] 『지역문제 탐구 프로젝트』 수업 오리엔테이션 및 모둠 구성

1. 수업 의도

고등학교 1학년 전체 학급(11개반)을 대상으로 한 학기 동안 수행평가 영역으로 진행하는 프로젝트 수업으로 인문계 고등학교의 평가 영역과 생활기록부 교과 세부능력 및 특기사항에 기록되는 부분까지 연계(교-수-평-기록의 일체화)되도록 오리엔테이션 시간을 충분히 갖고자 하였습니다. 모둠 구성 및 평가 영역과 관련된 학생들의 의견이 최대한 반영될 수 있도록 2시간을 부여하여 진행하였습니다. 1-2차시 수업의 흐름은 다음과 같습니다.

2. 수업 흐름

도입(5')	전개(35')	정리(10')
(영상시청) 성벽 없이는 못 막는다	모둠 구성 및 모둠 약속 정하기 (모둠원 간 약속, 경청 및 발표 참여 횟수)	모둠원 활동 공유/전체 모둠 게시 및 칭찬, 내용 공유

3. 비계 제공

학생들에게 모둠별로 필요한 동영상이나 자료들은 직접 찾을 수 있도록 안내를 하고, 1차시 동영상(성벽 없이는 못 막는다), 2차시 동영상(MAN2020) 시청 후, 전지구적 시스템에 대한 이해 및 환경과 관련된 다양한 측면을 이해할 수 있도록 안내하였습니다. 필요한 경우, 학생들 스스로 지속가능한 발전과 관련된 다양한 기후 및 환경 영상들을 공유하기도

하였습니다. 통영시 지속가능발전교육도시 안내, 지속가능한 발전을 위한 지역문제 탐구 프로젝트의 수업 의도에 대해 교사가 충분히 설명하는 시간을 1-2차시 동안 비계로 제공하였습니다.

〈출처:https://www.youtube.com/watch?v=j9YLhy2NLpo〉

〈출처:https://www.youtube.com/watch?v=DaFRheiGED0〉

4. 오리엔테이션 및 모둠 구성

- 칠판에 모둠장이 되고자 하는 학생을 추천받거나 직접 모둠장에 지원하여 칠판에 이름을 기록 후, 모둠장(4인-5인:1조)들이 학급의 다양한 구성원들과 자유롭게 피드백하는 시간을 통해 모둠장과 모둠원을 구성하는 시간을 부여하였습니다.
- 모둠 구성 후, 모둠 약속 및 수업에 필요한 다양한 의견을 공유하였습니다.
- 학급의 반장(또는 교과 도우미)을 통해 1차시 수업 시간 후, 쉬는 시간을 활용하여 당일 점심시간(또는 추후 수업시간)까지 모둠원 구성을 작성해 올 것에 대해 의견을 묻고, 협조 요청하기도 하였습니다.
- 모둠별로 작성한 활동 결과를 칠판에 부착한 후, 모둠별로 1명씩 나와 결과를 발표하였습니다. 시간이 여의치 않을 경우, 쉬는 시간에 '갤러리 워크' 형식으로 피드백 할 수 있습니다.
- 모둠별 학습지 작성 시, 조원들 필기도구 색깔을 달리하여 기록할 수도

있습니다.
- ▸ 학생의 발표 내용에 대해 피드백하고, 평가 영역에 대한 내용을 구체화 하였습다.
- ▸ 모둠별 수업으로 해당 수업 전 모둠활동 좌석 배치에 대해 안내하였습니다.

5. 모둠 구성 및 약속 정하기

학기 초 어색한 교실 상황에서 팀장 및 모둠을 구성하는 상황이 어려울 수 있습니다. 중학교 시절 행복 학교에서 모둠활동이나 팀원과의 협업 경험이 있는 학생들에 비해서 그러지 못한 학생들은 낯설어할 수도 있습니다. 고등학교에서 교과 내신을 잘 받아야 한다는 부담감으로 인해 평가 및 점수를 잘 받아야 한다는 압박감이 있습니다. 무임승차를 하는 조원이 있을 때, 자신이 모둠원 대신 보완을 해야 하는 부담에 대한 걱정을 가질 수 있습니다. 학생들에게 본 수업의 의도는 모든 구성원의 민주적 합의 절차를 이루어내는 과정을 중요시한다는 부분을 언급하고, 창의적 문제 해결력 및 협업 능력 향상을 위한 수업이라는 부분을 강조하였습니다. 1-2차시는 모둠 구성과 팀원 약속 정하기를 지도하였습니다. 매 차시별 정리(10분) 시간을 통해 발표와 공유시간을 갖고 성찰 단계를 진행하였습니다.

교사는 최소한의 안내자 역할에 충실하려고 노력하였으며, 프로젝트를 통해 모둠별 토의 및 경청 자세를 익히고, 정보처리 역량 및 공동체 역량을 기르는 과정에 많은 시간을 부여하였습니다. 또한, 지역문제의 발견 및 문제 해결을 위한 창의적 아이디어와 방안을 찾는 과정을 스스로 해결할 수 있도록 문제해결 능력을 높이고자 수업을 설계에 노력하였습니다.

모둠별 학습지 예시

[3-4차시] 『지역문제 탐구 프로젝트』 수업 : 조사 주제 선정

1. 수업 의도

학생의 경험(삶)에서 조사 주제를 찾고, 불편함과 관련된 지역사회의 문제점에 대해 스스로 질문하도록 수업을 디자인하였습니다. 스스로 지역문제에 대해 생각하고 탐구하는 과정을 통해 교과서 사례가 아닌 자신의 경험(삶)과 연관되는 주제를 찾고자 하였습니다. 조사 주제 선정 과정에서 수업의 몰입과 학생 스스로의 결정에 대해 존중하고자 노력하고, 조언을 요청하거나 필요한 경우에만 도움 주고자 하였습니다.

2. 수업 흐름

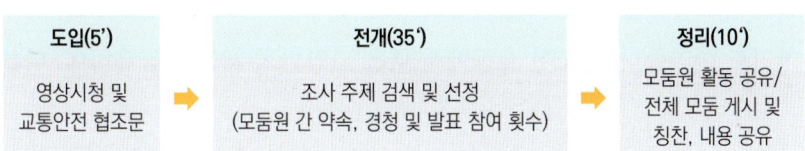

3. 비계 제공

도입 단계에서 학생들은 지역문제 프로젝트 주제 선정을 위한 교사의 동영상(비계 제공)을 시청하였습니다. 지역신문 검색, 본인 경험 등 모둠원은 비계를 추가적으로 찾도록 안내합니다. 비계는 교사가 제시한 동영상도 있지만 학생들이 스스로 조사 주제를 선정하기 위한 다양한 지역 문제들에 대한 비계를 모둠별 구성원끼리 다양한 입장(학생, 학부모, 지역민)에서 경험한 것을 떠올리도록 안내하였습니다.

〈출처: 통영시청 교통안전 협조에 따른 학급 안내문〉

〈출처:https://www.youtube.com/watch?v=c1dsUiLq3tU〉
통영시 미래형 교통 체계 개편 최종보고회 영상

4. 주제 정하기

학생들에게 교사는 최소한의 정보를 제공하고, 학생은 스스로 주제를 찾는 자료 수집을 위한 활동이 될 수 있도록 다양한 주제 아이디어들에 대한 이야기들을 덧붙이는 시간을 가졌습니다. 모둠원에게 교사가 안내한 멘트 예시를 살펴보면 다음과 같습니다.

모둠원들끼리 대화를 통해 학생들의 삶 속에서 경험한 것을 브레인스토밍하여 지역문제에 대한 주제를 선정하고, 공유하는 적극적인 학생 활동을 유도하였습니다. 시청 사이트(민원 게시판) 자료 검색을 하도록 안내학기도 하였습니다. 또한 모둠에서 나온 다양한 주제들은 공유하여, 다른 모둠원들도 지역 문제에 대한 주제 선정시, 참고하도록 안내하였습니다.

학생들은 학교 내에서 경험한 불편한 점(학교 매점에서 현금만 사용가능한 불편함으로 인한 카드 사용은 왜 안 될까요?), 학교 통학 시 경험 사례 및 생활하면서 불편한 점(불법 주정차 문제, 쓰레기 무단 투기 등) 다양한 문제점에 대해 많은 의견을 공유하는 모습을 보였습니다.

모둠 주제	교사 멘트
▶ 인구 문제	▶ 인구 문제: 인구 감소, 고령화, 저출산, 고독사, 일자리 부족 통영 지역은 중소형 조선업체 다수가 폐업을 하게 되어, 일자리가 사라져 인구 감소와 경제난을 겪는 실업자가 최근 많이 늘어났습니다. 또한 섬 지역의 인구 감소 및 고령화로 인해 주민들의 필수 의료 시설 및 생활에 어려움으로 고독사도 많이 늘어나고 있다고 합니다. 지역 신문기사를 통해 좀 더 상세한 상황을 조사해 보면 좋겠습니다.
▶ 등하교 시간 버스 혼잡 문제	▶ 등하교 시간 버스 혼잡 문제 학교 앞 시내버스 승강장은 하교 시간 많은 학생들이 버스를 타려고 붐비는 경우가 많습니다. 버스가 정차하기 전 학생들이 차도로 내려오는 위험한 상황이 발생하여 최근, 통영시청에서는 학교로 공문을 보내오기도 했었어요. 각 모둠에서도 등하교 시간 버스 혼잡과 탑승을 통해 위험한 상황들이 문제 상황이 된 경험을 바탕으로 문제 해결을 위한 조사 활동(국내, 국외 사례)을 해 나가면 좋겠어요.
▶ 방사능 오염수	▶ 방사능 오염수 일본의 후쿠시마 원전 사고(2011.3.11.)와 관련된 결과로 반감기를 거치지 않은 방사능 오염수의 다양한 문제점이 있음에도 일본측에서 발표한 보고서의 내용만을 IAEA에서 인정하여 방사능 오염수를 방류하고 있다는 사실을 잘 알고 있을 겁니다. 통영은 2011년 3월 11일의 쓰나미 이후 3일 뒤 방사능 비가 내렸고, 당시 5월에는 시금치에서 방사능 수치가 검출되었으며, 중앙 활어 시장과 양식장의 어류의 소비가 줄게 되어 수산업의 위축 및 위탁 판매업자들의 실업과 상업 및 서비스업의 어려움이 2-3년간 지속되어 지역 경제가 많이 힘들었던 경험이 있었습니다. 여러분이 지역신문(한산신문, 한려투데이, 인터넷 뉴스 등)를 통해 당시의 상황을 검색해 보고, 최근의 지역 신문 기사도 찾아 보는 것이 좋을 듯 합니다. 국내 환경 단체 및 중국을 포함한 지역민의 방사능 오염수 방류에 대한 우려와 영향을 중심으로 자신의 진로 분야와 연계한 방향 설정을 하는 것이 좋을 듯 합니다. …(이하 생략)…

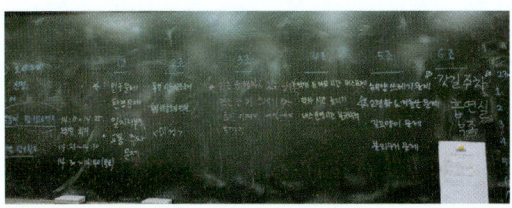

〈출처: 주제 정하기 모습, 직접 촬영〉

학생들이 주목한 지역문제!

[1조]
- 인구문제
- 환경문제
- 일자리 부족
- 교통·주차 문제

[2조]
- 인구 감소
- 해양 오염

[3조]
- 최근 유행하는 탕후루 먹고 난 뒤 쓰레기 무단 투기와 거리 쓰레기 문제

[4조]
- 등하교 시간 버스 문제
- 막차 시간 늘리기
- 버스 운영시간 불규칙적

[5조]
- 해양쓰레기 문제
- 고령화&저출산
- 길고양이 문제
- 분리수거 문제

[6조]
- 갓길주차
- 흡연실 부족

[1조]
- 자전거 도로 부족
- 굴껍질
- 문화시설 부족
- 해양 쓰레기
- 해양 생물

[2조]
- 칼부림
- 수질오염
- 대기오염
- 일자리 부족
- 고독사

[3조]
- 방사능 오염수
- 바다 쓰레기
- 굴껍데기

[4조]
- 해양오염
- 악취오염
- 교통문제
- 지역경제 침체

[5조]
- 환경문제
- 기타 해결방안

[6조]
- 해양 환경 문제

[1조]
- 저출산 문제·지역개발
- 해양 쓰레기·인구 부족
- 관광 개발

[2조]
- 바닷가 쓰레기통 부족 문제
- 특정 버스 정류장 전광판 미설치

[3조]
- 방사능 누출 해양오염
- 부족한 교통시설

[4조]
- 인프라 한계
- 인구 감소
- 산업시설 부족

[5조]
- 교육 문화시설 부족
- 해양 쓰레기

[6조]
- 저출산
- 일자리 부족
- 문화시설 부족
- 교통시설 부족

[1조]
- 인구문제·환경문제
- 일자리 부족
- 교통 주차 문제

[2조]
- 통영 인구 감소
- 통영 해양 오염

[3조]
- 최근 유행하는 탕후루 먹고 난 뒤 쓰레기 무단 투기와 거리 쓰레기 문제

[4조]
- 등하교 시간 버스 문제
- 막차 시간 늘리기
- 버스 운영시간 불규칙적

[5조]
- 해양쓰레기 문제
- 고령화&저출산
- 길고양이 문제
- 분리수거 문제

[6조]
- 갓길주차
- 흡연실 부족

[[1조]
- 인구 유출
- 해양쓰레기 문제
- 쓰레기 배출 문제

[2조]
- 길거리 쓰레기 무단투기 문제
- 스쿨존 사고 문제
- 후쿠시마 오염수 방류

[3조]
- 보도블럭 문제점과 해결방안
- 바다쓰레기 오염 현황 및 해결 방안
- 관광 산업 활성화

[[4조]
- 불법주정차 문제
- 저출산.고령화 문제
- 개물림 및 반려견 사고 해결 방안

[5조]
- 해양쓰레기의 현황과 원인 및 방안
- 해양 쓰레기의 현황과 대처 방법
- 등하교시 버스 혼잡 및 교통 문제 해결 방안

[[6조]
- 전통 킥보드 문제점과 해결 방안
- 인구 감소 문제점과 해결방안
- 시티투어 버스 설치로 관광 활성화

5. 성찰하기

학습지 메모와 패들렛(학교 계정)을 활용하여 매시간 학습 결과물을 공유하고 성찰의 시간을 갖고자 하였습니다. 모둠별 공유의 시간(1분 내외)은 6개의 모둠이 돌아가면서 발표하였고, 다른 모둠원은 자신의 학습지에 경청하여 다른 모둠의 공유 내용을 간략히 기록하는 활동을 하였습니다.

[5-6차시] 「지역문제 탐구 프로젝트」 수업 : 실내 조사 및 야외조사

1. 수업 의도

학생의 경험(삶)에서 조사주제를 찾고, 불편함과 관련된 지역사회의 문제점에 대해 스스로 질문하도록 수업을 디자인하였습니다. 스스로 지역문제에 대해 생각하고 탐구하는 과정을 통해 교과서 사례가 아닌 자신의 삶에서 사례를 찾고자 하였습니다. 실내조사 과정에서 정보검색 처리 능력 향상을 꾀하고, 학생의 결정에 대해 존중하고자 노력하고, 조언을 요청하거나 필요한 경우에만 도움 주고자 하였습니다.

2. 수업 흐름

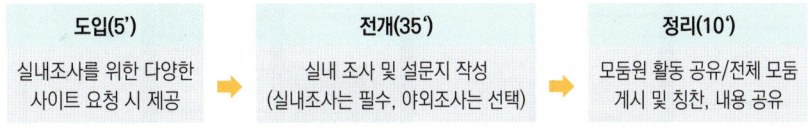

3. 비계 제공

지리조사 보고서(샘플) 파일(비계 제공)을 패들렛에 공유하고, 실내 조사 단계에 참고할 사이트 및 보고서 작성(결과물) 및 발표를 위한 의견을 모으기 위해 미리 공지하고, 추후 보고서 작성 및 발표와 평가 관련 의견 조율 안내 시간을 가졌습니다.

4. 주제에 따른 활동(실내조사 활동)

모둠별 전자기기(휴대폰 및 아이북)를 활용하여 검색하고, 모둠별 약속을 잘 지키며 조사 주제를 선정한 내용을 중심으로 실내 조사를 실시하도록 지도하였습니다.

5. 성찰하기

패들렛(학교 계정)을 활용하여 매시간 학습 결과물을 공유하고 성찰의 시간을 갖고자 하였습니다. 모둠별 공유의 시간(1분 내외)은 6개의 모둠이 돌아가면서 발표하였고, 다른 모둠원은 자신의 학습지에 경청하여 다른 모둠의 공유 내용을 간략히 기록하는 활동을 하였습니다.

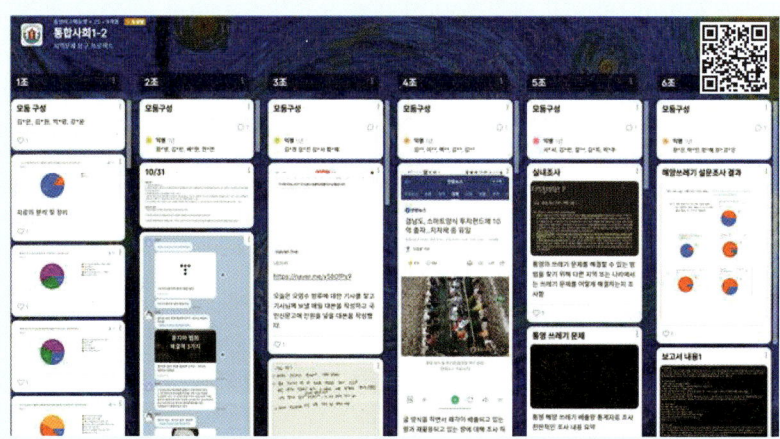

6. 수업 활동(사례)

▸ 모둠 실내 조사 활동 결과를 패들렛에 탑재한 후, 모둠별 1명씩 나와서 결과에 대해 발표하였습니다.

▸ 학생의 발표 내용에 대해 피드백하고, 학습지 평가 영역에 대한 내용을 구체화하였습니다.

수업 활동(사례)
〈출처: 주제에 따른 모둠 활동 모습, 직접 촬영〉

[7-9차시] 『지역문제 탐구 프로젝트』 수업 : 통계자료 분석 및 자료조사

1. 수업 의도

학생의 경험(삶)에서 조사주제를 찾고, 불편함과 관련된 지역사회의 문제점에 대해 스스로 질문하도록 수업을 디자인하였습니다. 스스로 지역문제에 대해 생각하고 탐구하는 과정을 통해 교과서 사례가 아닌 자신의 삶에서 사례를 찾고자 하였습니다. 실내조사 과정에서 정보검색 처리 능력 향상을 꾀하고, 학생의 결정에 대해 존중하고자 노력하고, 조언을 요청하거나 필요한 경우에만 도움 주고자 하였습니다. 성취 기준은 '통계자료 분석을 통해 적절한 그래프(꺾은선/막대/파이 그래프 등) 또는 통계지도로 표현할 수 있다.'를 설정하였습니다.

2. 수업 흐름

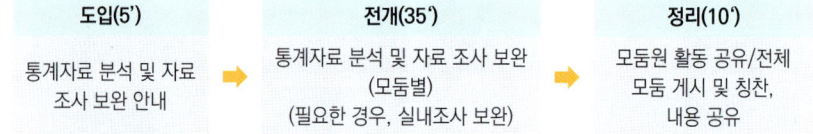

3. 비계 제공

지리조사 보고서(샘플) 파일을 패들렛에 공유(비계제공)하고, 통계자료 분석 단계에 참고할 사이트 안내 시간을 가졌습니다.

4. 주제에 따른 활동(모둠별 통계자료 분석 및 실내 조사 보완)

모둠별 전자기기(휴대폰/아이북)를 활용하여 검색하고, 모둠별 약속을 잘 지키도록 안내하였습니다. 교사는 모둠별 사이트나 통계자료의 분석을 위한 조언이 필요한 경우 조언하였습니다. 모둠별 설문지를 작성한 경우, 설문지 분석을 하여 보고서에 필요한 내용을 작성하도록 안내하였습니다. 다음은 패들렛에 탑재된 모둠 수업 활동 사례입니다.

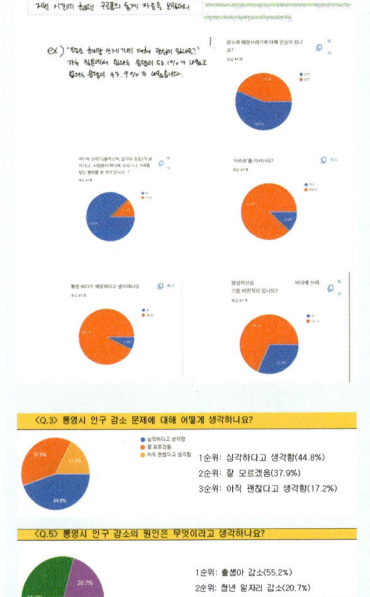

[해양 쓰레기]를 주제로 선택한 모둠의 설문지 통계 자료 분석 사례

Q1. 평소 해양쓰레기에 대해 관심이 있나요?
'있다'는 응답이 56.1%가 나왔고, '없다'는 응답이 43.9%가 나왔습니다.

Q2. 바다에 쓰레기(플라스틱, 갑각류 등)가 보이거나 사람들이 바다에 쓰레기나 가래를 뱉는 행위를 본적이 있나요?

Q3. '아라호'를 아시나요?

Q4. 통영 바다가 깨끗하다고 생각하시나요?

Q5. 양심적으로 바다에 쓰레기를 버린적이 있나요?

[인구 감소 문제] 주제 모둠의 설문지 통계 자료 분석 사례

[통계 자료 분석]

통영시 인구 감소 문제에 대한 설문(명)을 분석하면 다음과 같다.

1순위는 '심각하다고 생각함'(44.8%)이고, 2순위는 '잘 모르겠음'(37.9%), 3순위는 '아직 괜찮다고 생각함'(17.2%)으로 분석된다.

통영에 거주지를 둔 학생들을 대상으로 설문을 하였지만 시내버스와 자가용으로 학교와 학원을 오가는 대부분의 학생들은 통영시 인구 감소 문제에 대해 인지하지 못하는 경우(55.1%)와 심각하다고 인지하는 경우(44.8%)로 분석된다.

수업 활동(사례)

5. 성찰하기

　패들렛(학교 계정)을 활용하여 매시간 학습 결과물을 공유하고 성찰의 시간을 갖고자 하였습니다. 모둠별 공유의 시간(1분 내외)은 6개의 모둠이 돌아가면서 발표하였고, 다른 모둠원은 자신의 학습지에 경청하여 다른 모둠의 공유 내용을 간략히 기록하는 활동을 하였습니다.

‣ 모둠 실내 조사 활동 결과를 패들렛에 탑재한 후, 모둠별 1명씩 나와서 결과에 대해 발표하였습니다.
‣ 교사는 학생의 발표 내용에 대해 피드백하고, 개별 학습지에 경청한 내용을 기록하도록 안내하였습니다.

[10-13차시] 『지역문제 탐구 프로젝트』 수업 : 보고서 작성 및 발표

1. 수업 의도

　학생의 경험(삶)에서 조사주제를 찾고, 불편함과 관련된 지역사회의 문제점에 대해 스스로 질문하도록 수업을 디자인하였습니다. 스스로 지역문제에 대해 생각하고 탐구하는 과정을 통해 교과서 사례가 아닌 자신의 삶에서 사례를 찾고자 하였습니다. 보고서 작성 과정에서 수업의 몰입과 학생 스스로의 결정에 대해 존중하고자 노력하고, 조언을 요청하거나 필요한 경우에만 도움 주고자 하였습니다.

2. 수업 흐름

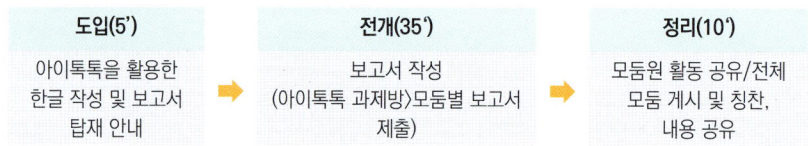

3. 비계 제공

아이톡톡 접속 방법 및 아이디/비번 안내, 한글 작성 방법 및 보고서 탑재 안내를 통해 학생들이 보고서 작성을 위한 샘플을 통해 비계를 제공하였습니다.

4. 주제에 따른 활동(보고서 작성)

지리조사 단계를 이해하고, 그에 따른 모둠별 보고서를 작성할 수 있도록 성취기준에 맞추어 지도하였습니다. 모둠별 전자기기(노트북 및 아이북 등)를 활용하여 보고서를 작성하고, 모둠별 약속을 잘 지키도록 안내하였습니다.

- ▸ 아이톡톡〉톡톡클래스〉과제방〉모둠별 보고서
- ▸ 모둠원끼리 그룹화하는 기능을 활용하면 모둠별 보고서 파일은 한 사람이 제출해도 모둠원 전체와 공유 가능합니다.

- ▸ 클래스 가입 정보: Y318IRU3CR

빅테이터·AI플랫폼 아이톡톡은 학교급/교과별 활용수업 모델 개발이 가능하며, 콘텐츠의 공유(톡톡CON), 수업사례 공유 및 상호피드백(수업혁신연구소)이 가능합니다. 특히, 톡톡클래스는 해당 학급의 클래스 정보를 교사가 제공하고, 미리 제공된 아이디와 비번을 통해 클래스에 가입이 됩니다. 모둠원이 한글을 공유하여 보고서를 작성 후, 제출할 수 있는 기능을 통해 학습자들의 과제 제출 접근성이 좋은 장점이 있어 학생들과 해당 기능을 활용하여 과제를 제출하도록 안내하였습니다.

5. 성찰하기

모둠의 보고서를 아이톡톡에 탑재한 후, 모둠별 1명씩 나와서 결과에 대해 발표하였습니다. 모둠별 보고서 발표(5분 내외)가 6개의 모둠이 돌아가면서 진행하였고, 다른 모둠원은 자신의 학습지에 경청한 다른 모둠의 발표 내용을 간략히 기록하는 활동을 하였습니다.

- ▶ 아이톡톡 〉톡톡클래스 〉과제방 〉모둠별 보고서 과제 제출을 받음.
- ▶ 모둠원끼리 그룹화하는 기능을 활용하면 모둠별 보고서 파일은 한 사람이 제출해도 모둠원 전체와 공유가능함.

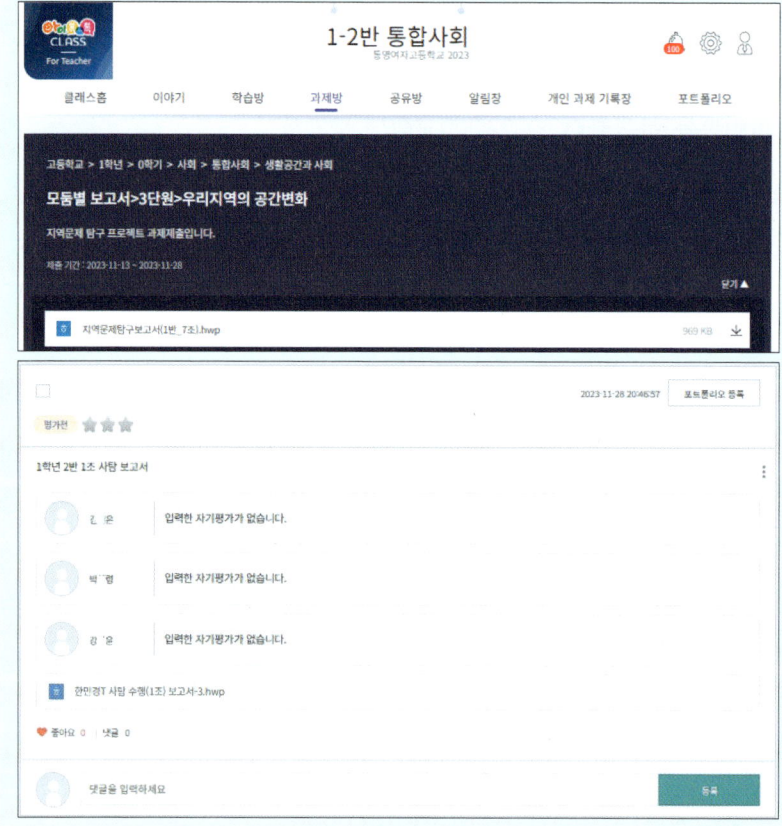

수업 활동(사례)

[14-15차시] 『지역문제 탐구 프로젝트』 수업 : 지역문제 탐구 프로젝트 공유회

각 반별 보고서 발표 후, 1학년들이 진행한 지역문제 탐구 프로젝트 활동에 대한 결과물을 동아리 체험전과 축제 기간 공유회를 가지도록 추가적으로 기획하게 되었습니다. 교사와 학생 모두 한 학기라는 긴 호흡으로 진행한 수업으로 추후 우수한 아이디어를 가진 보고서 일부 내용은 시청에 제안서를 제출하고자 하는 바램으로 공유회를 준비하였습니다.

1. 수업 의도

다양한 분야별 보고서를 읽고, 지역사회에 제안하거나 실현 가능성이 있는 보고서를 채택하고, 의견을 제안할 수 있도록 공유회를 진행하게 되었습니다.

2. 수업 흐름

도입(5')	전개(35')	정리(10')
주제별(또는 반별) 보고서(결과물) 분석 및 설문 안내	주제별(또는 반별) 보고서(결과물)를 읽고, 지역 사회에 제출 가능한 보고서에 투표한다.	모둠원 활동 공유

3. 비계 제공

모둠별 조사 주제에 따른 활동에 대한 공유 방법(둘가고 둘남기)에 대해 정하고, 안내합니다. 주제별(또는 반별) 보고서(결과물) 분석을 하고 설문을 할 수 있도록 안내하였습니다.

4. 주제에 따른 활동(둘가고 둘남기 및 공유회 참여)

모둠별 주제에 따라 배운점, 느낀점, 실천할 점(지역사회 제안점), 후배/선생님께 제안할 점을 기록합니다.

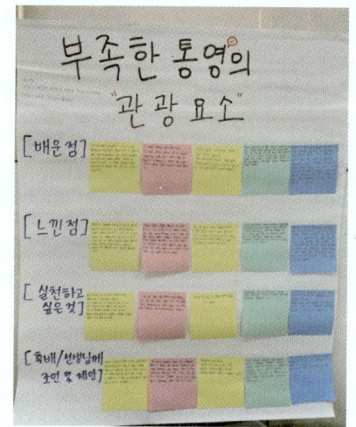

[모둠별 배부 물품]: 전지, 펜, 포스트잇

‣ 모둠원 간 각자의 포스트잇 색상을 정하고, 자신의 의견을 기록하면 모둠원 서로 자신의 의견 구분이 가능하여 유용합니다. 포스트잇 색상을 꼭 한 학생당 하나의 색상만 권유할 필요는 없으며, 모둠 의견에 따라 모둠별로 자율성에 맡기도록 합니다.

〈둘가고 둘남기〉의 형태로 학급 모둠별 공유회에 참여합니다.

‣ 처음 시작은 1 → 2 → 3 → 4 → 5 → 6 → 1 으로 시작합니다. 추후 몇 번 돌다가 어떤 정체 구간 발생시, 다른 비어 있는 모둠으로 적절하게 공유활동이 이루어지도록 안내합니다.

〈정리〉 발표 문서와 필기도구를 모둠장이 수거하여 정리합니다.

‣ 둘가고 둘남기 활동이 수업 시간 내 마치지 못할 경우, 쉬는 시간을 활용하여 이어갈 수 있습니다.

5. 성찰하기

배운점, 느낀 점, 실천할 점(지역사회 제안점), 후배/선생님께 제안할 점을 기록하며 전체 프로젝트에 대한 성찰을 통한 공유에 참여하도록 안내하였습니다. 학급의 보고서를 대상으로 배/느/실을 2개 학급에서 실시하였고, 학기 말 수업 시간 부족으로 9개 학급에서는 학년 전체 보고서(62개)를 대상으로 공유회를 가지고 설문하여 제안 보고서를 선택하도록 공유회를 진행하였습니다. 전체 66 모둠(11개반*6모둠) 중 4개 모둠에서는 보고서 완성을 하지 못하여 미제출 하였습니다. 하지만, 수업 시간의 활동 참여와 실내 조사 및 통계 분석 및 문제 해결을 위한 대책 등 해당 활동에 대한 점수는 부여하였습니다.

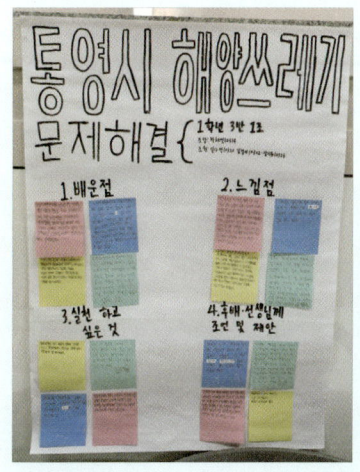

[통영시 해양쓰레기 문제 해결]

[배운점]
- 야외 답사를 통해 바다 조업 과정에서 발생하는 쓰레기가 많다는 것을 알게 되었고, 설문조사를 통해 통영시민들의 의견을 알게 되었다.
- 해양 쓰레기를 직접 확인하면서 우리 지역 해양 쓰레기에 대해 더 알게 되었다.
- 해양 쓰레기에 대한 인식과 대처 방안을 배울 수 있었다.
- 우리 지역 바다를 좀 더 알게 되었고, 자료 수집 과정에서 도표, 통계자료, 사례 등을 접하면서 다양한 경험을 할 수 있었다.

[실천하고 싶은 것]
- 시민, 시청에서 해양정화사업에 참여해야 한다.
- 개인적으로 도로나 해안 주변 쓰레기를 줍겠습니다.
- 쓰레기는 되가져오거나 쓰레기통에 버리겠습니다.
- 지역사회 기관에서 바다가 깨끗해질 수 있도록 쓰레기 관리를 잘해야 한다.

[느낀점]
- 지역 문제에 대해 관심이 생겼고, 다양한 시민들로부터 설문조사와 의견을 받는 과정이 뜻깊게 느껴졌다.
- 해양 쓰레기 문제가 심각하고 피해가 많다는 것을 알게 되었다.
- 평소 바다 상태에 크게 관심을 가지지 않았는데, 이번 활동으로 해양 쓰레기 문제에 관심을 가지고, 자료 조사를 위한 다양한 사이트를 접해 보는 기회가 되었다.
- 지역사회 기관에서 바다가 깨끗해질 수 있도록 쓰레기 관리를 잘해야 한다.

[후배/선생님께 조언 및 제안]
(후배님) 설문은 온라인 지역 카페를 활용하세요.
(선생님) 발표 횟수를 조금 줄여주세요.
(후배님) 자료 미리 준비하세요.
(후배님) 실내/야외조사 활동과정을 세심히 계획하세요.

수업 활동(사례)

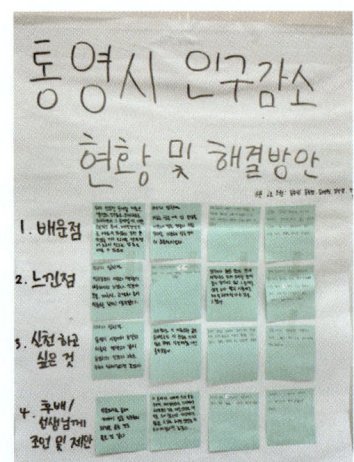

[통영시 인구감소 현황 및 해결방안]

[배운점]
- 인구 감소 주제를 통해 저출산, 이촌향도, 인구 감소, 일자리 부족 등과 관련된 다양한 문제점을 파악할 수 있었다.
- 자료 검색할 때, 핵심 단어를 이용해 찾는 것이 노하우이자 효율적이다.
- 다른 나라의 다양한 저출산, 인구 감소 정책을 배울 수 있었다.
- 인구 감소 현황 조사를 통해 인터넷 자료를 많이 검색했는데 정보 수집 방법 및 노하우를 알게 되었다.

[실천하고 싶은 것]
- 시청에서 독일의 저출산 정책과 같이 우리 지역 인프라 구축을 위해 힘써줬으면 좋겠습니다.
- 국가적으로 저출산 문제점들을 더 관심을 가지고 많은 정책을 실천해야 합니다.
- 일자리 정책을 강화해 일자리 부족 문제를 해결하면 좋겠습니다.
- 지역사회 기관에서 인구 감소를 해결하기 위한 많은 방안을 제시해 주세요.

[느낀점]
- 인구 감소 이유와 영향이 다른 도시와 마찬가지로 인프라 부족, 저출산, 고령화 등이 악순환 된다고 느낀다.
- 다른 지역과 나라의 다양한 정책을 도입해야 할 것 같다.
- 우리 지역 외에도 비슷한 문제점이 일어나고 있으며, 빨리 이 문제를 해결해야 한다는 것을 느꼈다.
- 우리 지역 인구 감소가 심각하게 감소되고 있다는 것을 알게 되었고, 사람들의 많은 노력이 필요하다고 느꼈다.

[후배/선생님께 조언 및 제안]
(후배님)가까이 있는 친구들의 의견을 듣는 것도 좋습니다. 국가적 차원의 해결 방안도 필요하지만 개인적 해결 방안도 더 조사해 보세요. 인구 감소 주제에 대해 더 세밀하게 알아봐 주세요. 인터넷 검색뿐 아니라 설문조사를 통해 자료 수집을 하세요.

수업 활동(사례)

수업 활동(사례)

[동영상 참고]

지역 문제 탐구 프로젝트 공유회 모습

지역 문제 탐구 프로젝트 공유회 모습

6. 공유회 후기

1~2학년 전체 학생 및 교직원을 대상으로 공유회(일주일)를 진행하였고, 방문 명부 작성 및 온라인 설문 답변으로 많은 지지를 받은 보고서는 시청에 제안서를 제출하고자 하였습니다. 하지만, 동아리 체험전과 축제의 다른 볼거리들이 교내 공유회의 저조한 참여로 이어졌고, 자신들이 작성한 보고서를 추천하는 등 온라인 설문에 대한 신뢰도가 낮고, 참여도가 저조하여 시청에 제안서 제출은 시행하지 못해 아쉬움으로 남았습니다.

지역 문제탐구 프로젝트 보도자료

2023. 통영여고, 지역 섬 투어 및 진로 탐색형 현장체험활동
- 지역문제 해결 프로젝트와 연계한 지속가능한 발전 주제를 중심으로 -

통영여자고등학교(교장 김외숙) 1학년 295명은 10월 26일(목)-10월 27일(금) 이틀간의 일정으로 통영지역 섬 투어 및 진로 탐색형 현장체험활동을 실시하였다. 섬 투어 일정은 지역문제해결 교과 연계 프로젝트로 한산도와 연대도/만지도를 탐방 지역으로 진행되었고, 진로 탐색형 현장체험은 부산 신라대와 연계하여 실시했다.

통영 섬 투어 현장체험활동은 2023. 지역문제해결 프로젝트 운영학교로 지정(2023.4.20.)된 1학년 대상 교과 활동(국어, 사회, 체육, 수학, 한국사, 음악) 및 창체 활동을 바탕으로 진행되고 있다. '교육과정 재구성으로 프로젝트 주제 학습하기'와 '통영 섬 투어 캠페인 및 체험계획 세우기'를 중심으로 지역 청소년의 시선으로 섬 투어를 기획하고, 통영의 여러 다양한 긍정적인 면모와 부족한 점을 지역사회에 건의하고자 진행 중인 활동이다. 학기 말 지역문제해결 프로젝트의 결과 공유회 및 나눔 활동을 기획하고 있으며, 동학년과 선배님 및 선생님들에게 프로젝트의 창의적이고 멋진 결과를 소개할 것을 기대한다. …(중략)…

[사진설명1] 10월 26일 지역문제해결 프로젝와 연계한 섬 투어 프로그램 진행 모습

[연대-만지도 코스 섬투어]
출렁다리 스탬프 미션 투어 모습

[한산도 제승당 코스 섬투어]
수루에서 해설 강의 경청 모습

7. 수행 평가 채점 기준표

평가 유형	프로젝트 활동	만점	100점 (30%)	결과물처리	확인 후 돌려줌
성취기준					

평가 유형	프로젝트 활동		만점	100점 (30%)	결과물처리	확인 후 돌려줌
성취기준	[10통사03-01] 산업화, 도시화로 인해 나타난 생활공간과 생활양식의 변화 양상을 조사하고, 이에 따른 문제점을 해결하기 위한 방안을 제안한다. [10통사03-02] 교통·통신의 발달과 정보화로 인해 나타난 생활공간과 생활양식의 변화 양상을 조사하고, 이에 따른 문제점을 해결하기 위한 방안을 제안한다. [10통사03-03] 자신이 거주하는 지역을 사례로 공간 변화가 초래한 양상 및 문제점을 파악하고 이를 해결하기 위한 방안을 제안한다. [10통사09-01] 세계의 인구 분포와 구조 등에 대한 자료 분석을 통해 현재와 미래의 인구 문제 양상을 파악하고, 그 해결 방안을 제안한다. [10통사09-02] 지구적 차원에서 사용 가능한 자원의 분포와 소비 실태를 파악하고, 지속가능한 발전을 위한 개인적 노력과 제도적 방안을 탐구한다. [10통사09-03] 미래 지구촌의 모습을 다양한 측면에서 예측하고, 이를 바탕으로 자신의 미래 삶의 방향을 설정한다.					
평가 내용	• 매 시간마다 주어진 프로젝트 활동과제를 작성한 후 발표 및 경청하여 학습의 이해도 및 참여도를 확인한다.					
세부 영역	• 매 시간 개인별 또는 모둠별 탐구활동을 수행하여 모둠별 학습을 통해 멘토-멘티로서 적극적으로 발표한다.					

평가 항목	평가 척도	배점
조사 주제 선정 (25점)	팀별 조사 주제 선정을 위한 활동에 적극적으로 활동한 경우 (의견 제안 필수)	25
	팀별 조사 주제 선정을 위한 활동에 참여한 경우(경청과 동의)	20
	팀별 조사 주제 선정을 위한 활동에 불참한 경우 (엎드림, 태만, 수업 지적 등)	10
실내조사 및 야외조사 활동 (25점)	팀별 실내조사 및 야외조사 활동에 적극적으로 활동한 경우 (의견 제안 필수)	25
	팀별 실내조사 및 야외조사 활동에 참여한 경우(경청과 동의)	20
	팀별 실내조사 및 야외조사 활동에 불참한 경우 (엎드림, 태만, 수업 지적 등)	10
지리 정보의 분석 및 종합 (25점)	지리정보의 분석 및 종합 활동에 적극적으로 활동한 경우 (의견 제안 필수)	25
	지리정보의 분석 및 종합 활동에 참여한 경우(경청과 동의)	20
	지리정보의 분석 및 종합 활동에 불참한 경우 (엎드림, 태만, 수업 지적 등)	10

보고서 작성 (25점)	보고서 작성 활동에 적극적으로 활동한 경우(의견 제안 필수)	25
	보고서 작성 활동에 참여한 경우(경청과 동의)	20
	보고서 작성 활동에 불참한 경우(엎드림, 태만, 수업 지적 등)	10

참고자료	• (주)미래엔, 고등학교 통합사회 • (주)천재교육, 고등학교 통합사회 • 동아출판(주), 고등학교 통합사회 • (주)지학사, 고등학교 통합사회 • (주)비상교육, 고등학교 통합사회·
영상자료	[엠빅뉴스]중세도 아닌데 대도시들이 성벽을 건설하고 있다. https://www.youtube.com/watch?v=j9YLhy2NLpo) (7:20) 통영시 미래형 교통 체계 개편 최종보고회 영상 출처:https://www.youtube.com/watch?v=c1dsUiLq3tU 러닝퍼실리테이션 수업나눔 보고서 공유회 자료(고1 통합사회) https://youtu.be/RXaonniQ1yQ (2:15) [뉴있제]전문가들이 말하는 '미래학교'…어떻게 달라질까? https://www.youtube.com/watch?v=tEn6tHUBiNM 연대도 현장체험학습 VLOG제출 영상 https://url.kr/hcaxgd 한산도 현장체험학습 VLOG제출 영상 https://www.youtube.com/watch?v=voX-VkSFid4

지역 문제 탐구 프로젝트 관련 학생 대상 안내 홈페이지	• 디비피아:https://www.dbpia.co.kr
	  학교 단체 서비스 신청하여, 1년 동안 학생 및 교직원은 학교 로그인 정보로 무료 논문 검색 및 저널 검색 가능함.
	• 학술연구정보서비스:https://riss.kr/
	  논문 스트리밍 서비스 및 다양한 분야의 논문 검색이 필요한 경우, 회원가입 후 사용 가능하며, 일부 서비스 유료 운영됨.
	• 우리 지역 신문사 안내
	  한산신문, 통영인터넷 신문, 한려투데이, 통영인뉴스, 통영신문, 통영뉴스,
	• 통영RCE세자트라센터: https://rce.or.kr/
	  세계 8번째로 지정된 지속가능발전교육센터인 통영RCE세자트라센터는 환경교육 관련 다양한 프로그램을 운영하고 있는 ESD교육기관.
	• 통계청:https://kostat.go.kr/
	• 통계지리정보:https://sgis.kostat.go.kr
	  통계자료를 한눈에 지도화 및 그래프화 하여 다양한 주제로 자료제공
	• 빅데이터·AI플랫폼/아이톡톡: http://newtab.itt.link
	  모둠별 과제를 공동 작업하고, 제출하는 용도로 사용.
	  개별 과제를 제출받고, 포트폴리오 기능 활용하여 발표함.
	  학습 공유자료를 통해 온라인 학습시 사용.
	• 패들렛: https://padlet.com/

사진 및 이미지 자료	• 직접 수업 촬영 이미지, 구글 설문지 이미지 • 캔바웹사이트:https://www.canva.com 활용 이미지

고등 수업 나눔

사회문화

일상 생활 속 불평등 탐구 프로젝트 수업

과목	사회문화	단원	4단원 2. 다양한 불평등	대상	고2	구분	고
				수업자	허명호		
주제	러닝퍼실리테이션을 적용한 일상생활 속 불평등 탐구 프로젝트 수업							
교육과정 성취기준	[12사문04-03] 다양한 사회 불평등 양상을 조사하고 그와 관련한 차별을 개선하기 위한 방안을 모색한다.							
학습 성취 기준	일상 속 다양한 사회 불평등 양상과 차별에 해당하는 주제를 선정하여 자료를 수집하고 분석하고 이를 개선하기 위한 방안을 제시할 수 있다.							
수업 의도	학습자의 주도성과 수업 민주성을 높이고 집단 지성을 함양하는 수업을 생각하면서 사회문화 교과의 다양한 불평등 단원과 관련된 수행평가 활동으로 러닝 퍼실리테이션을 적용한 생활 속 불평등 탐구 프로젝트 수업을 구상했다. 구성원들이 토의토론으로 탐구주제를 스스로 선정하게 함으로써 학습자의 자발성과 주도성을 높이고자 하였다. 구성원 간 토의토론과 합의로 탐구 주제와 탐구 과제를 선정함으로써 수업 민주주의를 실현하고, 심화 탐구과정에서 정보활용능력과 의사소통능력을 함양하기 위한 모둠 토의 활동을 설계하였으며, 불평등 문제 탐구 결과물을 발표하고 공유함으로써 성찰할 기회를 갖도록 하였다.							
수업흐름	• 1차시: 국가인권위 공익광고〈차이를 인정하면 차별없는 세상이 보입니다〉시청하고, 차이에서 오는 편견과 차별의 사례를 공유하기, 다양한 사회 불평등 양상에 대해 마인드 맵으로 표현하기. 자료에 나타난 일상생활의 불평등 양상 및 문제점에 대해 질문하고 답하기 • 2차시: 모둠별로 조사해야 할 불평등 양상 탐구 주제 탐색하고, 모둠별 프로젝트 주제 정하기 및 활동 순서 정하기, 모둠별 불평등 실태를 조사하기 위한 탐구계획서 작성하기(문헌연구, 인터뷰, 답사, 설문 등) • 3차시: 탐구 주제 관련한 자료 수집하기, 수집된 자료를 근거로 불평등의 실태, 문제점, 해결방안 토의하기 • 4차시: 모둠별 토의 통해 개별적으로 작성한 내용을 수정, 보완하여 모둠별 보고서 완성하기 • 5차시: (갤러리 워크 및 발표) 모둠별 발표를 통해 불평등 각 양상의 실태와 문제점 및 해결 방안을 공유하고 질문과 토의, 성찰하기	**수업 설계 단계** ☑ 주제정하기 ☑ 비계제시하기 ☑ 시각화하기 ☑ 지식심화 탐구 ☑ 공유 및 성찰하기						
성찰	• 탐구 주제 해결을 위한 적합한 탐구 과제를 제시하고 충분한 자료를 수집하였는가? • 탐구 과정에서 학습자 주도성이 발휘되고 토의토론과 합의가 이뤄졌는가? • 현실적이고 실제적인 해결 방안을 도출하였는가?							

수업 설계안 및 수업 결과물

차시	교수-학습 활동	비고
1차시	우리 주변의 차별에 관한 다양한 불평등 자료 제시하기	브레인스토밍, 브레인라이팅
	국가인권위 공익광고〈차이를 인정하면 차별없는 세상이 보입니다〉시청하고, 차이에서 오는 편견과 차별의 사례를 공유하기	
	차별로 볼 수 있는 다양한 사회 불평등 양상에 대해 마인드 맵으로 표현하기. 자료에 나타난 일상생활의 불평등 양상 및 문제점에 대해 질의 응답하기: 예) 사회적소수자 차별, 차별금지법안 문제 등	
	프로젝트 활동 및 유의 사항 사전 안내	
2,3,4 차시	[활동1] 모둠별로 조사해야 할 불평등 양상 탐구 주제 탐색하고 정하기 　　　　모둠별 프로젝트 주제 정하고 활동 순서 정하기	탐구계획서
	모둠별 불평등 실태를 조사하기 위한 탐구계획서 작성하기	
	[활동2] 탐구주제 관련한 자료수집하기 　　　　(문헌연구, 인터뷰, 답사, 설문 등 자료 수집방법 활용) 　　　　수집된 자료를 근거로 불평등 문제 실태, 문제점, 해결방안 토의하기	KWL활동지, 교사피드백
	[활동3] 모둠별로 보고서 개요 작성하기 　　　　모둠별 토의 통해 개별적으로 작성한 자료내용을 수정, 보완하여 모둠별 탐구 보고서 작성하기	동료피드백, 써클맵 활동
	[활동4] 정책 제안하기	
	[활동5] 갤러리 워크, 발표를 통해 공유하기 　　　　보고서 내용을 요약하여 기록하고 모둠별 발표를 통해 불평등 각 양상의 실태와 문제점 및 해결방안을 공유하고 질문 및 토의, 피드백 받기 　　　　탐구 보고서 완성하여 제출하기	교사,동료 피드백,탐구 보고서
	[활동6] 최종 탐구 보고서 작성 　　　　발표와 피드백 후 모둠별 보고서 수정 후 최종 완성하기	
5차시	활동 정리, 성찰 및 평가	자기평가, 교사평가

수업활동 결과물

탐구계획서1 장애로 인해 차별받는 학생의 피해 사례를 조사하여 해결 방안을 찾는 활동 계획서임.

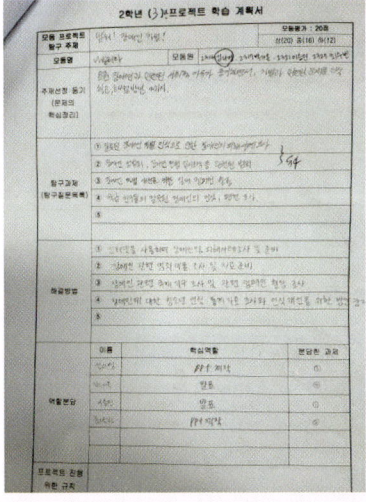

탐구계획서2 코로나 19 시기 동안 자영업자 피해, 교육 빈부격차 등 사례를 조사하여 해결 방안을 찾는 활동 계획서임.

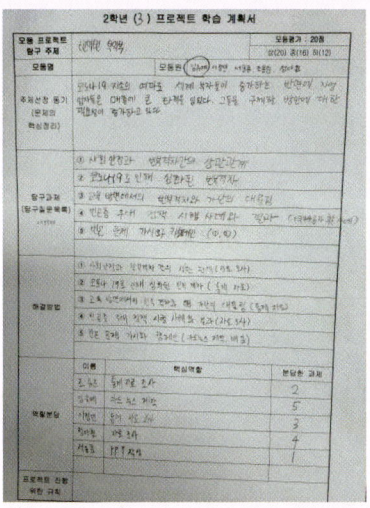

모둠별 토의 활동 모둠별로 탐구주제를 선정하고 과제를 해결하기 위해 토의하는 모습

발표 및 공유 모둠별로 탐구 결과물을 발표하고 전체 공유하는 모습

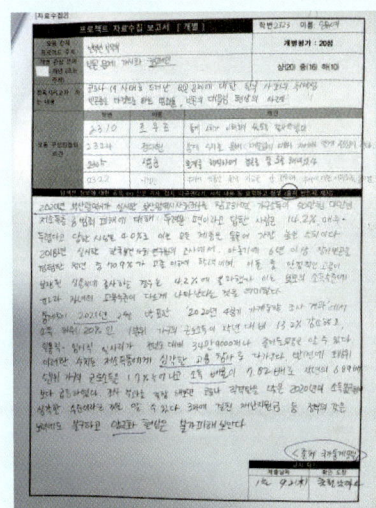
탐구과제 해결을 위해 학생이 수집한 자료

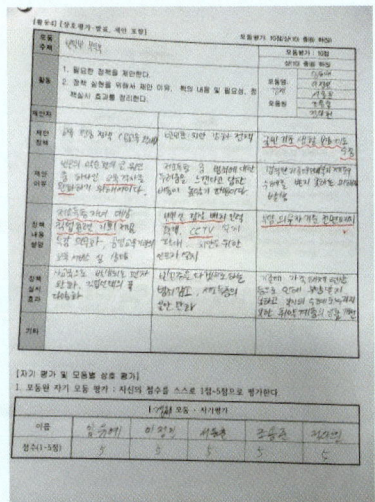
빈부격차 해소를 위한 정책을 제안한 내용

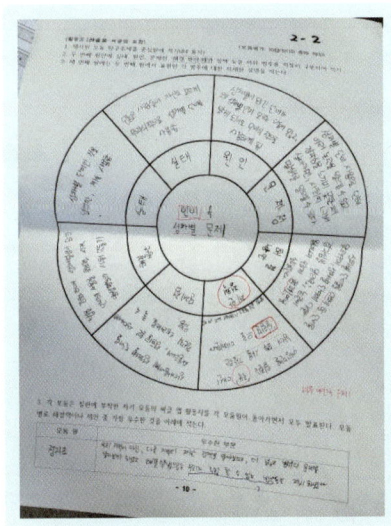
성차별 문제 탐구 결과를 써클맵으로 요약

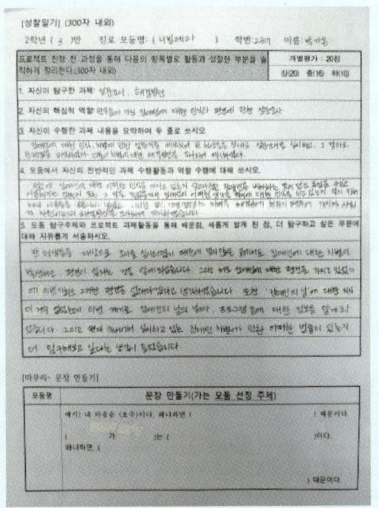
장애인 차별 문제를 탐구한 학생의 성찰

고등 수업 나눔

한국사

평화하는 사람(Peace Builder)를 세우는 한국사수업

과목	한국사	단원	3. 6·25전쟁과 남북분단의 고착화	대상	고 1	구분	고
				수업자	신영옥		
주제	우리는 평화를 위해 무엇을 해야 할까?							
교육과정 성취기준	[10한사04-03)] 6.25전쟁의 배경과 전개 과정을 살펴보고, 전후 남북분단이 고착되는 과정을 파악한다.							
학습 성취 기준	6·25 전쟁이 우리에게 미치는 영향을 그 이후 역사와 관련하여 파악하고, 우리에게 남겨진 역사적 과제를 발표할 수 있다.							
수업 의도	미래의 수업은 질문하고 생각하고, 말이나 글 등으로 표현하고 복잡한 문제를 해결할 수 있도록 수업해야 합니다. 6·25전쟁은 우리 삶을 규정하는 가장 중요한 역사 중의 하나이므로 수업을 통해 전쟁이 가져오는 폭력에 통감하고 평화의 필요성을 공감하도록 설계하였습니다. 멀리 있는 평화 이전에 '나'의 실천부터 시작하기 위해 교실 속 평화를 만드는 것에서 출발하여 궁극적인 목적은 평화를 **'아는'** 데에 그치지 않고 **'실천하는'** 역량을 기르는 러닝 퍼실리테이션 수업으로 진행하였습니다.							
수업흐름	• 1차시: 구글클래스룸에 제공한 콘텐츠를 활용하여 6.25전쟁 흐름 이해하기(지식) • 2차시: 모둠별 선택과제 해결하기 '6.25 전쟁과 우리의 삶' (기능) – 선택과제 1: 6.25 전쟁과 문학(소설, 시, 희곡) – 선택과제 2: 6.25 전쟁과 관련된 다양한 이슈 – 선택과제 3: 6.25 전쟁과 관련된 경남지역 흔적(역사현장, 체험관, 장소 등) • 3차시: '평화하는 사람(Peace Builder)'를 세우는 한국사 수업 ① 성취기준을 보고 주제 정하기 ② 우리 교실의 평화수준 인지하기 ③ 교실 속 평화협정 만들기(평화하는 사람 'Peace Builder')	**수업 설계 단계** ☑ 주제정하기 ☑ 비계제시하기 ☐ 시각화하기 ☑ 심화탐구하기 ☑ 과제해결하기 ☑ 성찰하기						
성찰	'어떻게 전쟁으로 평화를 이야기할까요?' '우리는 평화를 위해 무엇을 해야 할까요?' '평화 감수성과 평화 능력은 어떻게 기를 수 있을까요?' 라는 질문을 던지며 학생들의 삶과 연결하여 교실 속 폭력 상황을 분석하면서 친구들과 성찰해보게 합니다. 학급별 평화협정 만들기를 통해 경험을 재구성해보는 과정을 공유하고 깊게 탐구해보면서 성찰하고 1학년 전체 전시과정으로 피드백을 실시하고 평화 감수성을 체득하게 합니다.							

수업 설계안

단원	3. 6·25전쟁과 남북분단의 고착화	교과서	p.248~255	교과	한국사(현대사)
대상	1학년 6반(23명)	수업형태	러닝퍼실리테이션 수업		
성취 기준	전체: [10한사04-03] 6·25 전쟁이 우리에게 미치는 영향을 그 이후 역사와 관련하여 파악하고, 우리에게 남겨진 역사적 과제를 발표할 수 있다.				
핵심질문	우리는 평화를 위해 무엇을 해야 할까?				
교과 역량	역사사실이해, 역사적 판단력과 문제해결능력, 역사정보활용 및 의사소통, 정체성과 상호존중				
수업자 수업관	6·25전쟁은 우리 삶을 규정하는 가장 중요한 역사 중의 하나입니다. 우리가 6.25 전쟁 수업, 나아가 역사교육을 실시하는 궁극적인 목적은 평화를 '아는' 데에 그치지 않고 '실천하는' 학생을 기르는 데에 있습니다. 따라서 학생들이 전쟁이 가져오는 폭력에 통감하고 평화의 필요성을 공감하도록 하였으며 멀리 있는 평화 이전에 '나'의 실천부터 시작하기 위해 교실 속 평화를 만드는 것에서 출발하도록 한국사 러닝퍼실리테이션 수업을 설계하였습니다.				

지도과정	교수·학습 활동 내용
열기(5‘) 전체	▶ 수업 안내 및 학생 이해-오늘 컨디션이 어떤지? 숫자로 이야기하기 ▶ 6·25 전쟁은 현재 우리 삶과 어떤 연관이 있을까? 지난 시간 연결하기(1-2반 발표영상) – 6·25전쟁이 우리의 삶과 관련이 있음을 다른 반 영상을 통해 수업연결하기 ▶ 본시 수업 동영상 소개(유튜브 영상을 보여줌으로써 공감) " 6·25 전쟁 70주년 꿈을 잇습니다. 평화를 잇습니다(4분 11초)" – 동영상을 본 학생들 느낌 나누기 및 오늘수업 연결하기
활동1 (선택) (10‘) 개별	▶〈오늘의 기대〉성취기준을 보고 스스로 정하는 학습주제(질문으로 제시할 것) 1. 성취기준과 관련하여 배우고 싶은 내용은?(우리가 정하는 학습 목표) 2. 성취기준과 관련하여 하고 싶은 수업활동은?(우리가 정하는 수업 활동) 3. 성취기준과 관련하여 궁금한 것은? ▶ 포스트잇으로 공유(학생들이 정한 학습주제를 되짚어준다) ▶ 오늘 수업의 핵심질문 '우리는 평화를 위해 무엇을 해야 할까?'(Peace Builder 역사수업)
활동2(5‘) 모둠별	▶ 학습지 활동(용어의 뜻을 찾아서 적어보고 어떤 차이가 있는지 토의)-공유(발표) – 정전, 화해, 휴전, 평화협약(현재 한반도는 어떤 상태에 있나요?)
활동3 (20‘) 모둠별	▶ 주변의 평화와 폭력을 인지하기(읽기자료 제공: 교사가 이야기로 들려줄 것) 1. 그뢰닝과 문형순 자료토의 (문형순 경찰서장의 입장이 되어 그뢰닝에게 편지를 써보세요) 2. 요한 갈퉁의 폭력구분법에 따라 분석하기 ① 과연 평화란 무엇일까? ②적극적 평화는 가능할까? ③평화감수성과 평화능력은 어떻게 기를 수 있을까?

활동3 (20') 모둠별	▶ 우리 교실의 평화수준 인지하기(우리교실은 어떤가요? 나와 내이웃은 평화롭게 살고 있나요?) 1. 교실 속의 폭력적 상황을 요한 갈등의 평화로 분석하기 2. 교실 속의 폭력적 상황을 평화적 상황으로 바꿀수 있는 방법 토의하기 ▶ 교실 속 평화협정 만들기(이젤패드 활용) → 개인별로 구체적 약속 정하기
공유 (5')	▶ 평화하는 사람(Peace Builder)-공유(발표)
정리 (5') 전체	▶ 오늘 수업에 대한 생각 나누기 - 각 모둠별 발표한 내용들을 돌아가면서 보고 개인별 포스트잇으로 자신의 생각달기 ▶ 정리(일상의 평화를 지키는 연습이 평화능력의 시작이 될 것이며 이것이 세계의 평화를 상상하고 실천하는 평화로 이어지기를 기대하는 마무리)

읽기자료 단원: 3. 6·25전쟁과 남북분단의 고착화(p.248~255)

♥ 주변의 평화와 폭력을 인지하기- 그뢰닝과 문형순 자료토의

(1) '나는 그저 보기만 했다' -그뢰닝

독일 법원이 감옥에서 죽을 수 없다는 96세 나치 조력자의 석방 요구를 거부했다. 2015년 7월 15일 독일 헌법재판소는 나치 아우슈비츠 수용소의 회계원으로 일했던 오스카어 그뢰닝의 탄원을 기각하고, 징역 4년을 선고한 대법원 판결의 손을 들어줬다. 그뢰닝은 최근 변호인을 통해 고령과 건강 악화를 이유로 징역형이 생존을 위협할 수 있다며 지난해 11월 징역 4년을 선고한 대법원 판결을 재고해달라는 소송을 헌법재판소에 제기했다. 그러나 헌법재판소는 "그뢰닝은 30만 명의 살해를 방조한 죄가 확인됐다"라며 "이에 따라 국가가 요구하는 판결을 그대로 실행하는 것이 더 중요한 것으로 판단된다"라며 대법원의 손을 들어줬다. 이로써 더 이상 항소할 수단이 없는 그뢰닝은 앞으로 2년 더 감옥에서 살다가 98세가 되어서야 나올 수 있다. 앞서 독일 법원과 검찰은 그뢰닝의 건강 상태로 수감생활이 가능하다며 징역형을 선고한 바 있다. 그뢰닝은 제2차 세계대전 당시 나치 정권이 폴란드에 세운 아우슈비츠 수용소에서 2년간 근무했다. 그는 자신의 행위는 살해와 직접 관련이 없고 자신은 그저 장부 관리인으로서 수인들의 돈을 세고 정리해 상부에 보내는 작은 역할만을 수행했다고 변호하였다. 친위대 하사였던 그는 아유슈비츠에서 어떤 일이 일어나는지는 알았지만 자신은 살해에 협력하지 않았으며 그것을 그저 보기만 했다라고 주장하였다 또 아우슈비츠 수용소에서 벗어나기 위해 세 번이나 전출을 요청했다고 덧붙였다. 그는 수용자들의 짐을 압수한 뒤 돈이 될 만한 금품을 독일로 보내 나치의 자금 마련을 도왔다. 2015년 4월 독일 검찰의 기소로 재판을 받기 시작한 그뢰닝은 "도덕적인 책임을 느끼며 용서를 구한다"라고 뉘우치면서도 "나는 (아우슈비츠라는) 큰 기계의 작은 톱니바퀴에

불과했다"라고 주장했다. 그러나 법원은 "그뢰닝은 나치 정권이 경제적 이득을 위해 일했고, 조직적 학살에 기여했다"라며 유죄 판결을 내렸다. 그리고 콤피슈판사는 그의 주장을 인정하지 않았고 아우슈비츠는 인간을 살해할 목적으로 만들어진 기제였습니다. 그것에 협력한 사람은 누구나 살인방조의 죄를 저지른 것입니다. 당신은 스스로 탁상에서 일을 결정했으며 아우슈비츠근무는 당신의 결정이었습니다. 물론 당신의 상황에서 보면 어쩔수 없는 측면도 있지만 그렇다고 해서 그것이 강제적인 일이었던 것은 아닙니다.

(2) '부당함으로 불이행'-문형순 – 한국전쟁 당시 계엄사령부의 예비 검속자 총살명령 '거부'
2018년 11월 1일 제주지방경찰청에서는 고 문형순 경찰서장의 흉상 제막식이 열렸다.지난 1999년 1월 제주도 대정리 출신의 4·3 연구가 이도영 박사(현 캘리포니아 리버사이드 방문 연구교수)는 서울 프레스센터에서 내외신 기자회견을 통해 한국전쟁 발발 직후 군·경에 의해 자행된 소위 '예비검속 학살'을 입증해 주는 경찰자료를 공개했다. 4·3이라는 엄청난 희생을 치른 후 마을마다 다시 잡아들일 사람도 없는 상황에서 군은 한국전쟁이 발발하자 '적에게 동조할 가능성이 있는자'를 검거할 것을 지시했고, 예비검속에 붙잡힌 사람들은 대부분 집단 총살을 당했다. 예비검속으로 마을마다 수백 명씩 전 도 차원에서 수천 명이 다시 희생됐다. 모슬포 '백조일손' 사건은 대표적인 예비검속 집단 학살사건이었다. 그런데 이도영 박사가 공개한 경찰자료에서 계엄사령관의 예비검속자 총살집행 명령을 '거부'한 문 서장의 자료가 발굴됐다. 1950년 8월 30일 제주주둔 해병대 정보참모 해군중령 김두찬은 성산포경찰서장에게 '예비검속자 총살집행 의뢰의 건' 공문을 보낸다. 김두찬은 이 문서에서 "귀서에 예비구속 중인 D급 및 C급에서 총살 미집행자에 대해서는 귀서에서 총살집행 후 그 결과를 9월 6일까지 육군본부 정보국 제주지구CIC 대장에게 보고하도록 이에 의뢰함"이라며 총살집행을 명령했다. 이에 부당하므로 불이행한다며 단호히 거부해 주민 200여명의 목숨을 구했다. 상부의지시와 명령임에도 명확한 잘못이 없는 사람들을 정당한 절차도 없이 해치라는 부당한 지시였으므로 거부한 것이다.

♥ **요한 갈퉁의 적극적 평화 만들기 '지금 우리의 모습은 어떤가요?'**
 갈퉁은 평화의 개념을 논하면서도, 단지 전쟁이 없다는 의미의 평화를 '**소극적 평화**'라고 하고, 이에 반해 행복과 복지와 번영이 보장되어 있다는 의미의 평화를 '**적극적 평화**'라고 하였다. 적극적 의미에서 평화란 사회정의의 실현이며, 인권의 옹호와 확대이며, 고통과 궁핍으로부터의 해방과 다름 아니라는 것이다. 그는 또한 폭력에는 신체에 직접 위해를 가해오는 퍼스널하고 **직접적이고 현재적(顯在的)인 폭력**이 있는가 하면, **간접적이고 구조적이고 잠재적인 폭력**이 있다고 하면서 전자의 예로는 전쟁, 테러, 린치, 폭행 등을 들고 후자의 예로는 나쁜 사회제도, 잘못된 관습, 불평등한 경제, 나쁜 정치나 법률, 환경파괴와 오염, 나쁜 개발 따위를 들었다. 폭력이라고 다 같은 폭력이 아닙니다. 사실 신체에 피해를 입히는 등 명백하게 폭력의 주체와 객체가 드러나는 경우는 **직접적 폭력**이라고 합니다.

대체로 물리적으로 신체나 재산상의 피해를 입힌 것이 확인 가능해서, 누구나 폭력으로 쉽게 인지합니다. 특이한 것은 인지하지 못하는 폭력에도 주목한다는 점입니다. 착취나 억압이 발생하게 되는 사회 구조적인 문제점들이 있는데, 이를 **구조적 폭력**이라고 부릅니다. 그리고 이러한 구조적 폭력이 발생할 수 있게 그 기반에 사상이나 종교나 교육 등이 편견 등을 만들어내것을 **문화적 폭력**이라고 합니다.

Step 1 왜 러닝퍼실리테이션 수업일까요?

내가 가르친다고 배울까? 배운다고 실천할까? 라는 고민을 늘 하면서 학생들이 배운 것을 실천하는 수업은 어떤 수업일까? 하고 시작하는 첫 러닝퍼실리테이션 수업입니다. 그리고 하나의 학습 과정이 그 후 다른 학습에 맥락적으로 연결하여 영향을 미치는 수업을 하고 싶었습니다.

학생들이 자신의 현재 상태를 잘 알고 있다면 학생들은 어떨까? 학생들이 알고 싶은 것, 모르는 것, 궁금한 것은 무엇일까? 그래야 깊이 있는 학습이 이루어지는 것은 아닐까? 라는 물음을 던졌습니다. 러닝퍼실리테이션 수업의 주체는 학습자이기에 학습자가 주체가 되도록 설계할 수 있고 러닝퍼실리테이션 수업은 강의 방법보다는 강의 설계가 중요하므로 그 해답을 찾게 해주는 하나의 좋은 수업으로 실천해보는 수업이었습니다.

Step 2 주제 정하기-학습자가 결정하는 학습주제

〈오늘의 기대〉를 통해 학생들과 성취기준을 가지고 학습 주제를 정하고 학습자들의 문제를 학습자가 해결하도록 진행하였습니다. ①배우고 싶은 내용은? ②하고 싶은 수업활동은? ③궁금한 것은? 에 대하여 자신의 의견을 자유롭게 적게 하여 소외되는 학생이 없도록 진행하였습니다.

▶ 〈오늘의 기대〉 '학생들은 이 문제를 어떻게 할까?'

▶ 포스트잇을 활용하여 브레인라이팅 토론 진행하기

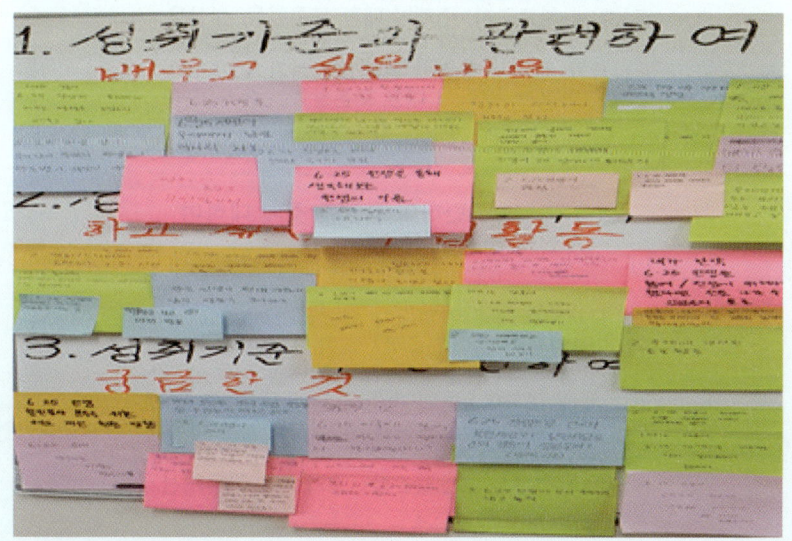

▶ '무엇을 배워야 할지 스스로 결정'-브레인라이팅 토론 내용 정리하기
(1학년 6반 사례)

성취기준과 관련하여 배우고 싶은 내용

*더 많은 역사를 알고 싶고 6.25내용을 좀더 자세하게 배우고 싶다, 전쟁의 아픔,전쟁 당시 우리또래의 학생들이 학도병이 되었던 이유, 6.25전쟁이 우리에게 남긴 역사적자료, 우리에게 남겨진 역사적 과제가 우리를 어떻게 변화시킬수 있을지, 우리에게 남겨진 역사적과제에 대하여, 전쟁의 아픔에, 평화와 통일은 무엇일까, 전쟁의 복구과정에 대하여 자세히 배우고 싶다, 우리에게 남겨진 과제와 우리가 실천할 수 있는 행동에 대하여, 이산가족문제, 6.25전쟁에 대한 더 깊은 내용, 6.25전쟁의 잘 알려지지 않은 내용..

성취기준과 관련하여 하고 싶은 수업활동

*만약에 6.25전쟁에 참여할 수 있을지에 대한 토론, 6.25전쟁에 참전한 사람들에 대하여 우리가 한 일, 영상이나 자료조사, 주제에 대한 토론활동, 영상을 보고 토론, 6.25전쟁에 대한 검색활동, 의견 나누기, 조사활동, 현대사에 남긴 영향 조사하기, 6.25드라마나 영화시청, 평화에 대한 토론활동..

성취기준과 관련하여 궁금한 것에 대하여 자신의 의견을 쓰세요

*6.25전쟁 후 복구에 얼마나 걸렸을까? 6.25전쟁 후 어떤 일들이 일어났을까?, 6.25전쟁이 우리에게 미친 영향? 우리가 통일을 위해 해야할 일들? 우리의 과제에 대하여? 남과 북의 갈등에 대하여? 우리에게 남긴 흔적은? 6.25전쟁 당시 사람들은 어떻게 피신했을까? 이산가족상봉 상황이 궁금? 북한에서는 6.25참전용사 대접은? 참전용사들의 처우개선 및 방향에 대하여..

Step 3 심화탐구하기

먼저 주변의 평화와 폭력을 인지하기 위해 문형순 경찰서장의 입장이 되어 그뢰닝에게 편지를 써보게 한 후 모둠별 생각을 나누게 합니다. 다음은 윤리교과와 연계하여 요한 갈퉁의 폭력구분법에 따라 ①과연 평화란 무엇일까? ②적극적 평화는 가능할까? ③평화감수성과 평화능력은 어떻게 기를 수 있을까?에 대하여 분석하고 깊은 탐구를 진행합니다.

▶ 주변 사례를 토의하고 윤리 교과와 연계하여 평화 개념 분석하기

Step 4 과제해결하기

우리 교실의 평화수준을 인지하기 위해서 각 반별 우리 교실은 어떤가요? 나와 내 이웃은 평화롭게 살고 있나요? 라는 물음을 던지고 모둠별로 교실 속의 폭력적 상황을 표현합니다. 다음은 요한 갈퉁의 평화법으로 분석하고 교실 속의 폭력적 상황을 평화적 상황으로 바꿀 수 있는 방법까지 연결하여 '교실 속 평화협정'을 만들어 공유하고 '우리 반 평화협정'으로 확장합니다.

몰입

교실 속 평화협정
평화하는 사람 (조별 발표)

Step 5 성찰하기

'**평화 시**'를 읽고 오늘 수업에 대한 생각을 나누며 일상의 평화를 지키는 연습이 평화능력의 시작이 될 것이며 이것이 세계평화를 상상하고 실천하는 진정한 평화임을 학생들과 나눕니다. 나아가 폭력을 줄이는 소극적 평화도 중요하지만 폭력 예방이 더 적극적인 평화를 지키는 것임을 공유하면서 갤러리워크로 성찰하는 시간을 가집니다.

평화하는 사람(Peace Builder)
평화시 읽기 (오늘 수업에 대한 생각나누기)

▶ 학생들 성찰 만나기(1학년 6반 사례)

〈학생성찰 1〉

6.25전쟁이라고 하면 굉장히 주제가 딱딱한 줄만 알았는데 발표를 준비하면서 이런 흥미로운 주제가 있고 이렇게 슬픈 일도 있었다는 것을 느끼게 되었다. 우리가 빨리 이 아픔을 극복하고 통일을 해서 아픔이 조금이라도 사라졌으면 좋겠다.(10615 정○○)

〈학생성찰 2〉

6.25전쟁이라고 하면 좌절, 고통이라는 단어밖에 생각이 안난다. 그러나 수업을 하면서 휴전, 평화협정 등의 단어의 의미를 알게되고 평화에 대하여 더 자세히 알게 되면서 고통에 대해 배웠을때보다 오히려 더 통일을 했으면 좋겠다는 생각이 들었다.(10604 나○○)

〈학생성찰 3〉

6.25전쟁 당시 그 상황을 겪었던 사람들이 정말 힘들고 고통스러웠다는 사실을 알지만 어떤 기분이었을지 등은 잘 알 수 없었지만 그 상황을 학교에서 일어나는 폭력 상황으로 대체해서 생각해보는 활동을 하니 그 당시 사람들의 감정을 조금이나마 느끼게 되는 경험을 하였다.(10601 곽○○)

〈학생성찰 4〉

6.25전쟁 이후 평화의 의미를 되새기게 되었다. 과거를 통해 우리를 보는 역사의 의의를 직접 실현할 수 있어 의미 있었다. 물론 자국내의 단체. 집단내의 평화도 중요하지만 스스로의 힘으로 평화를 이루지 못하는 국가에 대해서도 지속적인 관심을 가지고 노력을 기울여야 한다.(예를 들어 요즘 화두에 오른 미얀마 민주화시위에 대해 10621 팽○○)

Step 6 활용팁

- 수업에서 가장 힘든 것은 무엇인가요? 이런 질문으로 억지로 끌려온 것 같은 학생들을 수업에서 만날 때, 자기 결정성과 자기 주도성을 실현해 보고 싶을 때, 러닝퍼실리테이션 수업을 통해 학습에 촉진을 더할 수 있습니다.
- 성취기준과 관련하여 학습자가 결정하는 학습 주제를 브레인라이팅 토론으로 진행하면 무엇을 배워야할지 스스로 결정하게 하여 학습자들의 마음을 수업 안으로 들어오게 합니다.
- 좋은 피드백은 성찰이기에 학생들의 답이 어떻든 온몸으로 경청하고 격려하면 학생들의 자율성과 책임이 더 커짐을 알 수 있습니다.
- 교실에서 한 명의 학생도 포기하지 않는 러닝퍼실리테이션 수업을 통해 교사는 가르치지 말고 배우게 합니다.

고등 수업 나눔

한국사

기억하고 행동하는 3.15의거 한국사수업

과목	한국사	단원	4. 4·19혁명과 민주화를 위한 노력	대상	고 1	구분	고
				수업자	신영옥		

주제	3·15 마산의거 기억하고 고민하고 행동하기
교육과정 성취기준	[10한사04-04)] 4·19 혁명과 그 이후의 정치 변화를 살펴보고, 독재에 맞선 민주화 운동과 그 의미를 탐구한다.
학습 성취 기준	3·15 마산의거를 기억하고 현재의 우리의 삶을 성찰해 볼 수 있다.
수업 의도	과거를 돌아보는 것은 '지금-여기'에 있는 사람들의 생각과 행동에 대한 본질적인 원인을 살펴보는 것입니다. 4·19 혁명 당시 학생들은 어떤 마음으로 그런 행동을 하였을까요? 지금의 우리들은 우리 삶에서 무엇을 할 수 있을까요? 라는 고민을 던져주고 싶었습니다. 무엇보다 우리 창원(마산)지역의 3·15역사를 지금 내 삶과 직접 관련해서 만나고 그런 사람들로 인해 현재 우리의 삶이 달라지게 되었다는 것을 성찰할 수 있는 러닝퍼실리테이션 수업으로 진행하였습니다.
수업흐름	• 1차시: 4·19혁명에 대하여 토론수업 진행 • 2차시: 〈기억하기〉 ① 3·15 마산의거의 첫 번째 이야기 　3·15 마신의기 유적지를 중심으로 답사코스를 만들기 　- 주제를 자유롭게 정하고 모둠별 답사코스 재구성하기 • 3차시: 〈고민하기〉 ② 3·15 마산의거의 두 번째 이야기- 세상을 바꾸다 　(학생들은 어떤 역할을 하였을까?) 〈행동하기〉 ③ 3·15 마산의거의 세 번째 이야기- 촛불혁명 이후 　(지금 우리 사회에서 가장 바꾸고 싶은 것에 대하여) **수업 설계 단계** ☑ 주제정하기 ☐ 비계제시하기 ☑ 시각화하기 ☑ 심화탐구하기 ☑ 과제해결하기 ☑ 성찰하기
성찰	오늘 수업에 대한 생각 나누기를 ①민주주의를 다시 생각하면? ②일상생활 속에서 만나는 민주주 ③신동엽 신인의 시 "껍데기는 가라"로 재구성하여 심화토론으로 연결합니다. 우리에게 필요한 일상의 민주주의에 대하여 실천하고 행동하는 자세를 가지도록 성찰하고자 합니다.

수업 설계안(2차시)

단원	4. 4·19혁명과 민주화를 위한 노력	교과서	p.256~259	일자	2차시 (7월 4일~7월 15일)
대상	1학년 1반~8반(1학년 전체)	수업형태	러닝퍼실리테이션 수업		
성취 기준	[10한사04-04] 4·19 혁명과 그 이후의 정치 변화를 살펴보고, 독재에 맞선 민주화 운동과 그 의미를 탐구한다.				
학습 목표	3·15 마산의거를 기억하고 현재의 우리의 삶을 성찰해 볼 수 있다.				
핵심 질문	3·15 마산의거는 사람들의 삶을 어떻게 변화시켰을까?				
교과 역량	역사사실이해, 역사적 판단력과 문제해결능력, 역사정보활용 및 의사소통, 정체성과 상호존중				
수업자 수업관	과거를 돌아보는 것은 '지금 - 여기'에 있는 사람들의 생각과 행동에 대한 본질적인 원인을 살펴보는 것이다. 4·19 혁명 당시 학생들은 어떤 마음으로 그런 행동을 하였을까? 지금의 학생들은 과연 그렇게 할 수 있을까? 하는 고민을 던져주고 싶었다. 그래서 우리 창원(마산)지역의 3·15역사를 지금 내 삶과 직접 관련해서 만나고 그런 사람들로 인해 현재 우리의 삶이 달라지게 되었다는 것을 성찰할 수 있는 러닝퍼실리테이션 수업으로 설계하고자 하였다.				

지도 과정	세부 활동 내용
도입 (10') 개별	▶ 학습자가 확인하는 자신의 현재 상태(오늘 컨디션이 어떤지? 숫자로 이야기한다) - 학교에서 친구끼리 인사를 건네고 일상을 나누는 과정(일상의 민주주의) - 다른 의견에 경청하는 태도(일상의 민주주의) ▶ 영상을 보고 이야기 나누기 - '기억록-권찬주(김주열 어머니)'를 기억하여 기록하다'
활동1 (10') 개별	▶ 〈오늘의 기대〉성취기준을 보고 스스로 정하는 학습주제(브레인라이팅 토론) 1. 성취기준과 관련하여 배우고 싶은 내용(우리가 정하는 학습 목표) 2. 성취기준과 관련하여 하고 싶은 수업활동(우리가 정하는 수업 활동) 3. 성취기준과 관련하여 궁금한 것 ▶ 포스트잇으로 공유(학생들이 정한 학습주제를 되짚어준다) ▶ 오늘 수업주제 '3·15 마산의거를 기억하고 현재의 우리의 삶을 성찰해 볼 수 있다. ▶ 공유(발표)
활동2 (30') 모둠별 '기억 하기'	▶ 3·15 마산의거 첫 번째 이야기 - (답사코스 재구성하기) ▶ 3·15 마산의거 유적지를 중심으로 답사코스를 만들기(모둠별 주제를 장하고 주제에 맞게 답사코스 재구성하기) - 우리들의 3·15의거 - 義로운 그날을 기억하라 - 민주주의의 길을 걷다 - 마산의 4월을 걷자 - 역사의 아픔을 넘어 새로운 희망으로 - 민주성지 창원시 마산유적지 안내(민주성지 탐방로 코스 1, 2) - 그날의 함성을 기억하며 ▶ 모둠별 사진 자료를 활용하여 답사 순서를 제시하며 간단한 설명도 첨부

학생용 배부자료

(2차시) 핵심질문: 3·15 마산의거는 사람들의 삶을 어떻게 변화시켰을까?

학습목표: 3·15 마산의거를 기억하고 현재의 우리의 삶을 성찰해 볼 수 있다.

*gne.class(sinwol 123!)

도입 '기억록-권찬주(김주열 어머니)를 기억하여 기록하다' 영상보고 느낀 점 나누기(10')

_____
_____
_____
_____
_____

활동1 〈오늘의 기대〉성취기준을 보고 스스로 정하는 학습주제(브레인라이팅토론)(10")
  1. 성취기준과 관련하여 배우고 싶은 내용(우리가 정하는 학습 목표)
  2. 성취기준과 관련하여 하고 싶은 수업활동(우리가 정하는 수업 활동)
  3. 성취기준과 관련하여 궁금한 것

_____
_____
_____
_____
_____

활동2 (20분) 3·15 마산의거의 첫 번째 이야기- (기억하기) (30')
  ▶ 3·15마산의거 유적지를 중심으로 답사코스를 재구성(모둠별 3·15 마산의거에 주제를 자유롭게 정하고 주제에 맞게 답사코스 재구성하기)
    *주제 예시
    - 우리들의 3·15의거
    - 義로운 그날을 기억하라
    - 민주주의의 길을 걷다
    - 마산의 4월을 걷자
    - 역사의 아픔을 넘어 새로운 희망으로
    - 민주성지 창원시 마산유적지 안내(민주성지 탐방로 코스 1, 2)
    - 그날의 함성을 기억하며
  ▶ 모둠별 사진 자료를 활용하여 답사 순서를 제시하며 간단한 설명도 첨부

(선생님이 직접 촬영한 사진자료 참고하세요-2022.6.8. 사전 답사)

_____
_____
_____
_____

📑 **학생용 참고자료**

(2차시) 핵심질문: 3·15 마산의거는 사람들의 삶을 어떻게 변화시켰을까?

학습목표: 3·15 마산의거를 기억하고 현재의 우리의 삶을 성찰해 볼 수 있다.

김주열이 시신이 안치되어 있는 마산 도립병원 앞에서 침묵시위를 하고 있는 어린이들

[2차시] 3·15의거 기억하기

Step 1 주제정하기

　교사가 수업을 설계하면서 교육과정 성취기준을 재구성하여 학습목표를 제시할 수도 있지만 주제정하기 활동으로 학생들이 교육과정 성취기준을 자신과 연결하여 주제에 대하여 기본 지식을 갖추도록 합니다. 4·19혁명에 대하여 1차시 토론수업을 진행하였고 2차시에는 4·19혁명의 발원지였던 우리 지역에서 일어난 '3·15의거 기억하기' 수업을 진행하였습니다. 4·19혁명에 대하여서는 대다수의 학생들이 알고 있었지만 3·15의거에 대하여서는 상당수의 학생들이 모르고 있다는 사실을 알 수 있었습니다. 학생들에게 ①배우고 싶은 내용은? ②하고 싶은 수업활동은? ③궁금한 것은?에 대하여 자신의 의견을 자유롭게 적게 하고 교사가 포스트잇을 읽어 주기만 해도 와! 하고 반응하는 소리와 함께 학생들의 자발성을 촉진할 수 있습니다. 학급별로 각자의 생각이 달라도 학생들은 성취기준을 보고 학습주제를 정하기 때문에 큰 틀 안에서 방향을 정할 수 있습니다.

▶ 포스트잇에 자신의 생각을 적고 유목화하기(브레인라이팅 토론)

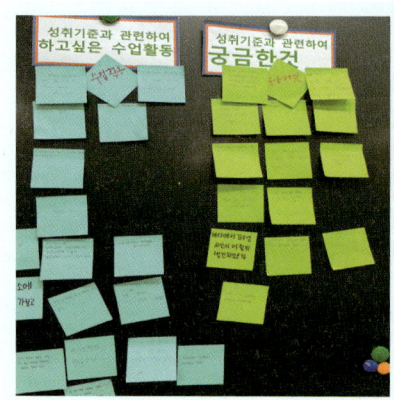

Step 2 **시각화하기**

QR코드 자료에 제시된 '3·15의거' 유적지에 대한 정보를 공유하고 모둠별로 어떠한 관점과 주제로 할지에 대한 토론과정을 통해 답사 주제를 정하고 선정한 유적지를 재구성하여 시각화합니다. 나열되어 있는 텍스트를 시각적 이미지로 연결하여 지식을 재구성하면 창의적인 생각들을 하게 됩니다.

① 모둠별 제공된 사진, 창원시청 자료, QR코드를 통해 3·15 의거 유적지 찾아보기
② 모둠 내 토론을 통해 3·15의거 유적지에 대한 주제를 정하고 주제에 맞게 재구성하기
③ 주제와 연결하여 3·15 의거 유적지 답사자료를 시각화하면서 3·15 의거 기억하기

▶ 학생들이 재구성한 주제별 3·15의거 답사코스

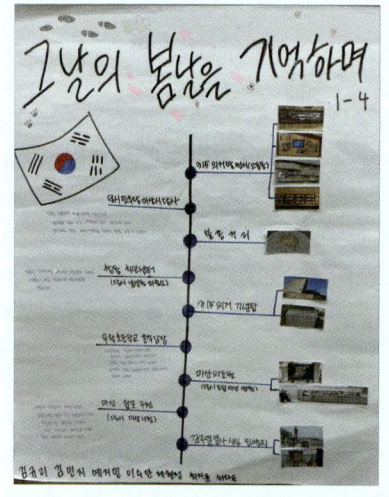

그날의 봄날을 기억하며 | 그날의 함성을 기억하며

역사의 아픔을 넘어 새로운 세상으로 | 마산의 4월을

▶ 학생들이 재구성한 주제별 3·15의거 답사코스

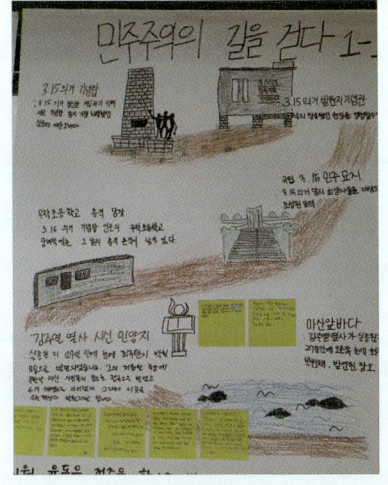

민주주의 길을 걷다

마산의 4월을 걷자

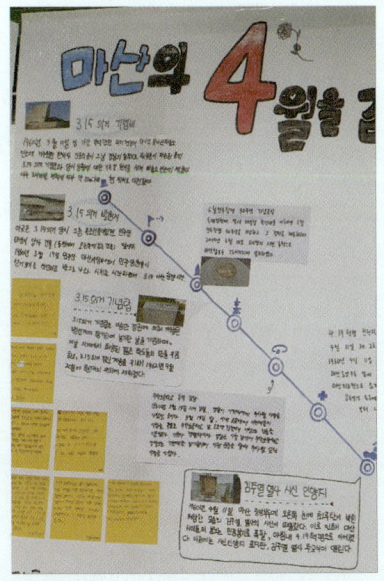

마산의 4월을 걷다

마산 3·15의거

▶ 학생들이 재구성한 주제별 3·15의거 답사코스

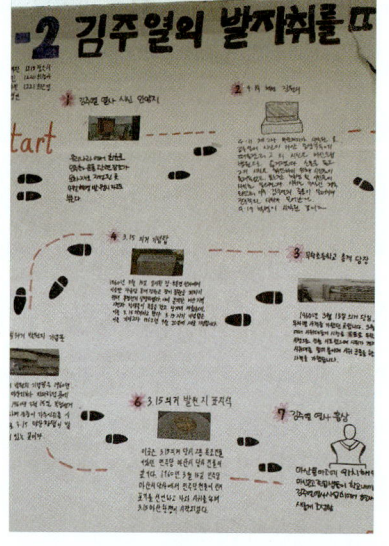

김주열의 발자취를 따라서

민주주의의 길을 걷다

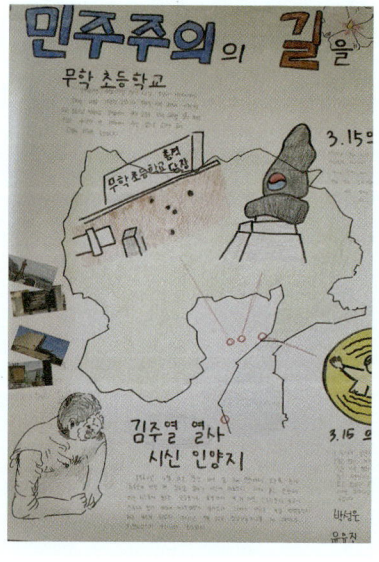

민주주의 길을 걷다

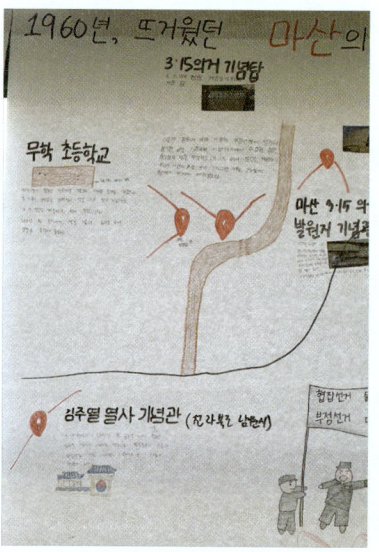

1960년 뜨거웠던 마산의 봄

수업 설계안(3차시)

단원	4. 4·19혁명과 민주화를 위한 노력	교과서	p.256~259	일자	2차시 (7월 4일~7월 15일)
대상	1학년 1반~8반(1학년 전체)	수업형태	러닝퍼실리테이션 수업		
성취 기준	[10한사04-04] 4·19 혁명과 그 이후의 정치 변화를 살펴보고, 독재에 맞선 민주화 운동과 그 의미를 탐구한다.				
학습 목표	3·15 마산의거를 기억하고 현재의 우리의 삶을 성찰해 볼 수 있다.				
핵심 질문	3·15 마산의거는 사람들의 삶을 어떻게 변화시켰을까?				
교과 역량	역사사실이해, 역사적 판단력과 문제해결능력, 역사정보활용 및 의사소통, 정체성과 상호존중				
수업자 수업관	과거를 돌아보는 것은 '지금 – 여기'에 있는 사람들의 생각과 행동에 대한 본질적인 원인을 살펴보는 것입니다. 4·19 혁명 당시 학생들은 어떤 마음으로 그런 행동을 하였을까요? 지금의 학생들은 과연 그렇게 할 수 있을까요? 하는 고민을 던져주고 싶었습니다. 무엇보다 우리 창원(마산)지역의 3·15역사를 지금 내 삶과 직접 관련해서 만나고 그런 사람들로 인해 현재 우리의 삶이 달라지게 되었다는 것을 성찰할 수 있는 러닝퍼실리테이션 수업으로 설계하고자 하였습니다.				

지도 과정	세부 활동 내용
도입 활동1 (10') 모둠별	▶ 지난 시간에 작성한 각 모둠별 재구성한 답사코스 연결하기 ▶ 공유(갤러리워크) - 자유롭게 돌아다니며 포스트잇에 알게 된 것과 알고 있었던 것을 간단히 정리해서 모둠별로 의견을 나눈다. - 수업후 복도에 각 반별 3·15 마산의거(답사코스 전시하기 안내)
활동2 (10') 활동3 (10') 모둠별 '고민 하기'	▶ 3·15 마산의거 두 번째 이야기- 세상을 바꾸다(모둠별 토론) - 학생들은 어떤 억압을 했을까? - 그 당시 학생들은 어떤 마음으로 그런 행동을 하였을까? - 지금의 학생들은 과연 그렇게 할 수 있을까? - 당시의 학생들과 지금의 학생들의 생각이 다르다면 왜 이렇게 되었을까? - 4·19 혁명에 참여했던 사람들은 특별한 사람들이 아니었고 우리 주변에 있는 평범한 사람들이었다는 것 그리고 우리의 삶을 어떻게 변화시켰을까? (학생들이 고민을 해보도록 잠시 토론시간을 준다.) ▶ 공유(발표)
활동3 (20') 모둠별 '행동 하기'	▶ 3·15 마산의거 세 번째 이야기- 촛불혁명이후(모둠별 토론) - 지금 우리 사회에서 가장 바꾸고 싶은 것에 대하여 그 중 한 가지 선정하기 ▶ 칠판에 부착할 수 있는 미니보드로 학생들이 모둠별로 의견을 작성하여 칠판에 붙인 후 함께 공유하기- 그리고 행동하기(실천하기)
정리 (10') 개별	▶ 오늘 수업에 대한 생각 나누기(성찰하기) - 민주주의를 다시 생각하면? - 일상생활 속에서 만나는 민주주의 - 신동엽 신인의 시 "껍데기는 가라"

학생용 배부자료

(3차시) 핵심질문 : 3·15 마산의거는 사람들의 삶을 어떻게 변화시켰을까?

학습목표: 3·15 마산의거를 기억하고 현재의 우리의 삶을 성찰해 볼 수 있다.

활동2 3·15 마산의거의 두 번째 이야기– 세상을 바꾸다(고민하기)(10')토론활동
- 학생들은 어떤 역할을 했을까?
- 그 당시 학생들은 어떤 마음으로 그런 행동을 하였을까
- 지금의 학생들은 과연 그렇게 할 수 있을까
- 당시의 학생들과 지금의 학생들의 생각이 다르다면 왜 이렇게 되었을까
- 4·19 혁명에 참여했던 사람들은 특별한 사람들이 아니었고 우리 주변에 있는 평범한 사람들이었다는 것 그리고 우리의 삶을 어떻게 변화시켰을까

_____

_____

_____

활동3 3·15 마산의거의 세 번째 이야기– 촛불혁명이후(행동하기)(20')토론활동
- 지금 우리 사회에서 가장 바꾸고 싶은 것에 대하여
- 그 중 한 가지 선정하기 (만장일치토론)

_____

_____

▶ 칠판에 부착할 수 있는 미니보드로 학생들이 모둠별로 의견을 작성하여 칠판에 붙인 후 함께 공유하기 그리고 행동하기(실천하기)

정리 오늘 수업에 대한 생각 나누기(성찰하기)(10')
- 민주주의를 다시 생각하면?
- 일상생활 속에서 만나는 민주주의
- 신동엽 신인의 시 "껍데기는 가라"
▶ 성찰하기(포스트잇 붙이기)

_____

_____

_____

☞ 우리 스스로 알아보고 실천해요

1. '4·19 혁명 때 내가 학생이었다면?
4·19혁명은 우리 역사에서 처음으로 국민의 힘으로 국민이 원하지 않는 정치권력을 무너뜨린 혁명이다. 수만 명의 학생들이 시위에 주체적으로 참여하였고, 이런 학생들의 모습에 국민들의 전폭적인 지지가 있었기에 가능한 쾌거였다.
하지만 그 과정에서 나타난 학생들의 시위 참여에 대해 우려하는 사람들도 있었다. 학생들의 시위 참여에 대해 서로 다른 의견을 보이는 다음 자료를 읽고 이에 대한 자신의 생각을 글로 써보고 발표해 보자.

자료1

"내 오늘 학생들의 심정과 기백을 충분히 이해하였다. 그러나 아직은 때가 돌아오지 않았다. 우리들은 좀 더 자숙하여 열심히 공부하다가 좋은 때를 기다려 조국과 민족을 위하여 이바지할 수 있는 사람이 되자. 현실의 옳고 그릇된 것은 이후 양심적인 사학가들에 의하여 정당한 비판을 받게 될 것이 아닌가. 오로지 힘을 양성하자. 오늘의 암흑을 물리칠 기백을 양성하여 내일 조국과 민족의 초석이 되자."
(3월 13일, 문경고등학교 최배근 교장)

자료2

"시간이 없는 관계로 어머님 뵙지 못하고 떠납니다. 끝까지 부정선거 데모로 싸우겠습니다. 지금 저의 모든 친구들, 그리고 대한민국의 모든 학생들은 우리나라 민주주의를 위하여 피를 흘립니다. 어머님, 데모에 나간 저를 책하지 마시옵소서. 우리들이 아니면 누가 데모를 하겠습니까. 저는 아직 철없는 줄 압니다. 그러나 국가와 민족을 위하는 길이 어떻다는 것을 알고 있습니다. …"
(4월 19일 시위 중 숨진 한성여중 2학년 진영숙양)

◎ 학생들의 시위 참여에 대한 나의 생각

_____
_____
_____
_____
_____
_____
_____

[3차시] 3·15의거 고민하고 행동하기

Step 3 심화탐구하기(3·15의거 고민하기)

학생들이 마산에서 일어난 '3·15의거'를 기억하는 데서 끝나지 않고 배운 지식을 충분히 이해하고 삶과 연결하여 깊게 이해하는 심화 학습을 진행하였습니다.

질문① 그 당시 학생들은 어떤 역할을 했을까요? 또는 그 당시 학생들은 어떤 마음으로 그런 행동을 하였을까요?

질문② 지금의 학생들은 과연 그렇게 할 수 있을까요?

질문③ 당시의 학생들과 지금의 학생들의 생각이 다르다면 왜 이렇게 되었을까요?

질문④ 3·15 의거에 참여했던 사람들은 특별한 사람들이 아니었고 우리 주변에 있는 평범한 사람들이었다는 것 그리고 우리의 삶을 어떻게 변화시켰을까요?

▶ **질문① ② ③에 대한 모둠별 토론사례**

* 전 세계에 지금의 상황을 알리기 위해 자필편지를 보내거나 외국인 기자를 도와준다.
* 무섭기 하지만 친구들과 함께라면..
* 시위에 소극적으로 참여하지만 작은 도움은 줄 것 같다.
* 솔직히 목숨이 달린 문제인 것 같아서 선뜻 나서지는 못할 것 같지만 내가 할 수 있는 일은 최선을 다해 도움을 줄 것 같다.
* 무섭다 죽을지도 모른다. 그냥 집에서 친구들 걱정이나 하고 있을 것 같다.
* 앞장서서 시위에 참여하지는 못할 것 같다. 그 일이 실제로 닥치게 되면 내가 할 수 있는 일을 고민하고 찾아 해낼 것 같다.

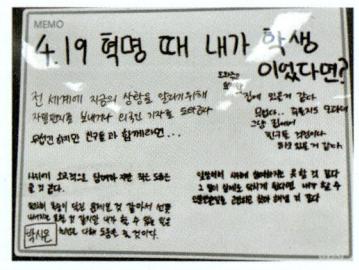

4·19혁명 당시에 내가 학생이었다면?

〈참여하지 않는다〉
- 자신의 목숨이 제일/ 원인 원천봉쇄

〈참여한다〉
- 부정부패가 일어나는 것을 보면 정의감이 불타 고쳐보고 싶은 마음에 참여할 것 같다.
- 다른 사람이 피해를 받는것을 보고서 부당하다고 느껴서 나갈 것 같다.

〈기타〉
- 처음에는 솔직히 무서워서 못 나갈 것 같은 데 가족이나 친구가 죽으면 부채감이 생겨 앞장 설 수 있을 것 같다.

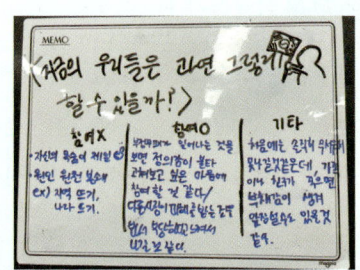

지금의 우리들은 과연 그렇게 할 수 있을까?

Step 4 과제해결하기(3·15의거 – 행동하기)

지금 우리 사회에서 가장 바꾸고 싶은 것에 대하여 각자의 1가지씩 문제를 고민하고 모둠별 만장일치토론을 통해서 그중 한 가지를 선정하고 과제 해결하기 활동으로 진행합니다.

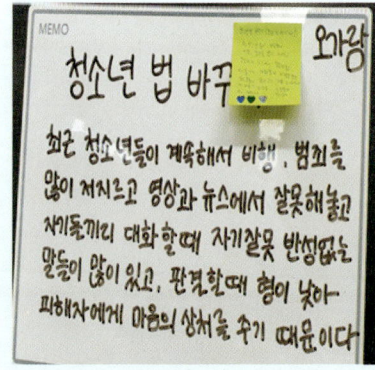
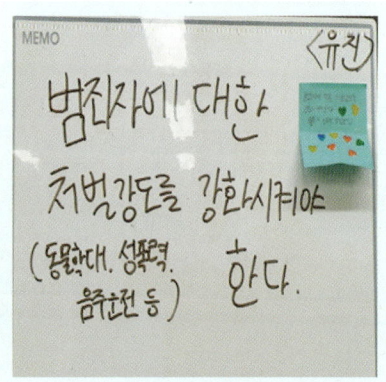

청소년 법 바꾸기   범죄자에 대한 처벌강화

Step 5 성찰하기 1

기억하기

이번 활동을 통해 내가 생각보다 3·15 마산의거에 대해 모르고 있었다는 점을 깨달았다. 그렇기 때문에 많은 답사 장소를 조사해보는 등 활동에 더 열심히 참여하였고 김주열 열사의 희생에 대해 잊지 않고 기억해야겠다는 시각을 가질 수 있었다.

고민하기

직접 3·15 마산의거에 대해 조사해 보는 시간을 가졌다. 이번 활동을 통해 3·15 마산의거에 대해 더 진지하게 고민해 볼 수 있었고 굳이 시간을 내서 '내가 그때 학생이었다면'~이런 고민을 하지는 않았을 것 같다. 진짜 그 시대에 내가 존재했다면 아직 닥친 일이 아니라 모르겠지만 소극적이게 시위를 하고 다른 내가 할 수 있을 만한 일을 고민하고 해낼 것 같다.

행동하기

이번 수업을 계기로 4·19혁명을 깊이 있게 알게 되었다. 3·15 마산의거에서는 나보다 나이가 어린 학생들이 나서서 시위를 했는데 정작 내가 그때 그 자리에 있었다면 앞장서서 시위할 수 있었을까?라는 생각이 들며 반성하게 되었다. 그리고 3·15 마산의거로 희생한 학생들의 죽음이 헛되지 않게 열심히 살 것이다.

Step 5 성찰하기 2

- 우리나라의 문제점을 알고 해결 방법이 필요하다고 생각해서 유익한 시간이 되었다

- 모둠별 토론을 하면서 다른 사람의 의견도 들어볼수 있어서 생각도 바꾸었고 한번도 생각해보지 못한 내용에 대해 토론해서 좋았다. 직접 나의 생각을 발표하고 친구들의 발표도 들어보면서 4·19혁명에 대한 많은 정보도 얻을 수 있었다.

- 이번 활동을 통해 직접 역사의 흔적을 따라갈 수 있었던 것 같다. 또한 민주주의에 대한 사람들의 노력이 뭉클하게 느껴졌다. 앞으로 우리 사회에서 바뀌어야 할 내용을 생각해보니 사회의 일들에 대해 관심을 갖고 불합리한 지에 고민해야겠다고 생각했다.

- 다양한 만들기 활동과 발표 활동이 있어서 수업이 흥미로웠고 다른 친구들의 색다른 의견들도 들어볼 수 있어 유익했다. 4·19혁명 학생들의 용기도 다시 한번 느꼈다.

- 내가 살던 지역에서 발생했던 의거여서 더욱 깊게 와닿았다. 지금의 우리를 있게 한 소중한 역사를 잊지 않고 더욱 나은 세상을 만들기 위해 깨어 있어야겠다는 생각을 한다.

- 나라를 위해 온 몸을 바쳐 희생되고 오늘날의 우리가 있을 수 있게 해 주신 모든 열사분들을 잊지 않아야겠다는 생각을 깊이 다짐할 수 있었다. 그리고 그 당시 학생을 포함한 시민분들의 용기와 그 용기를 불러일으킨 정의 또한 깨달을 수 있었던 뜻깊은 활동이었다.

Step 6 활용팁

- 3·15의거 홍보 리플릿을 제작하거나 지역사 수업을 할 때 혹은 학교에서 실시하는 계기 교육자료로 활용할 수 있습니다.
- 3·15의거 유적지를 답사 장소로 선정하거나 연계 수업으로 확장하여 학생 중심 수업으로 진행할 수 있습니다.
- 촛불 민주주의(촛불 집회) 이후 지금 우리 사회와 삶을 성찰하는 수업자료로 활용하여 토론 및 발표수업으로 진행할 수 있습니다.
- 학습자의 주도성을 실현하는 수업으로 학습자는 수업을 받아들일 준비가 되어 있음을 알 수 있습니다. 깊이 있는 학습인가? 교과 간에 연계와 통합이 가능한가? 삶과 연계가 되는가? 학습 과정에 대한 성찰이 있는가?에 대한 고민으로 학습자의 주도성을 만들 수 있는 수업입니다.

고등 수업 나눔 [한국사]

▌나에게 민주주의란 무엇인가? 한국사수업

과목	한국사	단원	6월 민주항쟁과 민주주의의 발전	대상	고1	구분	고
				수업자	신영옥		

주제	민주화를 위한 노력
교육과정 성취기준	[10한사04-06)] 6월 민주항쟁 이후 평화적 정권 교체가 이루어지고, 시민 사회가 성장하면서 민주주의가 발전하는 과정에 대해 파악한다.
학습 성취 기준	민주주의 시련을 알아보고 일상의 민주주의를 실천하기 위한 노력
수업 의도	학생 주도성을 실현하려는 '러닝퍼실리테이션'수업에 대한 셋번째의 고민입니다. 고등학교 1학년을 대상으로 현대사 수업을 러닝퍼실리테이션으로 해마다 고민하고 있으며 경험을 성찰하고자 합니다. 미래의 수업은 질문하고 생각하고, 말이나 글 등으로 표현하고 복잡한 문제를 해결할 수 있도록 수업해야 합니다. 그리고 역사 수업은 민주주의에 보탬이 될 수 있을까? 라는 질문을 던지고 싶었습니다. 민주주의 시련에 대한 현대사 수업 속에서 오늘날 우리에게 민주주의는 무엇인가 ? 에 대하여 끝없이 질문을 던지고 답을 찾아가는 작은 과정을 만들고자 합니다. 역사를 만나고 내 삶의 문제로 연결하여 현재 우리의 삶을 성찰하면서 일상의 민주주의를 실천하는 수업으로 설계하고자 하였습니다.
수업흐름	• 1차시: 민주주의 시련에 대한 사건 중 1개를 선정하여 모둠별로 제작하기 • 2차시: '나에게 민주주의란 무엇인가? 러닝퍼실리테이션 수업 (본시수업) • 3차시: 학급별 결과물에 대한 갤러리워크 **수업 설계 단계** ☑ 주제정하기 ☑ 비계제시하기 ☑ 시각화하기 ☑ 심화탐구하기 ☑ 과제해결하기 ☑ 성찰하기

성찰	① 민주주의 역량을 검증할 수 있는 '역사 글쓰기'활동으로 성찰하고자 합니다.
	   '나에게 민주주의란 무엇인가?'
	   '과연 민주주의는 어떤 삶을 살고 있을까?'
	   '민주주의 수준을 높이는 노력은 어떤 것일까?'
	   '민주화운동이 우리 사회, 나의 삶에 끼친 영향은 무엇인가?'
	② 친구에게 설명하고 인증샷 남기기

수업 설계안(3차시)

단원	6. 6월민주항쟁과 민주주의의발전	교과서	p.256~282	일자	2차시 (10월 11일~10월 24일)
대상	1학년 1반~8반(1학년 전체)	수업형태	한국사 러닝퍼실리테이션		
성취 기준	[10한사04-04] 6월 민주항쟁 이후 평화적 정권 교체가 이루어지고, 시민 사회가 성장하면서 민주주의가 발전하는 과정에 대해 파악한다.				
학습 목표	민주화를 위한 노력				
핵심 질문	나에게 민주주의란 무엇인가?				
교과 역량	역사사실이해, 역사적 판단력과 문제해결능력, 역사정보활용 및 의사소통, 정체성과 상호존중				
수업자 수업관	학생 주도성을 실현하려는 '러닝퍼실리테이션'수업에 대한 고민입니다. 고등학교 1학년을 대상으로 현대사 수업을 러닝퍼실리테이션으로 해마다 고민하고 있으며 경험을 성찰하고자 합니다. 미래의 수업은 질문하고 생각하고, 말이나 글 등으로 표현하고 복잡한 문제를 해결할 수 있도록 수업해야 합니다. 그리고 역사 수업은 민주주의에 보탬이 될 수 있을까? 라는 질문을 던지고 싶었습니다. 민주주의 시련에 대한 현대사 수업 속에서 오늘날 우리에게 민주주의는 무엇인가?에 대하여 끝없이 질문을 던지고 답을 찾아가는 작은 과정을 만들고자 합니다. 역사를 만나고 내 삶의 문제로 연결하여 현재 우리의 삶을 성찰하면서 일상의 민주주의를 실천하는 수업으로 설계하고자 하였습니다.				
지도 과정	세부 활동 내용				
도입 (3') 개별	▶ 학습자가 확인하는 자신의 현재 상태(오늘 컨디션이 어떤지? 숫자로 이야기한다) 　- 학교에서 친구끼리 인사를 건네고 일상을 나누는 과정(일상의 민주주의) 　- 다른 의견에 경청하는 태도(일상의 민주주의) ▶ 러닝퍼실리테이션수업　안내				
활동 (17') 개별	▶ 비계 제시하기 및 시각화하기 　- 현대사 내용 '민주주의 시련' 중 1개를 선택해서 설명하고 연결하기 　　마인드맵/어골도/육감도/랜덤워드/개념지도로 생각 모아보기 등 　- '4·19혁명(3·15의거), 5·16군사정변, 유신체제(유신헌법), 3·1민주국구선언, 서울의봄, 5·18민주화운동, 6월민주항쟁 등을 선택하고 시각화하기 ▶ 심화탐구하기: 민주주의에 대한 DVDM 토론활동 　- D (정의) 내가 생각하는 민주주의란 무엇인가? 　- V (가치) 내가 생각하는 민주주의가 왜 중요한가?(어떤 가치가 있는가) 　- D (난관) 내가 생각하는 민주주의를 실현하는데 어려움은 무엇인가? 　- M (해결방안) 내가 생각하는 민주주의를 실현할 수 있는 방안은? ▶ 오늘 수업주제 '민주화를 위한 노력'에 대한 학습목표 정하기 　- 배우고 싶은 내용(우리가 정하는 학습목표) 　- 하고 싶은 수업활동(우리가 정하는 수업활동) 　- 학습주제와 관련하여 궁금한 것 ▶ 포스트잇으로 공유(학생들이 정한 학습목표를 되짚어준다 - 지식, 기능, 태도				

활동 (25') 모둠별	▶ 과제 해결하기 – '민주화를 위한 노력' 　– 모둠별 '민주화를 위한 노력'과 관련하여 의논하여 선택 과제해결하기 　❶ 국어 – 글쓰기(4·19혁명이나 5·18정신에 대한 글쓰기) 　❷ 영어 – 영어로 홍보물 만들기 　❸ 역사 – 시민의 역사탐구하기 또는 시대적 배경 탐구 　　　　　– 민주시민의 자질에 대한 조사 　❹ 과학 – 5·18당시 탄흔에 대한 과학적 접근 　❺ 수학 – 숫자로 살펴보는 현대사1가지 사건 선택하기 　　　　　(예: 숫자로 살펴보는 5·18) 　❻ 도덕 – 정의로움이나 민주주의에 대하여 　❼ 미술 – 우리가 꿈꾸는 세상을 그림으로 표현하기 　❽ 한문 – 내 마음에 간직하고 싶은 사자성어 찾아보기 　　　　　– 나에게 교훈을 주는 사자성어 　❾ 음악 – 우리가 바라는 세상 개사곡 만들고 부르기 　❿ 진로와 직업 – 당시 인물사에 대한 올바른 진로 탐색 　　　　　– 미래사회와 나 ▶ 모둠별 주제에 맞는 활동을 선택하여 자유와 자율을 확대하고 인간의 기본적 권리를 　수호하고 민주주의 진전을 위한 노력이 필요함을 인지한다. ▶ 모둠별 탐구활동에 대한 월드카페 　– 자유롭게 돌아다니며 포스트잇에 알게 된 것과 알고 있었던 것을 간단히 정리해서 　　모둠별로 의견을 나눈다
정리 (5') 모둠별	▶ 학습결과물 확인하기 – '**역사 글쓰기**' 　– 민주주의 역량을 검증할 수 있는 결과물로 역사 글쓰기 활동 　　'나에 민주주의란 무엇인가?' 　　'과연 민주주의는 어떤 삶을 살고 있었을까?' 　　'민주주의 수준을 높이는 노력은 어떤 것일까?' 　　'민주화운동이 우리 사회, 나의 삶에 끼친 영향은 무엇인가?' 　– 친구에게 설명하고 인증샷 촬영 ▶ 공유 및 **성찰하기** 　– 오늘 수업에 대한 생각 나누기 　– 일상생활 속에서 만나는 민주주의 　＊ feel(느낀 것은 무엇인가요? 　＊ learn(새롭게 알게 된 것은 무엇인가요?) 　＊ do(실천하고 싶은 것은 무엇인가요?

학생용 배부자료

(2차시) 한국사 러닝퍼실리테이션수업   *gne.class(sinwol 123!)

학습주제: 민주화를 위한 노력

핵심질문: 나에게 민주주의란 무엇인가?

오늘의 수업
- 한 사람도 소외되지 않는 수업
- 주제에 대한 의견내기(평가하기 않기)
- 모든 사람의 의견은 동등하고 소중하다
- 시간 지키기

도입(3분): 러닝퍼실리테이션 수업소개 및 학습안내

활동1 (7분) 마인드맵/어골도/육감도/랜덤워드/개념지도 등으로 비계제시 및 시각화하기

현대사 내용 '민주주의 시련' 중 1개를 선택해서 설명하고 연결하고 시각화하기

4·19혁명(3·15의거), 5·16군사정변, 유신체제(유신헌법), 3·1민주국구선언, 서울의봄, 5·18민주화운동, 6월민주항쟁 등

활동2 (5분) 민주주의에 대한 DVDM 4가지 토론활동 (포스트잇에 적고 유목화하기)

- D (정의) 내가 생각하는 민주주의란 무엇인가?
- V (가치) 내가 생각하는 민주주의가 왜 중요한가? (어떤 가치가 있는가)
- D (난관) 내가 생각하는 민주주의를 실현하는데 어려움은 무엇인가?
- M (해결방안) 내가 생각하는 민주주의를 실현할 수 있는 방안은?

활동3 (5분) '민주화를 위한 노력'에 대한 학습목표 정하기(포스트잇에 적고 유목화하기)

- 배우고 싶은 내용(우리가 정하는 학습목표)
- 하고 싶은 수업활동(우리가 정하는 수업활동)
- 학습 주제와 관련하여 궁금한 것 등

활동4 (25분) 모둠별 '민주화를 위한 노력' 과제 해결하기

- 모둠별 '민주화를 위한 노력'과 관련하여 탐구하고 선택 과제해결하기

❶ 국어 – 글쓰기(4·19혁명이나 5·18정신에 대한 글쓰기)

❷ 영어 – 영어로 홍보물 만들기

❸ 역사 – 시민의 역사탐구하기 또는 시대적 배경 탐구
     – 민주시민의 자질에 대한 조사

❹ 과학 – 5·18당시 탄흔에 대한 과학적 접근

❺ 수학 – 숫자로 살펴보는 현대사 1가지 사건 선택하기
     예: 숫자로 살펴보는 5·18)

❻ 도덕 – 정의로움이나 민주주의에 대하여

❼ 미술 – 우리가 꿈꾸는 세상을 그림으로 표현하기

❽ 한문 – 내 마음에 간직하고 싶은 사자성어 찾아보기
     – 나에게 교훈을 주는 사자성어

❾ 음악 – 우리가 바라는 세상 개사곡 만들고 부르기

❿ 진로와 직업 – 당시 인물사에 대한 올바른 진로 탐색(미래사회와 나)

* 모둠별 주제에 맞는 활동을 선택하여 자유와 자율을 확대하고 인간의 기본적 권리를 수호하고 민주주의 진전을 위한 노력이 필요함을 인지한다.

* 모둠별 탐구활동에 대한 월드카페 및 성찰하기
  – 자유롭게 돌아다니며 포스트잇에 알게 된 것과 알고 있었던 것을 간단히 정리해서 모둠별로 의견을 나눈다.

학생용 배부자료

(2차시) 한국사 러닝퍼실리테이션수업　　　　　*gne.class(sinwol 123!)

학습주제: 민주화를 위한 노력

핵심질문: 나에게 민주주의란 무엇인가?

오늘의 수업
* 한 사람도 소외되지 않는 수업
* 주제에 대한 의견내기(평가하기 않기)
* 모든 사람의 의견은 동등하고 소중하다
* 시간 지키기

정리(5분) 학습결과물 확인하기 – '역사 글쓰기'~친구에게 설명하고 인증샷 촬영
– 민주주의 역량을 검증할 수 있는 결과물로 역사 글쓰기 활동
  '나에 민주주의란 무엇인가?'
  '과연 민주주의는 어떤 삶을 살고 있었을까?'
  '민주주의 수준을 높이는 노력은 어떤 것일까?'
  '민주화운동이 우리 사회, 나의 삶에 끼친 영향은 무엇인가?'

'나에게 민주주의란 무엇인가?'

_____
_____
_____
_____
_____
_____
_____

성찰하기
– 오늘 수업에 대한 생각 나누기
– 일상생활 속에서 만나는 민주주의
  '나에 민주주의란 무엇인가?
  '과연 민주주의는 어떤 삶을 살고
* feel(느낀 것은 무엇인가요?)
* learn(새롭게 알게 된 것은 무엇인가요?)
* do(실천하고 싶은 것은 무엇인가요?)

[2차시] 나에게 민주주의란 무엇인가?

Step 1 비계 제시하기

　비계 제시하기는 학습 시작, 내용 파악, 동기전환의 바탕이 되며 학습자에게 제공하는 학습 에너지원이기도 하고 흥미 유발, 몰입, 수업참여도 결정, 학습할 내용에 대한 이해를 돕는 과정입니다. 현대사 민주주의 시련 중 모둠별 한 가지 사건을 선정하고 마인드맵, 어골도, 육감도, 랜덤워드, 개념지도 등으로 비계를 제시하면서 문제 의식을 가지게 합니다.

- 4·19혁명(3·15의거), 5·16군사정변, 유신체제(유신헌법), 3·1민주 구국선언, 부마 민주항쟁, 서울의 봄, 5·18민주화운동, 6월 민주항쟁 등

▶ 비계 제시하기(1학년 7반 사례)

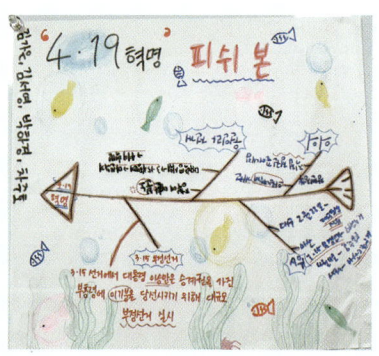 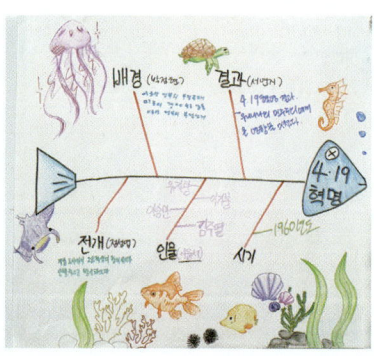

피쉬본 – 4·19혁명(1960.4.19.)　　　피쉬본 – 4·19혁명(1960.4.19.)

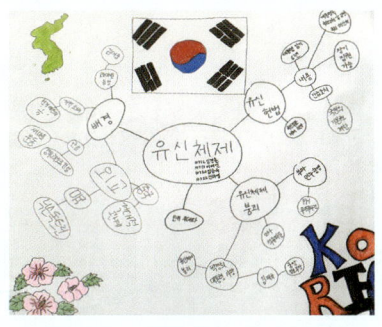

마인드맵 – 유신체제(1972-1979)

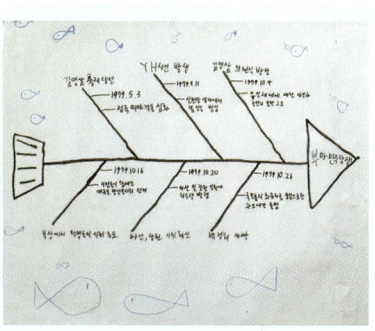

피쉬본 – 부마민주항쟁(1979.10.16.)

마인드맵 – 5·18민주화운동(1980.5.18.)

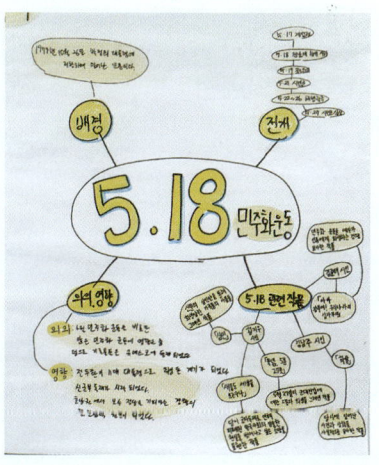

마인드맵 – 5·18민주화운동(1980.5.18.)

Step 2 시각화하기

아하! 흥미 유발이 비계 제시하기 단계였다면 시각화하기에서는 서로 배움을 나누는 과정입니다. 한눈에 보기 쉽게 내용을 정리하고 공유를 통해서 집중하면서 구조적으로 이해할 수 있습니다.

▶ 시각화하기 활동(1학년 7반 사례)

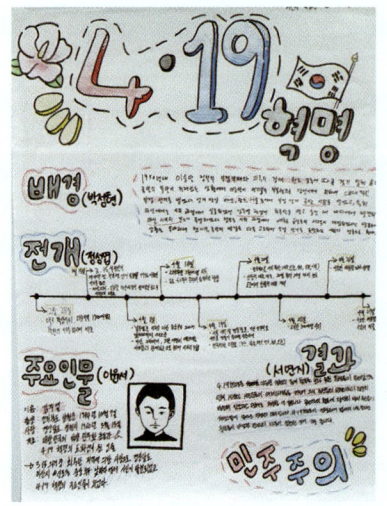
4·19혁명(1960.4.19.)

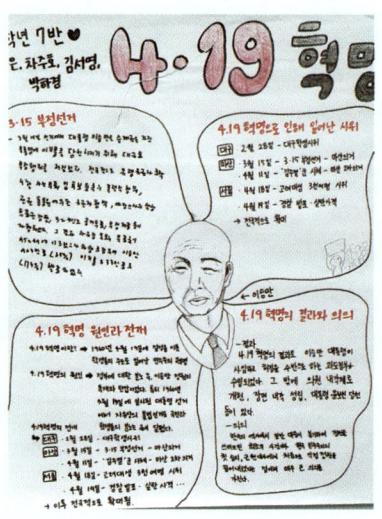
4·19혁명(1960.4.19.)

유신체제(1972-1979)

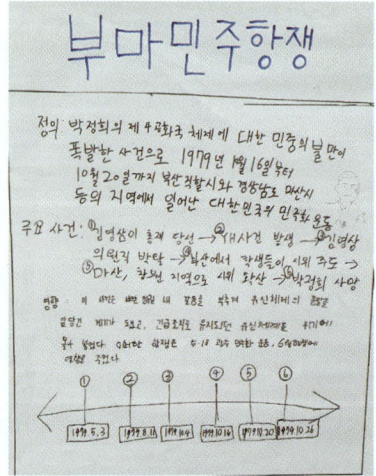
부마민주항쟁(1979.10.16.)

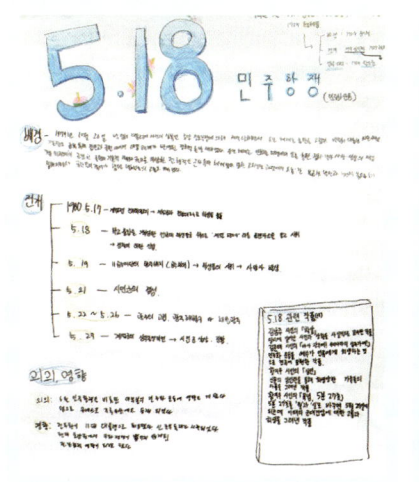
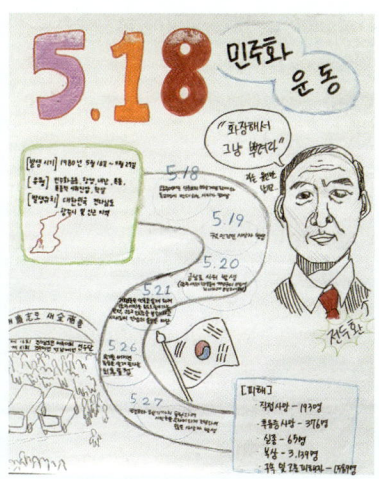

5·18민주화운동(1980.5.18.)   5·18민주화운동(1980.5.18.)

Step 3 심화탐구하기

심화 탐구하기 단계에서는 민주주의에 대한 DVDM 토론활동으로 민주주의에 대한 모둠별 경험을 재구성하고 합의하는 과정입니다. 개인별 민주주의에 대한 생각들이 다름으로 충분히 민주주의 정의와 해결방안에 대하여 개인-모둠-전체 생각들을 유목화해서 정리를 통해 지식을 심화 탐구합니다.

① D (정의) - 내가 생각하는 민주주의란 무엇입니까?

② V (가치) - 내가 생각하는 민주주의가 왜 중요합니까? (어떤 가치가 있습니까?)

③ D (난관) - 내가 생각하는 민주주의를 실현하는데 어려움은 무엇입니까?

④ M (해결방안) - 내가 생각하는 민주주의를 실현할 수 있는 방안은 무엇입니까?

Definition : 내가 생각하는 민주주의 정의는 무엇입니까?

Value : 내가 생각하는 민주주의 가치는 무엇입니까?

Difficulty: 나에게 민주주의가 어려운 이유는 무엇입니까?

Method: 내가 민주주의를 잘 할 수 있는 해결방법은 무엇입니까?

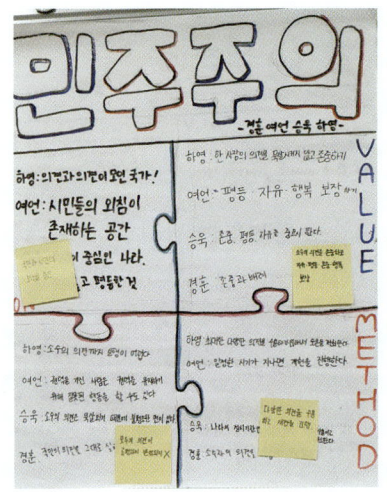

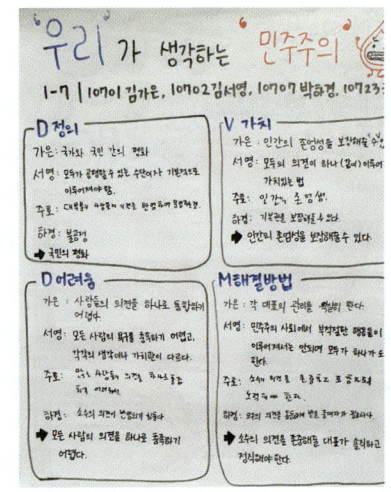

 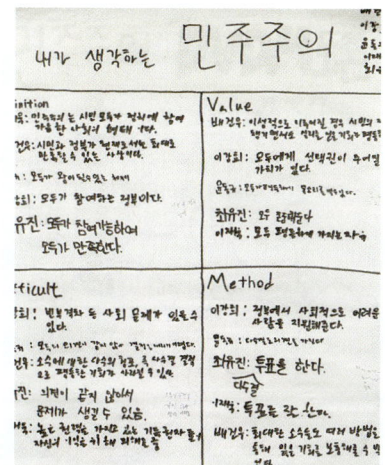

Step 4 학습자가 정하는 학습 목표

학생들과 함께 배우고 싶은 내용(우리가 정하는 학습 목표), 하고 싶은 수업활동(우리가 정하는 수업 활동), 학습 주제와 관련하여 궁금한 것을 포스트 잇으로 공유하는 활동을 진행합니다.(지식, 기능, 태도)

▶ 학습자가 정하는 학습목표(1학년 7반 사례)

배우고 싶은 내용(1-7)

A *민주화운동의 필요성,민주화에 대하여 정확하게 알고 싶다,민주화운동 사례들, 민주주의가 뭘까요,민주화사건들에 대하여 배우고싶다, 민주화가 과거도 그렇고 현재고 그렇고 우리가 살아갈때 많은 도움일 ㄴ는 요소같은 데 '민주화'일어난 사들을 배우고 싶다, 우리나라가 민주주의를 선택한 이유에 대하여, 정치인들은 민주화 노력을 하고 있을까?, 민주화를 지키기위해 앞잔 선 인물들에 대하여, 민주화를 이루기위해 사회구성원모두가 지녀야하는 마음이 무엇인지 배우고 싶다, 민주주의와 공산주의차이점, 가자 생각하는 민주주의가 무엇인지?, 민주화운동에 대하여 더 깊이 수업하면 좋겠다.

하고 싶은 수업활동(1-7)

B *인물들의 생애에 대하여 조사해보고싶다, 민주화사례를 우리가 만들어보기, 민주화에 대한 글쓰기 ▢민주화 관련 삼행시, 지금처럼 친구들과 정리하여 조사하는 활동, 민주화에 대하여 느낀 것을 글이나 그림으로 표현하기, 자신이 생각하는 민주화에 대해서 개성있게 표현하기, 민주화에 대한 의견투표, 친구들과 민주화가 무엇인지 토론하기, 보편적인 민주의 특징 조사하기, 각자 생각하는 민주주의 정의 말하고 공유하기, 민주화와 관련된 보드게임,

궁금한 것(1-7)

C *민주주의 실천이 가능한가?,민주화가 되지않았을 때 우리삶, 지금은 완전한 민주주의가 이루어졌을 까?, 민주주의는 왜 당연한 것이 아니었을까?, 민주화를 위한 노력에는 어떤 것이 있을까?, 민주화란 단어의 유래는 ?, 우리가 민주화를 위해 할수 있는 것은 무엇일까?, 민주화에 대한 정확한 정의는 무엇일까?, 민주화가 무엇인지 궁금하다, 희생하신 인물들의 생애가 궁금하다, 광주 민주화운동에 대하여 더 알고싶다, 현대적 민주화 시작은 어디부터인가?, 민주화가 이루어지지않았을때 일어나는 단점은 ?, 민주화 실현 방법에 대한 친구들의 의견?

Step 5 과제해결하기

모둠별 '민주화를 위한 노력'과 관련하여 탐구하고 과제 해결하기 단계로 모둠별 주제에 맞는 활동을 선택하여 자유와 자율을 확대하고 인간의 기본적 권리를 수호하고 민주주의 진전을 위한 노력이 필요함을 인지하도록 합니다.

▶ 모둠별 '민주화를 위한 노력' 선택 과제해결하기

❽ 한문 – 내 마음에 간직하고 싶은 사자성어 찾아보기
   – 나에게 교훈을 주는 사자성어

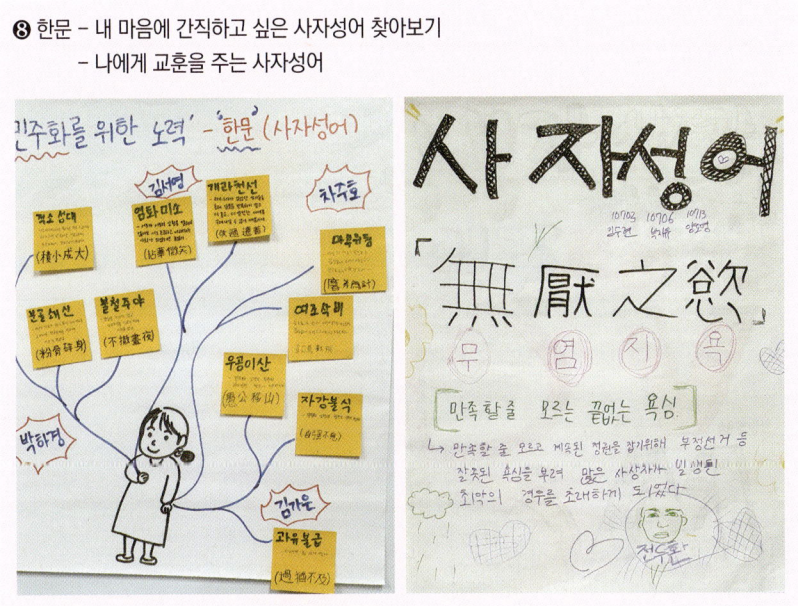

▶ 모둠별 '민주화를 위한 노력' 선택 과제해결하기

❺ 수학 – 숫자로 살펴보는 현대사 1가지 사건 선택하기 (예: 숫자로 살펴보는 6월 민주항쟁)

❷ 영어 – 영어로 홍보물 만들기)

❾ 음악 – 우리가 바라는 세상 개사곡 만들고 부르기

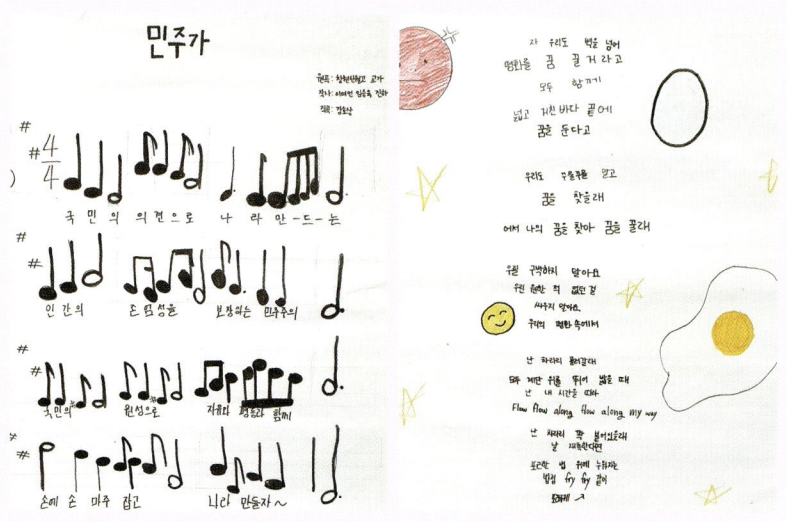

Step 6 성찰하기

학습결과물 확인하기 - '역사 글쓰기'~친구에게 설명하고 인증샷 촬영

① '나에 민주주의란 무엇인가?
② '과연 민주주의는 어떤 삶을 살고 있었을까?
③ '민주주의 수준을 높이는 노력은 어떤 것일까?
④ '민주화운동이 우리 사회, 나의 삶에 끼친 영향은 무엇인가?

▶ 오늘 수업에 대한 성찰하기(1학년 7반 사례)

성찰 (학습 전이)- feel, learn, do

➡ **좋은 피드백은 성찰이다(자율과 책임)**

* 모둠원들과 민주주의에 대하여 조사하고 활동해서 좋았다.
* 자유는 피로 얻는 것이다. 이 말을 뼈저리게 느꼈다.
* 민주주의 국가에 살면서 민주주의가 뭔지를 몰랐다는 게 조금 부끄러웠다.
* 민주주의에 대하여 정확하게 알지 못했는데 모둠원들과 도움을 주고 받으며 민 주주의에 대하여 알아가는 잊지 못할 수업이었다.
* 민주주의에 대하여 다시 생각할 수 있는 계기가 되었다.
* 민주화를 위해 많은 사람들이 희생하였고 노력한 모습을 보고 우리의 민주주의를 잘 지켜야겠다고 생각했다.
* 민주주의 소중함과 필요성을 다시 한번 느꼈다.
* 모둠원 모두가 참여하여서 더욱 적극적일 수 있었고 재미도 있었다.
* 친구들과 함께 활동해서 협동심도 얻었고 새로 알게 되거나 나에게 좋은 영향력을 주었던 좋은 시간이어서 깨달음을 얻은 것이 가장 좋았다.
* 지금 기본권을 보장받기 위해 과거 몇 백년 사람들이 투쟁하였을지 상상이 되지 않는다.
* 특별하고 민주주의가 없어서는 안될 것이라고 다시 생각했다.
* 발표하는 데 친구들과 함께 하니 재미있었다.
* 나는 민주주의 사회에 살고 있는가를 잘 떠올려본 것 같다.
* 우리가 당연하게 생각하는 민주주의가 당연하지 않는 사람들의 희생으로 얻어진 것을 다시 생각했다.
* 모둠원들과 협동하며 활동할 수 있어서 좋았고 민주주의에 대하여 진지하게 생각해 볼 수 있는 기회가 되어서 좋았다.

수업민주주의,
러닝퍼실리테이션 수업 어떻게 할까요?

초판 1쇄 발행　　2024. 12. 7.

지은이	경남토론교육연구회 김종갑 김형태 문지영 배종용 신영옥 안현정 윤은영 윤해순 정지영 최가령 최영점 한민경 허명호
펴낸이	박지원
펴낸곳	더크리P&B(주)
등　록	제2021-000030호
주　소	서울시 양천구 목동동로 233-1, 1325호
전　화	02-737-5377
팩　스	02-737-5379
이메일	thecree@daum.net
ISBN	979-11-981199-5-7
정　가	20,000